新版 個人情報保護士認定試験 公式問題集
〔問題・解答・解説〕

課題Ⅰ　個人情報保護の総論
　　個人情報保護法の理解 …………………………… **004**
　　マイナンバー法の理解 …………………………… **119**

課題Ⅱ　個人情報保護の対策と情報セキュリティ
　　脅威と対策 ………………………………………… **168**
　　組織的・人的セキュリティ ……………………… **192**
　　オフィスセキュリティ …………………………… **214**
　　情報システムセキュリティ ……………………… **235**

I

個人情報保護の総論

■個人情報保護法の理解

★平成27年9月9日に公布された個人情報保護法の改正法は、何回かに分けて段階的に施行されます。そこで、この解説においては、「現行法」と「改正法」の条文番号が異なる箇所については、それぞれの条文番号を表記しています。

問題 01 個人情報保護法制定の社会的背景に関する以下のアからエまでの記述のうち、誤っているものを1つ選びなさい。

ア. 個人情報保護法制定の社会的背景として、宇治市住民基本台帳データ漏えい事件など、当時から個人情報の漏えい事件が発生していたことや、政府が当時、住民基本台帳ネットワークシステム導入を計画していたことが挙げられる。

イ. 個人情報保護法の制定以前には、我が国において、個人情報保護について定めた法律は存在しなかった。

ウ. 個人情報保護法制定の社会的背景として、プライバシー等の個人の権利利益侵害の不安感が増大したことが挙げられる。

エ. 個人情報保護法制定の社会的背景として、OECD加盟国のほとんどの国において民間部門を対象にした法制が整備されたことが挙げられる。

解答・解説 ▶▶ イ 個人情報保護法制定の社会的背景

本問は、個人情報保護法制定の社会的背景についての理解を問うものである。

ア 正しい。　個人情報保護法制定の社会的背景として、平成11年5月に発覚した宇治市住民基本台帳データ漏えい事件など、当時から個人情報の漏えい事件が発生していたことや、政府が当時、住民基本台帳ネットワークシステム導入を計画していたことが挙げられる（平成14年には、住民基本台帳ネットワークシステムの一次稼働がなされた）。従って、本記述は正しい。

イ 誤り。　2003年5月の個人情報保護法の制定以前にも、我が国においては、1988年に公布された「行政機関の保有する電子計算機処理に係る個人情報の保護に関する法律」等の個人情報保護について定めた法律が存在した。従って、本記述は誤っている。

ウ 正しい。　個人情報保護法制定の社会的背景として、IT社会の影、すなわちプライバシー等の個人の権利利益侵害の危険性・不安感が増大したことが挙げられる。従って、本記述は正しい。

エ 正しい。　個人情報保護法制定の社会的背景として、OECD加盟国のほとんどの国において民間部門を対象にした法制が整備されたことが挙げられる。従って、本記述は正しい。

問題02 個人情報保護法に関する経緯・社会的背景に関する以下のアからエまでの記述のうち、誤っているものを1つ選びなさい。

ア．個人情報保護法の制定以前には、我が国において、個人情報保護について定めた法律は存在しなかった。
イ．個人情報保護法は、2003年5月に国会で可決成立し、その1週間後に公布され、基本法と呼ばれる部分が公布日に即日施行された。
ウ．個人情報保護法制定の社会的背景として、高度情報通信社会の進展に伴い、個人情報の利用が著しく拡大したことが挙げられる。
エ．個人情報保護法の制定は、OECD8原則の採択より後になされたものである。

解答・解説 ▶▶ ア　個人情報保護法制定の経緯・社会的背景

本問は、個人情報保護法制定の経緯・社会的背景についての理解を問うものである。

ア　誤り。 2003年5月の個人情報保護法の制定以前にも、我が国においては、1988年に公布された「行政機関の保有する電子計算機処理に係る個人情報の保護に関する法律」等の個人情報保護について定めた法律が存在した。従って、本記述は誤っている。

イ　正しい。 個人情報保護法は、2003年5月に国会で可決成立し、その1週間後に公布され、公布日に第1章から第3章までの基本法部分が即日施行された。なお、全面施行されたのは2005年4月である。従って、本記述は正しい。

ウ　正しい。 個人情報保護法制定の社会的背景として、高度情報通信社会の進展に伴い、個人情報の利用が著しく拡大したことが挙げられる。従って、本記述は正しい。

エ　正しい。 OECD8原則の採択は1980年9月であり、個人情報保護法の制定は2003年5月である。従って、個人情報保護法の制定は、OECD8原則の採択より後になされたものである。ヨーロッパ諸国を中心に日・米を含めた約30か国が加盟するOECD（経済協力開発機構）は、各国間で個人情報をやり取りする際の個人情報保護のレベルを一定に保つため、1980年に「プライバシー保護と個人データの国際流通についてのガイドラインに関するOECD理事会勧告」を採択し、その勧告付属文書として「プライバシー保護と個人データの国際流通についてのガイドライン」（OECDプライバシーガイドライン）を公表した。このガイドラインに含まれる基本原則がOECD8原則と呼ばれるものである。日本でもOECD8原則を受け、個人情報保護法が制定された。従って、本記述は正しい。

問題 03 個人情報保護法制定の経緯・社会的背景に関する以下のアからエまでの記述のうち、誤っているものを1つ選びなさい。

ア．個人情報保護法制定の社会的背景として、我が国の公的部門における電子政府・電子自治体の構築が挙げられる。
イ．個人情報保護法が制定される前には、我が国において、個人情報保護について定めた法律は存在しなかった。
ウ．個人情報保護法制定の社会的背景として、高度情報通信社会の進展に伴い個人情報の利用が著しく拡大したことが挙げられる。
エ．個人情報保護法は消費者庁の所管である。

解答・解説 ▶▶ イ　個人情報保護法制定の経緯・社会的背景

本問は、個人情報保護法制定の経緯・社会的背景についての理解を問うものである。

ア 正しい。　個人情報保護法制定の社会的背景として、我が国における官民通じたIT社会の急速な発展が挙げられる。その内容の一つとして、我が国の公的部門における電子政府・電子自治体の構築が挙げられる。従って、本記述は正しい。

イ 誤り。　個人情報保護法が制定される前にも、1988年に公布された公的機関を対象とした「行政機関の保有する電子計算機処理に係る個人情報の保護に関する法律」等の法律が存在した。従って、本記述は誤っている。

ウ 正しい。　個人情報保護法制定の社会的背景として、高度情報通信社会の進展に伴い個人情報の利用が著しく拡大したことが挙げられる。従って、本記述は正しい。

エ 正しい。　平成21年9月の消費者庁の発足に伴い、個人情報保護法は消費者庁の所管となった。従って、本記述は正しい。

問題 04 OECD8原則に関する以下のアからエまでの記述のうち、誤っているものを1つ選びなさい。

ア．OECD8原則とは、1980年に採択された「プライバシー保護と個人データの国際流通についてのガイドラインに関するOECD理事会勧告」の中に示されている原則のことをいう。

イ．OECD8原則のうち、データ主体の同意がある場合又は法律の規定による場合以外は、個人データを目的以外に使ってはならないとする「利用制限の原則」は、個人情報保護法上の利用目的による制限（法16条）等に反映されている。

ウ．OECD8原則のうち、データは、利用目的に沿ったもので、かつ、正確・完全・最新であるべきとする「データ内容の原則」は、個人情報保護法上のデータ内容の正確性の確保（法19条）に反映されている。

エ．OECD8原則のうち、自己に関するデータの所在及び内容を確認させ、又は異議申立てを保証すべきであるとする「個人参加の原則」は、個人情報保護法上の安全管理措置（法20条）に反映されている。

解答・解説 ▶▶ エ OECD8原則

本問は、日本の個人情報保護法にも影響を及ぼしているOECD8原則についての理解を問うものである。

ア 正しい。 OECD8原則とは、1980年にOECD（経済協力開発機構）で採択された「プライバシー保護と個人データの国際流通についてのガイドラインに関するOECD理事会勧告」の中に示されている原則のことである。従って、本記述は正しい。

イ 正しい。 OECD8原則のうち、データ主体の同意がある場合又は法律の規定による場合以外は、個人データを目的以外に使ってはならないとする「利用制限の原則」は、個人情報保護法上の利用目的による制限（法16条）等に反映されている。従って、本記述は正しい。

ウ 正しい。 OECD8原則のうち、データは、利用目的に沿ったもので、かつ、正確・完全・最新であるべきとする「データ内容の原則」は、個人情報保護法上のデータ内容の正確性の確保（法19条）に反映されている。従って、本記述は正しい。

エ 誤り。 OECD8原則のうち、自己に関するデータの所在及び内容を確認させ、又は異議申立てを保証すべきであるとする「個人参加の原則」は、個人情報保護法上の保有個人データの開示（法25条）等に反映されている。なお、安全管理措置（法20条）に反映されているのは、合理的安全保護措置により、紛失・破壊・使用・修正・開示等から保護するべきとする「安全保護の原則」である。従って、本記述は誤っている。

問題05 JIS Q 15001に関する以下のアからエまでの記述のうち、誤っているものを1つ選びなさい。

ア．JIS Q 15001は、個人情報を事業の用に供している、あらゆる種類、規模の事業者に適用できる個人情報保護マネジメントシステムに関する要求事項について規定する日本工業規格である。

イ．JIS Q 15001は、個人情報保護法成立以前に制定された日本工業規格であるため、個人情報保護法との整合性については配慮されていない。

ウ．JIS Q 15001は、事業者の代表者に対して、個人情報保護の理念を明確にした上で、個人情報保護方針を定めるとともに、これを実行し維持しなければならないとしている。

エ．JIS Q 15001は、事業者の個人情報の取得、利用及び提供に関する原則を定めている。

解答・解説 ▶▶ イ JIS Q 15001

本問は、個人情報保護に関する日本工業規格であるJIS Q 15001「個人情報保護マネジメントシステム―要求事項―」についての理解を問うものである。

ア 正しい。 JIS Q 15001は、個人情報を事業の用に供している、あらゆる種類、規模の事業者に適用できる個人情報保護マネジメントシステムに関する要求事項について規定する日本工業規格である。従って、本記述は正しい。

イ 誤り。 JIS Q 15001は、1999年に制定されており、個人情報保護法成立以前に制定された日本工業規格である。しかし、個人情報保護法が2003年5月に制定され、2005年4月に全面施行されたことを受けて、JIS Q 15001は2006年5月に改定された。この改定により個人情報保護法との用語の統一などがなされており、個人情報保護法との整合性について配慮されている。従って、本記述は誤っている。

ウ 正しい。 JIS Q 15001は、事業者の代表者に対して、個人情報保護の理念を明確にした上で、個人情報保護方針を定めるとともに、これを実行し維持しなければならないとしている。従って、本記述は正しい。

エ 正しい。 JIS Q 15001は、事業者の個人情報の取得、利用及び提供に関する原則を定めている。具体的には、「利用目的の特定」「適正な取得」「特定の機微な個人情報の取得、利用および提供の制限」「本人から直接書面によって取得する場合の措置」などの項目について詳細に定めている。従って、本記述は正しい。

問題 06 プライバシーマーク制度に関する以下のアからエまでの記述のうち、誤っているものを1つ選びなさい。

- **ア．** プライバシーマーク制度は、日本工業規格のJIS Q 15001の適合性を評価する制度である。
- **イ．** プライバシーマーク制度の目的は、1つは、「消費者の目に見えるプライバシーマークで示すことによって、個人情報の保護に関する消費者の意識の向上を図ること」、もう1つは、「適切な個人情報の取扱いを推進することによって、消費者の個人情報の保護意識の高まりにこたえ、社会的な信用を得るためのインセンティブを事業者に与えること」にあるとされている。
- **ウ．** プライバシーマークの付与認定に当たっては、書類審査のみであり、現地審査は行われない。
- **エ．** プライバシーマーク付与の有効期間は、2年間とされている。

解答・解説 ▶▶ ウ プライバシーマーク制度

本問は、個人情報保護に関する事業者の取組みの一環として用いられているプライバシーマーク制度についての理解を問うものである。

- **ア 正しい。** プライバシーマーク制度は、日本工業規格のJIS Q 15001の適合性を評価する制度である。適切な個人情報保護のための体制を整備している事業者に対して、その申請に基づき、一般財団法人日本情報経済社会推進協会（JIPDEC）およびその指定審査機関が評価・認定し、その証として、プライバシーマークを付与し、事業活動に関してそのロゴマークの使用を認めている。従って、本記述は正しい。
- **イ 正しい。** プライバシーマーク制度の目的は、（1）消費者の目に見えるプライバシーマークで示すことによって、個人情報の保護に関する消費者の意識の向上を図ること、（2）適切な個人情報の取扱いを推進することによって、消費者の個人情報の保護意識の高まりにこたえ、社会的な信用を得るためのインセンティブを事業者に与えることにあるとされている。従って、本記述は正しい。
- **ウ 誤り。** プライバシーマークの付与認定に当たっては、書類審査のみならず、現地審査も行われる。従って、本記述は誤っている。
- **エ 正しい。** プライバシーマーク付与の有効期間は、2年間とされている（以降は、2年ごとの更新が必要とされている）。従って、本記述は正しい。

問題 07

以下のアからエまでのうち、JIS Q 15001に関する【問題文A】及び【問題文B】の正誤の組合せとして正しいものを1つ選びなさい。

【問題文A】JIS Q 15001は、個人情報を事業の用に供している、あらゆる種類、規模の事業者に適用できる個人情報保護マネジメントシステムに関する要求事項について規定する日本工業規格である。

【問題文B】個人情報保護法により定められている個人情報取扱事業者に対する義務と、JIS Q 15001の規格上で要求されている義務は同じであり、個人情報保護法上において適法であれば、JIS Q 15001の規格上でも適合であると認められる。

ア．A＝○　B＝○　　　　イ．A＝○　B＝×
ウ．A＝×　B＝○　　　　エ．A＝×　B＝×

解答・解説 ▶▶ イ　JIS Q 15001

本問は、個人情報保護に関する日本工業規格であるJIS Q 15001「個人情報保護マネジメントシステム―要求事項―」についての理解を問うものである。

A 正しい。　JIS Q 15001は、個人情報を事業の用に供している、あらゆる種類、規模の事業者に適用できる個人情報保護マネジメントシステムに関する要求事項について規定する日本工業規格である。従って、本記述は正しい。

B 誤り。　個人情報保護法により定められている個人情報取扱事業者に対する義務と、JIS Q 15001の規格上で要求されている義務は異なるものがあり、JIS Q 15001の規格上の方が一段高い義務を課すものがある。例えば、個人情報保護法では、「個人情報」とは生存する個人の情報、氏名、生年月日、性別、住所など特定の個人を識別できる情報のことをいうが、JIS Q 15001では死者の情報（歴史上の人物は除く）も個人情報として取り扱うものとされている。また、個人情報の保有件数や検索できるかどうかは問題とされないものとされている。したがって、JIS Q 15001の規格にしたがっていて、プライバシーマークを取得することは、個人情報保護法より一段高いレベルの保護水準を確立していることを対外的にアピールすることになり、事業者にとって大きなメリットになるといえる。従って、本記述は誤っている。

以上により、問題文Aは正しいが、問題文Bは誤っている。従って、正解は肢イとなる。

問題 08 以下のアからエまでの記述のうち、ISMS適合性評価制度（以下、ISMS制度という。）に関する【問題文A】から【問題文C】の内容として正しいものを1つ選びなさい。

【問題文A】 ISMS制度は、国際的に整合性のとれた情報セキュリティマネジメントシステムに対する第三者認証制度であり、この制度は我が国の情報セキュリティ全体の向上に貢献するとともに、諸外国からも信頼を得られる情報セキュリティを達成し、維持することを目的としている。

【問題文B】 ISMS制度を取得するメリットとしては、対外的には、情報セキュリティの信頼性の確保や、顧客や取引先からのセキュリティに関する要求事項への対応などを挙げることができ、内部的には、事業競争力の強化につながることや、入札条件や電子商取引への参加の条件整備などを挙げることができる。

【問題文C】 ISMS制度は、認証機関（組織が構築したISMSがJIS Q 27001に適合しているか審査し登録する機関）、要員認証機関（審査員の資格を付与する機関）、認定機関（これら各機関がその業務を行う能力を備えているかをみる機関）からなる、総合的な仕組みによって運用されている。

ア．Aのみ誤っている。　　　　イ．Bのみ誤っている。
ウ．Cのみ誤っている。　　　　エ．すべて正しい。

解答・解説 ▶▶ エ　ISMS適合性評価制度

本問は、我が国の情報セキュリティ全体の向上に貢献するとともに、諸外国からも信頼を得られる情報セキュリティレベルの達成・維持を目的とする、国際的に整合性のとれた情報セキュリティマネジメントシステムに対する第三者認証制度であるISMS（Information Security Management System）適合性評価制度についての理解を問うものである。

A 正しい。　ISMS制度は、国際的に整合性のとれた情報セキュリティマネジメントシステムに対する第三者認証制度であり、この制度は我が国の情報セキュリティ全体の向上に貢献するとともに、諸外国からも信頼を得られる情報セキュリティを達成し、維持することをも目的としている。従って、本記述は正しい。

B 正しい。　ISMS制度を取得するメリットとしては、対外的には、情報セキュリティの信頼性の確保や、顧客や取引先からのセキュリティに関する要求事項への対応などを挙げることができ、内部的には、事業競争力の強化につながることや、入札条件や電子商取引への参加の条件整備などを挙げることができる。従って、本記述は正しい。

C 正しい。　ISMS制度は、認証機関（組織が構築したISMSがJIS Q 27001に適合しているか審査し登録する機関）、要員認証機関（審査員の資格を付与する機関）、認定機関（これら各機関がその業務を行う能力を備えているかをみる機関）からなる、総合的な仕組みによって運用されている。従って、本記述は正しい。

以上により、問題文ABCはすべて正しい。従って、正解は肢エとなる。

問題 09 プライバシーマーク制度に関する以下のアからエまでの記述のうち、誤っているものを1つ選びなさい。

ア．プライバシーマーク制度は、個人情報について適切な保護措置を講ずる体制を整備している事業者等を認定して、その旨を示すプライバシーマークを付与し、事業活動に関してプライバシーマークの使用を認める制度である。

イ．プライバシーマーク制度の目的は、適切な個人情報の取扱いを推進することによって、消費者の個人情報の保護意識の高まりにこたえ、社会的な信用を得るためのインセンティブを事業者に与えることである。

ウ．プライバシーマーク付与の対象は、国内に活動拠点を持つ事業者である。

エ．プライバシーマーク付与の有効期間は、5年間である。

解答・解説 ▶▶ エ　プライバシーマーク制度

本問は、個人情報保護に関する事業者の取組みの一環として用いられているプライバシーマーク制度についての理解を問うものである。

ア　正しい。 プライバシーマーク制度は、日本工業規格「JIS Q 15001 個人情報保護マネジメントシステム―要求事項」に適合して、個人情報について適切な保護措置を講ずる体制を整備している事業者等を認定して、その旨を示すプライバシーマークを付与し、事業活動に関してプライバシーマークの使用を認める制度である。従って、本記述は正しい。

イ　正しい。 プライバシーマーク制度の目的は、適切な個人情報の取扱いを推進することによって、消費者の個人情報の保護意識の高まりにこたえ、社会的な信用を得るためのインセンティブを事業者に与えることである。従って、本記述は正しい。

ウ　正しい。 プライバシーマーク付与の対象は、国内に活動拠点を持つ事業者である。従って、本記述は正しい。

エ　誤り。 プライバシーマーク付与の有効期間は、2年間である（以降は、2年ごとの更新が必要とされている。）。従って、本記述は誤っている。

問題 10 プライバシーマーク制度に関する以下のアからエまでの記述のうち、誤っているものを1つ選びなさい。

ア．プライバシーマーク制度は、日本工業規格のJIS Q 15001の適合性を評価する制度である。

イ．プライバシーマーク付与を受けた事業者は、個別の登録番号を付され、プライバシーマークを付与された範囲で店頭、契約約款、ホームページ等に表示することができる。

ウ．1回の認定によるプライバシーマーク付与の有効期間は2年間とされるが、それ以降は2年ごとに更新を行うことができる。

エ．プライバシーマーク付与は、事業者単位ではなく、事業者内部の営業部門などの単位で行われる。

解答・解説 ▶▶ エ　プライバシーマーク制度

本問は、個人情報保護に関する事業者の取組みの一環として用いられているプライバシーマーク制度についての理解を問うものである。

ア 正しい。　プライバシーマーク制度は、日本工業規格のJIS Q 15001の適合性を評価する制度である。適切な個人情報保護のための体制を整備している事業者に対し、その申請に基づいて、一般財団法人日本情報経済社会推進協会（JIPDEC）及びその指定審査機関が評価・認定し、その証として、プライバシーマークを付与している。従って、本記述は正しい。

イ 正しい。　プライバシーマーク付与を受けた事業者は、個別の登録番号を付され、プライバシーマークを付与された範囲でプライバシーマークの使用が認められ、店頭、契約約款、ホームページ等に表示することができる。従って、本記述は正しい。

ウ 正しい。　1回の認定によるプライバシーマーク付与の有効期間は2年間とされるが、それ以降は2年ごとに更新を行うことができる。従って、本記述は正しい。

エ 誤 り。　プライバシーマーク付与の対象は、国内に活動拠点を持つ事業者であるが、プライバシーマーク付与は、法人単位である（なお、一定の要件を満たした医療法人等、学校法人等は、それぞれ一つの病院、一つの学校を付与認定の単位とすることが認められる）。従って、本記述は誤っている。

問題 11 個人情報保護に関するいわゆる「過剰反応」として問題となっている事例に関する以下のアからエまでの記述のうち、正しいものを1つ選びなさい。

ア．学校や自治会において、連絡先等が書かれた名簿や緊急連絡網などを作成・配付することは禁止されておらず、本人の同意がなくても作成・配付をすることができる。

イ．個人情報保護法上、本人の同意なく、避難行動要支援者名簿を作成することは問題が多いとされ、災害対策基本法という法律でも、避難行動要支援者名簿の作成は禁止されている。

ウ．いわゆる「過剰反応」により、民生委員・児童委員の活動のベースともなる要援護者の情報が適切に提供されなくなり、民生委員・児童委員の活動に支障が出ているというケースがあるが、民生委員・児童委員は、特別職の地方公務員とされており、その職務の遂行に必要な個人データの提供を受けることは、個人データの第三者提供の制限の例外と考えることができる。

エ．統計調査の調査員に対して個人データの提供を拒むことは、いわゆる「過剰反応」であると考えられるが、本人の同意がなければ、統計調査の調査員に対して個人データを提供することはできない。

解答・解説 ▶▶ ウ　個人情報保護における過剰反応の問題

個人情報保護法は、「個人の権利利益の保護」と「個人情報の有用性」のバランスの上に成り立っており、個人情報であるからといって何でも保護することは問題であると指摘されている。これは、個人情報保護に関するいわゆる「過剰反応」の問題であるとされるが、本問は、この過剰反応の問題の理解を問うものである。

ア　誤り。 学校や自治会における名簿や緊急連絡網などの作成については、個人情報保護法上、利用目的（緊急連絡網として使用するなど）を定めて、本人や保護者から同意を得て作成することが必要であり、同意が不要となるわけではない。従って、本記述は誤っている。

イ　誤り。 災害対策基本法は、平成25年に改正（平成26年4月1日施行）され、避難行動要支援者名簿の作成を市町村に義務付けるとともに、その作成に際し必要な個人情報を利用できることとされた（災害対策基本法49条の10以降）。従って、本記述は誤っている。

ウ　正しい。 いわゆる「過剰反応」により、民生委員・児童委員の活動のベースともなる要援護者の情報が適切に提供されなくなり、民生委員・児童委員の活動に支障が出ているという報告がある。民生委員・児童委員は、特別職の地方公務員とされており、守秘義務も課せられていることから（民生委員法15条）、その職務の遂行に必要な個人データの提供を受けることは、個人データの第三者提供の制限の例外と考えることができる（個人情報保護法23条1項4号）。従って、本記述は正しい。

エ　誤り。 法23条1項1号は、「法令に基づく場合」においては、あらかじめ本人の同意を得ないで、個人データを第三者に対して提供することができる旨、規定している。この「法令に基づく場合」には、国勢調査などの基幹統計調査に関する協力要請に応じる場合（統計法13条、30条）などが含まれる。従って、本記述は誤っている。

問題12 個人情報保護に関するいわゆる「過剰反応」として問題となっている事例に関する以下のアからエまでの記述のうち、正しいものを1つ選びなさい。

ア． いわゆる「過剰反応」により、民生委員・児童委員の活動のベースともなる要援護者の情報が提供されなくなり、民生委員・児童委員の活動に支障が出ているというケースがあるとされるが、当該要援護者の情報は「個人データ」に当たり、民生委員・児童委員に提供することは本人の同意がない以上、一切できないとされる。

イ． 個人情報保護法上、本人の同意なく、避難行動要支援者名簿を作成することは問題が多いとされ、災害対策基本法という法律でも、避難行動要支援者名簿の作成は禁止されている。

ウ． 統計法による基幹統計調査の調査員に対して個人データを提供することは、本人の同意がなくてもすることができ、正当な理由なく拒むことは、いわゆる「過剰反応」であると考えられる。

エ． 個人情報取扱事業者に当たる学校でクラス名簿や緊急連絡網を配付したり、生徒が映っている学校行事での写真をPTA広報等に掲載したりすることは、本人や保護者に利用目的の通知等をしなくてもすることができる。

解答・解説 ▶▶ ウ　個人情報保護における過剰反応の問題

個人情報保護法は、「個人の権利利益の保護」と「個人情報の有用性」のバランスの上に成り立っており、個人情報であるからといって何でも保護することは問題であると指摘されている。これは、個人情報保護に関するいわゆる「過剰反応」の問題であるとされるが、本問は、この過剰反応の問題の理解を問うものである。

ア　誤り。 いわゆる「過剰反応」により、民生委員・児童委員の活動のベースともなる要援護者の情報が適切に提供されなくなり、民生委員・児童委員の活動に支障が出ているという報告がある。民生委員・児童委員は、特別職の地方公務員とされており（地方公務員法3条3項2号）、守秘義務も課せられていることから（民生委員法15条）、その職務の遂行に必要な個人データの提供を受けることは、個人データの第三者提供の制限の例外と考えることができる（個人情報保護法23条1項4号）。従って、本記述は誤っている。

イ　誤り。 災害対策基本法は、平成25年に改正（平成26年4月1日施行）され、避難行動要支援者名簿の作成を市町村長に義務付けるとともに、その作成に際し必要な個人情報を利用できることとされた（災害対策基本法49条の10以降）。従って、本記述は誤っている。

ウ　正しい。 法23条1項1号は、「法令に基づく場合」においては、あらかじめ本人の同意を得ないで、個人データを第三者に対して提供することができる旨、規定している。この「法令に基づく場合」には、統計法による国勢調査などの基幹統計調査に関する協力要請に応じる場合（統計法13条、30条）などが含まれる。よって、個人データの提供を正当な理由なく拒むことは、いわゆる「過剰反応」であると考えられる。従って、本記述は正しい。

エ　誤り。 個人情報取扱事業者に当たる学校におけるクラス名簿や緊急連絡網などの配付については、利用目的（緊急連絡網として配付するなど）を定めて、本人や保護者に通知等をしなければならない（個人情報保護法18条1項、23条1項）。生徒が映っている学校行事での写真についても、当該生徒が誰であるのかを識別できるのであれば個人情報であり、それをPTA広報等に掲載する場合には、その利用目的を本人や保護者に通知等をする必要がある。従って、本記述は誤っている。

問題 13 いわゆる「過剰反応」に関する以下のアからエまでの記述のうち、誤っているものを1つ選びなさい。

ア．「平成25年度 個人情報の保護に関する法律施行状況の概要」には、法の定め以上に個人情報の提供を控えたりするなど、いわゆる「過剰反応」に対する取組状況がまとめられている。その中で、避難行動要支援者名簿の作成・活用に係る具体的手順、留意事項等を盛り込んだ「避難行動要支援者の避難行動支援に関する取組指針」（平成25年8月）を内閣府が策定・公表したことについて紹介されている。

イ． 災害対策基本法が改正され、避難行動要支援者名簿の作成を市町村に義務付けるとともに、その作成に際し必要な個人情報を利用できることとされた。

ウ． 個人情報保護法上、「法令に基づく場合」であれば、個人情報取扱事業者は、本人の同意なく、個人データを第三者に提供できるとされており、刑事事件の捜査に必要な事項についての報告の求めに応じることは、これに含まれるとされている。よって、これに応じないことは、いわゆる「過剰反応」ではないかと指摘されている。

エ． 児童虐待を受けたと思われる児童を発見した者が福祉事務所や児童相談所に対して通告をする場合や、国勢調査などの基幹統計調査に関する報告義務は、「法令に基づく場合」に含まれず、個人データの第三者提供が原則としてできないことになっていることから、問題があると指摘されている。

解答・解説 ▶▶ エ　個人情報保護における過剰反応の問題

個人情報保護法は、「個人の権利利益の保護」と「個人情報の有用性」のバランスの上に成り立っており、個人情報であるからといって何でも保護することは問題であると指摘されている。これは、個人情報保護に関するいわゆる「過剰反応」の問題であるとされるが、本問は、この過剰反応の問題の理解を問うものである。

ア　正しい。「平成25年度 個人情報の保護に関する法律施行状況の概要」（平成26年10月公表）には、法の定め以上に個人情報の提供を控えたりするなど、いわゆる「過剰反応」に対する取組状況がまとめられている。その中で、避難行動要支援者名簿の作成・活用に係る具体的手順、留意事項等を盛り込んだ「避難行動要支援者の避難行動支援に関する取組指針」（平成25年8月）を内閣府が策定・公表したことが紹介されている。従って、本記述は正しい。

イ　正しい。災害対策基本法は、平成25年に改正（平成26年4月1日施行）され、避難行動要支援者名簿の作成を市町村に義務付けるとともに、その作成に際し必要な個人情報を利用できることとされている（災害対策基本法49条の10以下）。従って、本記述は正しい。

ウ　正しい。法23条1項1号は、「法令に基づく場合」においては、個人情報取扱事業者は、あらかじめ本人の同意を得ないで、個人データを第三者に対して提供することができる旨、規定している。この「法令に基づく場合」には、捜査に必要な事項についての報告の求めに応じる場合（刑事訴訟法197条2項）が含まれる。よって、これに応じないことは、いわゆる「過剰反応」ではないかと指摘されている。従って、本記述は正しい。

エ　誤り。法23条1項1号は、「法令に基づく場合」においては、個人情報取扱事業者は、あらかじめ本人の同意を得ないで、個人データを第三者に対して提供することができる旨、規定している。この「法令に基づく場合」には、児童虐待を受けたと思われる児童を発見した者が福祉事務所や児童相談所に対して通告をする場合（児童虐待の防止等に関する法律6条1項）、国勢調査などの基幹統計調査に関する報告義務（統計法13条）などが含まれる。従って、本記述は誤っている。

問題 14 以下の会話文は、平成27年9月9日に公布された個人情報保護法の改正法に関する情報太郎氏と弟の次郎氏の会話である。以下のアからエまでの下線部分の発言のうち、誤っているものを1つ選びなさい。

次郎：個人情報保護法の改正法が平成27年9月9日に公布されたと聞いたけれど、具体的にはどのような点が改正されたんだい？

太郎：まず、「個人情報」の定義が明確になったんだ。例えば、免許証の番号や指紋認識データなどについては、(ア)「個人識別符号が含まれるもの」として、「個人情報」に含まれることが明確になったんだ。また、(イ)現行法では、事業の用に供する個人情報データベース等を構成する個人情報によって識別される特定の個人の数の合計が5000を超えない者は、「個人情報取扱事業者」から除かれているけれども、そのような者も改正によって「個人情報取扱事業者」となり得ることになるみたいだよ。

次郎：なるほど。それは、すぐに施行されるのかい？

太郎：(ウ)さっき言った「個人情報」の定義の明確化や「個人情報取扱事業者」の範囲の変更については、公布の日から2年以内とされているよ。まだ先のことだけど、準備や対策は早めにしておいた方がいいね。

次郎：確かに。ところで、この前、個人番号の通知カードが送られてきたけれど、番号法と今回の個人情報保護法の改正とは、何か関連があるのかな。

太郎：(エ)番号法と今回の個人情報保護法の改正については、何も関連はないと思うよ。個人情報保護法は改正されたけれど、番号法は改正されていないしね。

次郎：そうなんだ。

解答・解説 ▶▶ エ　個人情報保護法の改正

個人情報保護法の改正法は、平成27年9月9日に公布された。本問は、この個人情報保護法の改正法についての理解を問うものである。

ア　正しい。 今回の個人情報保護法の改正法では、個人情報の定義に「個人識別符号が含まれるもの」が加わっている（改正後2条1項2号）。この「個人識別符号」には、特定の個人の身体の一部の特徴を電子計算機の用に供するために変換した文字、番号、記号その他の符号であって、当該特定の個人を識別することができるものなどが含まれる（改正後2条2項）。具体的には、指紋認識データなどを指すものと考えられる。従って、本下線部は正しい。

イ　正しい。 「個人情報取扱事業者」とは、個人情報データベース等を事業の用に供している者をいうが（法2条3項）、現行法においては、法2条3項5号及び個人情報の保護に関する法律施行令2条によって、「その事業の用に供する個人情報データベース等を構成する個人情報によって識別される特定の個人の数（中略）の合計が過去6月以内のいずれの日においても5000を超えない者」については「個人情報取扱事業者」から除かれるとされている。しかしながら、今回の個人情報保護法の改正法では、この法2条3項5号が削除されるため、5000を超えない事業者であっても、個人情報データベース等を事業の用に供している者は「個人情報取扱事業者」となり得ることとなった。従って、本下線部は正しい。

ウ　正しい。 今回の個人情報保護法の改正法は、何回かに分けて段階的に施行される。肢アや肢イにおける「個人情報」の定義の明確化や「個人情報取扱事業者」の範囲の変更については、公布の日から2年以内とされている（平成29年施行予定）。従って、本下線部は正しい。
なお、個人情報保護委員会の設置などの改正については、平成28年1月1日から施行される。

エ　誤り。 今回の個人情報保護法の改正法は、番号法の改正とともになされている。番号法は、個人情報保護法の特別法に位置付けられていることからも、番号法と個人情報保護法は関連があるものといえる。従って、本下線部は誤っている。

問題 15 以下のアからエまでの記述のうち、個人情報保護法の目的・基本理念に関する【問題文A】から【問題文C】までの内容として正しいものを1つ選びなさい。

【問題文A】個人情報保護法は、個人情報の有用性に配慮しつつ、個人の権利利益を保護することを目的としている。

【問題文B】個人情報保護法は、その基本理念において、個人情報と個人の人格尊重の理念との関係については触れていない。

【問題文C】個人情報保護法は、その基本理念において、個人情報の適正な取扱いについては触れていない。

ア． Aのみ正しい。
イ． Bのみ正しい。
ウ． Cのみ正しい。
エ． すべて誤っている。

解答・解説 ▶▶ ア　目的・基本理念（法1条、3条）

個人情報保護法は、法1条で個人情報保護法の目的を定めており、法3条で個人情報保護法の基本理念を定めている。本問は、この個人情報保護法の目的・基本理念についての理解を問うものである。

A　正しい。 個人情報保護法は、個人情報の有用性に配慮しつつ、個人の権利利益を保護することを目的としている（法1条）。従って、本記述は正しい。

B　誤り。 個人情報保護法は、その基本理念において、個人情報は個人の人格尊重の理念の下に慎重に取り扱われるべきものであると定め、両者の関係について触れている（法3条）。従って、本記述は誤っている。

C　誤り。 個人情報保護法は、その基本理念において、個人情報はその適正な取扱いが図られなければならないと定めている（法3条）。従って、本記述は誤っている。

以上により、問題文BCは誤っているが、Aは正しい。従って、正解は肢アとなる。

問題16 個人情報保護法に関する以下のアからエまでの記述のうち、誤っているものを1つ選びなさい。

ア．地方公共団体は、個人情報保護法の趣旨にのっとり、その地方公共団体の区域の特性に応じて、個人情報の適正な取扱いを確保するために必要な施策を策定し、及びこれを実施する責務を有する。

イ．国は、地方公共団体が策定し、又は実施する個人情報の保護に関する施策及び国民又は事業者等が個人情報の適正な取扱いの確保に関して行う活動を支援するため、情報の提供、事業者等が講ずべき措置の適切かつ有効な実施を図るための指針の策定その他の必要な措置を講ずるものとされている。

ウ．国は、個人情報の取扱いに関し事業者と本人との間に生じた苦情の適切かつ迅速な処理を図るために必要な措置を講ずるものとはされていない。

エ．国は、地方公共団体との適切な役割分担を通じ、個人情報取扱事業者による個人情報の適正な取扱いを確保するために必要な措置を講ずるものとされている。

解答・解説 ▶▶ ウ　法2章・3章（法4条～14条）

個人情報保護法は、第2章で個人情報保護をめぐる国及び地方公共団体の責務等について、第3章で個人情報の保護に関する施策等について定めている。本問は、この個人情報保護法第2章・第3章の規定に関する理解を問うものである。

ア　正しい。 地方公共団体は、個人情報保護法の趣旨にのっとり、その地方公共団体の区域の特性に応じて、個人情報の適正な取扱いを確保するために必要な施策を策定し、及びこれを実施する責務を有する（法5条）。従って、本記述は正しい。

イ　正しい。 国は、地方公共団体が策定し、又は実施する個人情報の保護に関する施策及び国民又は事業者等が個人情報の適正な取扱いの確保に関して行う活動を支援するため、情報の提供、事業者等が講ずべき措置の適切かつ有効な実施を図るための指針の策定その他の必要な措置を講ずるものとされている（法8条）。従って、本記述は正しい。

ウ　誤り。 国は、個人情報の取扱いに関し事業者と本人との間に生じた苦情の適切かつ迅速な処理を図るために必要な措置を講ずるものとされている（法9条）。従って、本記述は誤っている。

エ　正しい。 国は、地方公共団体との適切な役割分担を通じ、個人情報取扱事業者による個人情報の適正な取扱いを確保するために必要な措置を講ずるものとされている（法10条）。従って、本記述は正しい。

問題17 個人情報保護法に関する以下のアからエまでの記述のうち、誤っているものを1つ選びなさい。

ア．国は、個人情報保護法の趣旨にのっとり、個人情報の適正な取扱いを確保するために必要な施策を総合的に策定し、及びこれを実施する責務を有するとされている。また、地方公共団体も、個人情報保護法の趣旨にのっとり、その地方公共団体の区域の特性に応じて、個人情報の適正な取扱いを確保するために必要な施策を策定し、及びこれを実施する責務を有するとされている。

イ．国は、地方公共団体との適切な役割分担を通じ、個人情報取扱事業者による個人情報の適正な取扱いを確保するために必要な措置を講ずるものとするとされている。そして、地方公共団体は、その保有する個人情報の性質、当該個人情報を保有する目的等を勘案し、その保有する個人情報の適正な取扱いが確保されるよう必要な措置を講ずることに努めなければならないとされている。

ウ．地方公共団体は、個人情報の取扱いに関し事業者と本人との間に生じた苦情が適切かつ迅速に処理されるようにするため、苦情の処理のあっせんその他必要な措置を講ずるよう努めなければならないとされている。これに対して、国は、地方公共団体のこのような活動を阻害しないよう、事業者と本人との間に生じた苦情に介入することはできないものとされている。

エ．国及び地方公共団体は、個人情報の保護に関する施策を講ずるにつき、相協力するものとされている。

解答・解説 ▶▶ ウ 法2章・3章（法4条〜14条）

個人情報保護法は、第2章で個人情報保護をめぐる国及び地方公共団体の責務等について、第3章で個人情報の保護に関する施策等について定めている。本問は、この個人情報保護法第2章・第3章の規定に関する理解を問うものである。

ア 正しい。 国は、個人情報保護法の趣旨にのっとり、個人情報の適正な取扱いを確保するために必要な施策を総合的に策定し、及びこれを実施する責務を有するとされている（法4条）。また、地方公共団体も、個人情報保護法の趣旨にのっとり、その地方公共団体の区域の特性に応じて、個人情報の適正な取扱いを確保するために必要な施策を策定し、及びこれを実施する責務を有するとされている（法5条）。従って、本記述は正しい。

イ 正しい。 国は、地方公共団体との適切な役割分担を通じ、個人情報取扱事業者による個人情報の適正な取扱いを確保するために必要な措置を講ずるものとするとされている（法10条）。そして、地方公共団体は、その保有する個人情報の性質、当該個人情報を保有する目的等を勘案し、その保有する個人情報の適正な取扱いが確保されるよう必要な措置を講ずることに努めなければならないとされている（法11条1項）。従って、本記述は正しい。

ウ 誤り。 地方公共団体は、個人情報の取扱いに関し事業者と本人との間に生じた苦情が適切かつ迅速に処理されるようにするため、苦情の処理のあっせんその他必要な措置を講ずるよう努めなければならないとされている（法13条）。また、国も、個人情報の取扱いに関し事業者と本人との間に生じた苦情の適切かつ迅速な処理を図るために必要な措置を講ずるものとされており（法9条）、事業者と本人との間に生じた苦情に介入することができないとはされていない。従って、本記述は誤っている。

エ 正しい。 国及び地方公共団体は、個人情報の保護に関する施策を講ずるにつき、相協力するものとされている（法14条）。従って、本記述は正しい。

問題 18

以下のアからエまでの記述のうち、個人情報保護法に関する【問題文A】から【問題文C】までの内容として正しいものを1つ選びなさい。

【問題文A】政府は、個人情報の保護に関する施策の総合的かつ一体的な推進を図るため、個人情報の保護に関する基本方針を定めなければならない。

【問題文B】地方公共団体は、個人情報の適正な取扱いを確保するため、その区域内の事業者及び住民に対する支援に必要な措置を講ずるよう努めなければならない。

【問題文C】国及び地方公共団体は、個人情報の保護に関する施策を講ずるにつき、相協力するものとされている。

ア. Aのみ誤っている。
イ. Bのみ誤っている。
ウ. Cのみ誤っている。
エ. すべて正しい。

解答・解説 ▶▶ エ　法2章・3章（法4条～14条）

個人情報保護法第2章・第3章は、個人情報保護をめぐる国及び地方公共団体の責務等について定めている。本問は、この国及び地方公共団体の責務等についての理解を問うものである。

A 正しい。 政府は、個人情報の保護に関する施策の総合的かつ一体的な推進を図るため、個人情報の保護に関する基本方針を定めなければならない（法7条1項）。従って、本記述は正しい。

B 正しい。 地方公共団体は、個人情報の適正な取扱いを確保するため、その区域内の事業者及び住民に対する支援に必要な措置を講ずるよう努めなければならない（法12条）。従って、本記述は正しい。

C 正しい。 国及び地方公共団体は、個人情報の保護に関する施策を講ずるにつき、相協力するものとされている（法14条）。従って、本記述は正しい。

以上により、問題文ABCはすべて正しい。従って、正解は肢エとなる。

問題 19 「個人情報」に関する以下のアからエまでの記述のうち、誤っているものを1つ選びなさい。

ア.「個人情報」には、公刊物等によって公にされている情報も含まれ得る。
イ.「個人情報」には、音声による情報も含まれ得る。
ウ.「個人情報」には、人の評価に関する情報は含まれない。
エ.「個人情報」には、防犯カメラに記録された情報等本人が判別できる映像情報も含まれ得る。

解答・解説 ▶▶ ウ　個人情報①（法2条1項）

「個人情報」とは、生存する「個人に関する情報」であって、当該情報に含まれる氏名、生年月日その他の記述等により特定の個人を識別することができるもの（他の情報と容易に照合することができ、それにより特定の個人を識別することができることとなるものを含む。）をいうと定義されている（法2条1項）。本問は、この「個人情報」についての理解を問うものである。

ア　正しい。「個人情報」の要件である「個人に関する情報」には、氏名、性別、生年月日等個人を識別する情報に限られず、個人の身体、財産、職種、肩書等の属性に関して、事実、判断、評価を表すすべての情報が含まれる。よって、「個人情報」には、公刊物等によって公にされている情報も含まれ得る。従って、本記述は正しい。

イ　正しい。「個人情報」の要件である「個人に関する情報」には、氏名、性別、生年月日等個人を識別する情報に限られず、個人の身体、財産、職種、肩書等の属性に関して、事実、判断、評価を表すすべての情報が含まれる。よって、「個人情報」には、音声による情報も含まれ得る。従って、本記述は正しい。

ウ　誤り。「個人情報」の要件である「個人に関する情報」には、氏名、性別、生年月日等個人を識別する情報に限られず、個人の身体、財産、職種、肩書等の属性に関して、事実、判断、評価を表すすべての情報が含まれる。よって、「個人情報」には、人の評価に関する情報も含まれ得る。従って、本記述は誤っている。

エ　正しい。「個人情報」の要件である「個人に関する情報」には、氏名、性別、生年月日等個人を識別する情報に限られず、個人の身体、財産、職種、肩書等の属性に関して、事実、判断、評価を表すすべての情報が含まれる。よって、「個人情報」には、防犯カメラに記録された情報等本人が判別できる映像情報も含まれ得る。従って、本記述は正しい。

問題20 「個人情報」に関する以下のアからエまでの記述のうち、誤っているものを1つ選びなさい。

ア. 個人の財産に関する情報は、「個人情報」に当たることがある。
イ. 特定個人を識別できる情報が記述されていなくても、周知の情報を補って認識することにより特定の個人を識別できる情報は、「個人情報」に当たることがある。
ウ. 暗号化等によって秘匿化されている情報は、「個人情報」に当たることがある。
エ. 「個人情報」には、他の情報と容易に照合することができ、それにより特定の個人を識別することができるものが含まれるが、例えば、通常の作業範囲において、個人情報データベース等にアクセスし、照合することができる状態のみならず、他の事業者への照会を要する場合のように照合が困難な状態であっても、それにより特定の個人を識別することができるのであれば、「個人情報」に当たる。

解答・解説 ▶▶ エ　個人情報②（法2条1項）

「個人情報」とは、生存する個人に関する情報であって、当該情報に含まれる氏名、生年月日その他の記述等により特定の個人を識別することができるもの（他の情報と容易に照合することができ、それにより特定の個人を識別することができることとなるものを含む。）をいうと定義されている（法2条1項）。本問は、この「個人情報」についての理解を問うものである。

ア 正しい。 「個人に関する情報」は、氏名、性別、生年月日等個人を識別する情報に限られず、個人の身体、財産、職種、肩書等の属性に関して、事実、判断、評価を表すすべての情報のことを指す。従って、個人の財産に関する情報は「個人情報」に当たることがある。従って、本記述は正しい。

イ 正しい。 特定個人を識別できる情報が記述されていなくても、周知の情報を補って認識することにより特定の個人を識別できる情報は、「個人情報」に当たることがある。従って、本記述は正しい。

ウ 正しい。 「個人に関する情報」は暗号化等によって秘匿化されているか否かを問わない。このため、暗号化等によって秘匿化されている情報も、「個人情報」に当たることがある。従って、本記述は正しい。

エ 誤り。 「個人情報」とは、生存する「個人に関する情報」であって、特定の個人を識別することができるもの（他の情報と容易に照合することができ、それにより特定の個人を識別することができることとなるものを含む。）をいうが、これは、例えば、通常の作業範囲において、個人情報データベース等にアクセスし、照合することができる状態をいい、他の事業者への照会を要する場合のように照合が困難な状態を除くものとされている。従って、本記述は誤っている。

問題21 「個人情報データベース等」に関する以下のアからエまでの記述のうち、誤っているものを1つ選びなさい。

ア．氏名、住所、企業別に分類整理されている市販の人名録は、「個人情報データベース等」に該当する。

イ．従業者が、自己の名刺入れについて他人が自由に検索できる状況に置いており、他人には容易に検索できない独自の方法により名刺を分類した状態である場合、「個人情報データベース等」に該当する。

ウ．電子メールソフトに保管されているメールアドレス帳（メールアドレスと氏名を組み合わせた情報を入力している場合）は、「個人情報データベース等」に該当する。

エ．ユーザIDとユーザが利用した取引についてのログ情報が保管されている電子ファイル（ユーザIDを個人情報と関連付けて管理している場合）は、「個人情報データベース等」に該当する。

解答・解説 ▶▶ イ　個人情報データベース等（法2条2項、改正後2条4項）

個人情報保護法2条2項（改正後2条4項）は、「個人情報取扱事業者」（法2条3項、改正後2条5項）を判断する基準の1つとなる「個人情報データベース等」の定義を規定している。この「個人情報データベース等」とは、①特定の個人情報をコンピュータを用いて検索することができるように体系的に構成した、個人情報を含む情報の集合物、又は②コンピュータを用いていない場合であっても、カルテや指導要録等、紙面で処理した個人情報を一定の規則（例えば、五十音順等）に従って整理・分類し、特定の個人情報を容易に検索することができるよう、目次、索引、符号等を付し、他人によっても容易に検索可能な状態に置いているものをいう（法2条2項、改正後2条4項、個人情報の保護に関する法律施行令1条）。本問は、この「個人情報データベース等」についての理解を問うものである。

ア　正しい。　氏名、住所、企業別に分類整理されている市販の人名録は、「個人情報データベース等」に該当する。従って、本記述は正しい。

イ　誤り。　従業者が、自己の名刺入れについて他人が自由に検索できる状況に置いていても、他人には容易に検索できない独自の分類方法により名刺を分類した状態である場合は、「個人情報データベース等」に該当しない。従って、本記述は誤っている。

ウ　正しい。　電子メールソフトに保管されているメールアドレス帳（メールアドレスと氏名を組み合わせた情報を入力している場合）は、「個人情報データベース等」に該当する。従って、本記述は正しい。

エ　正しい。　ユーザIDとユーザが利用した取引についてのログ情報が保管されている電子ファイル（ユーザIDを個人情報と関連付けて管理している場合）は、「個人情報データベース等」に該当する。従って、本記述は正しい。

問題 22

以下のアからエまでの記述のうち、「個人情報取扱事業者」に関する【問題文A】から【問題文C】の内容として正しいものを1つ選びなさい。

【問題文A】 家庭裁判所は、個人情報保護法上、「個人情報取扱事業者」に当たらない。

【問題文B】 非営利団体は、個人情報保護法上、「個人情報取扱事業者」に当たらない。

【問題文C】 権利能力のない社団（任意団体）は、個人情報保護法上、「個人情報取扱事業者」に当たることがある。

ア．Aのみ誤っている。
イ．Bのみ誤っている。
ウ．Cのみ誤っている。
エ．すべて正しい。

解答・解説 ▶▶ イ　個人情報取扱事業者（法2条3項、改正後2条5項）

「個人情報取扱事業者」とは、個人情報データベース等を事業の用に供している者をいうと定義されている（法2条3項本文、改正後2条5項本文）。また、「個人情報取扱事業者」から除外される者についても規定されている（法2条3項ただし書、改正後2条5項ただし書）。本問は、この「個人情報取扱事業者」についての理解を問うものである。

A 正しい。 法2条3項1号（改正後2条5項1号）は、「国の機関」を「個人情報取扱事業者」から除外している。家庭裁判所は「国の機関」であるため、「個人情報取扱事業者」に当たらない。従って、本記述は正しい。

B 誤り。 「個人情報取扱事業者」とは、個人情報データベース等を事業の用に供している者をいうが、ここでいう「事業」とは、一定の目的をもって反復継続して遂行される同種の行為であって、かつ、一般社会通念上事業と認められるものをいい、営利事業のみを対象とするものではない。このため、非営利団体であっても、「個人情報取扱事業者」に当たる場合がある。従って、本記述は誤っている。

C 正しい。 「個人情報取扱事業者」とは、個人情報データベース等を事業の用に供している者をいうが、法人格のない、権利能力のない社団（任意団体）又は個人であっても、「個人情報取扱事業者」に当たることがある。従って、本記述は正しい。

以上により、問題文ACは正しいが、Bは誤っている。従って、正解は肢イとなる。

問題23 「個人データ」及び「保有個人データ」に関する以下のアからエまでの記述のうち、誤っているものを1つ選びなさい。

ア．個人情報データベース等を構成する前の入力帳票に記載されている個人情報は、「個人データ」に該当しない。
イ．コンピュータ処理による個人情報データベース等から出力された帳票等に印字された個人情報は、「個人データ」に該当する。
ウ．6か月以内に消去することとなる個人データは、「保有個人データ」に該当しない。
エ．製造業者、情報サービス事業者等が、防衛に関連する兵器・設備・機器・ソフトウェア等の設計、開発担当者名が記録された個人データを保有している場合、その個人データは「保有個人データ」に該当する。

解答・解説 ▶▶ エ　個人データ・保有個人データ（法2条4項・5項、改正後2条6項・7項）

「個人データ」とは、個人情報取扱事業者が管理する「個人情報データベース等」を構成する個人情報をいうと定義されている（法2条4項、改正後2条6項）。また、「保有個人データ」とは、個人情報取扱事業者が、開示、内容の訂正、追加又は削除、利用の停止、消去及び第三者への提供の停止を行うことのできる権限を有する個人データであって、その存否が明らかになることにより公益その他の利益が害されるものとして政令で定めるもの又は1年以内の政令で定める期間（6か月）以内に消去することとなるもの以外のものをいうと定義されている（法2条5項、改正後2条7項）。本問は、この個人データ・保有個人データについての理解を問うものである。

ア　正しい。　「個人データ」とは、個人情報取扱事業者が管理する「個人情報データベース等」を構成する個人情報をいい、個人情報データベース等を構成する前の入力帳票に記載されている個人情報は、「個人データ」に該当しない。従って、本記述は正しい。

イ　正しい。　「個人データ」とは、個人情報取扱事業者が管理する「個人情報データベース等」を構成する個人情報をいい、コンピュータ処理による個人情報データベース等から出力された帳票等に印字された個人情報は、「個人データ」に該当する。従って、本記述は正しい。

ウ　正しい。　法2条5項（改正後2条7項）は、1年以内の政令で定める期間以内に消去することとなるものについては、「保有個人データ」に該当しない旨規定している。そして、個人情報の保護に関する法律施行令4条は、その期間を6か月としていることから、6か月以内に消去することとなる個人データは、「保有個人データ」に該当しない。従って、本記述は正しい。

エ　誤り。　個人情報の保護に関する法律施行令3条3号は、「保有個人データ」に当たらないものとして、「当該個人データの存否が明らかになることにより、国の安全が害されるおそれ、他国若しくは国際機関との信頼関係が損なわれるおそれ又は他国若しくは国際機関との交渉上不利益を被るおそれがあるもの」を挙げている。このため、製造業者、情報サービス事業者等が、防衛に関連する兵器・設備・機器・ソフトウェア等の設計、開発担当者名が記録された個人データを保有している場合、その個人データは「保有個人データ」に該当しない。従って、本記述は誤っている。

問題24

個人情報の利用目的の特定に関する以下のアからエまでの記述のうち、誤っているものを1つ選びなさい。

ア.「マーケティング活動に用いるため」という利用目的は、できる限り具体的に特定したことにはならない。

イ.「○○事業における商品の発送、関連するアフターサービス、新商品・サービスに関する情報のお知らせのために利用いたします。」という利用目的は、できる限り具体的に特定しているといえる。

ウ. 利用目的は、社会通念上、本人が想定することが困難でないと認められる範囲内で変更することが可能であり、変更された利用目的は、本人に通知したり公表したりする必要もない。

エ. 雇用管理情報の利用目的の特定に当たって、単に抽象的、一般的に特定するのではなく、労働者等本人が、取得された当該本人の個人情報が利用された結果が合理的に想定できる程度に、具体的、個別的に特定しなければならない。

解答・解説 ▶▶ ウ 利用目的の特定（法15条）

個人情報保護法15条は、個人情報取扱事業者は、個人情報を取り扱うに当たっては、その利用目的をできる限り特定しなければならない旨を定めている。そして、利用目的の特定に当たっては、利用目的を単に抽象的、一般的に特定するのではなく、個人情報取扱事業者において最終的にどのような目的で個人情報を利用するかをできる限り具体的に特定する必要がある。本問は、この利用目的の特定についての理解を問うものである。

ア 正しい。　単に「マーケティング活動に用いるため」というように、抽象的、一般的な内容を利用目的とすることは、できる限り具体的に特定したことにはならない。従って、本記述は正しい。

イ 正しい。　「○○事業における商品の発送、関連するアフターサービス、新商品・サービスに関する情報のお知らせのために利用いたします。」という利用目的は、できる限り具体的に特定しているといえる。従って、本記述は正しい。

ウ 誤り。　個人情報取扱事業者は、利用目的を変更する場合には、変更前の利用目的と相当の関連性を有すると合理的に認められる範囲を超えて行ってはならない（法15条2項）。すなわち、利用目的は、社会通念上、本人が想定することが困難でないと認められる範囲内で変更することは可能であるとされている。ただし、変更された利用目的は、本人に通知するか、又は公表しなければならない（法18条3項）。従って、本記述は誤っている。

エ 正しい。　雇用管理情報の利用目的の特定に当たっても、単に抽象的、一般的に特定するのではなく、労働者等（個人情報取扱事業者に使用されている労働者、個人情報取扱事業者に使用される労働者になろうとする者及びなろうとした者並びに過去において個人情報取扱事業者に使用されていた者）本人が、取得された当該本人の個人情報が利用された結果が合理的に想定できる程度に、具体的、個別的に特定しなければならない。従って、本記述は正しい。

問題25 個人情報の利用目的の特定に関する以下のアからエまでの記述のうち、誤っているものを1つ選びなさい。

ア．個人情報取扱事業者は、個人情報を取り扱うに当たっては、利用目的をできる限り具体的に特定しなければならないが、個人情報取扱事業者が情報処理サービスを行っている場合であれば、「給与計算処理サービス、あて名印刷サービス、伝票の印刷・発送サービス等の情報処理サービスを業として行うために、委託された個人情報を取り扱います。」のようにすれば利用目的を特定したことになるといえる。

イ．個人情報取扱事業者は、個人情報を取り扱うに当たっては、利用目的をできる限り具体的に特定しなければならないが、「お客様へ提供するサービスの向上のために用います。」という利用目的は、具体的に利用目的を特定しているといえる。

ウ．個人情報取扱事業者は、個人情報を取り扱うに当たっては、利用目的をできる限り具体的に特定しなければならないが、「○○事業における商品の発送、関連するアフターサービス、新商品・サービスに関する情報のお知らせのために利用いたします。」という利用目的は、具体的に利用目的を特定しているといえる。

エ．消費者等、本人の権利利益保護の観点からは、事業活動の特性、規模及び実態に応じ、事業内容を勘案して顧客の種類ごとに利用目的を限定して示したり、本人の選択によって利用目的の限定ができるようにしたりする等、本人にとって利用目的がより明確になるような取組が望ましいとされている。

解答・解説▶▶ イ　利用目的の特定（法15条）

個人情報保護法15条は、個人情報取扱事業者は、個人情報を取り扱うに当たっては、その利用目的をできる限り特定しなければならない旨、及び利用目的の変更について定めている。本問は、この利用目的の特定についての理解を問うものである。

ア　正しい。　個人情報取扱事業者が情報処理サービスを行っている場合であれば、「給与計算処理サービス、あて名印刷サービス、伝票の印刷・発送サービス等の情報処理サービスを業として行うために、委託された個人情報を取り扱います。」のようにすれば利用目的を特定したことになる。従って、本記述は正しい。

イ　誤り。　「お客様へ提供するサービスの向上のために用います。」は、具体的に利用目的を特定しているとはいえない。従って、本記述は誤っている。

ウ　正しい。　「○○事業における商品の発送、関連するアフターサービス、新商品・サービスに関する情報のお知らせのために利用いたします。」は、具体的に利用目的を特定しているといえる。従って、本記述は正しい。

エ　正しい。　消費者等、本人の権利利益保護の観点からは、事業活動の特性、規模及び実態に応じ、事業内容を勘案して顧客の種類ごとに利用目的を限定して示したり、本人の選択によって利用目的の限定ができるようにしたりする等、本人にとって利用目的がより明確になるような取組が望ましいとされている。従って、本記述は正しい。

問題26 個人情報の利用目的による制限に関する以下のアからエまでの記述のうち、誤っているものを1つ選びなさい。

ア．個人情報取扱事業者は、原則として、あらかじめ本人の同意を得ないで、利用目的の達成に必要な範囲を超えて、個人情報を取り扱ってはならない。
イ．個人情報取扱事業者が、合併、分社化、営業譲渡等により他の個人情報取扱事業者から事業の承継をすることに伴って個人情報を取得した場合は、承継前におけるその個人情報の利用目的の達成に必要な範囲内であれば、あらかじめ本人の同意を得ないで、その個人情報を取り扱うことが許される。
ウ．個人情報取扱事業者が、児童虐待の防止等に関する法律に基づき児童虐待に係る通告を行う場合は、あらかじめ本人の同意を得る必要がある。
エ．不登校や不良行為等児童生徒の問題行動について、児童相談所、学校、医療行為等の関係機関が連携して対応するために、関係機関等の間でその児童生徒の情報を交換する場合は、あらかじめ本人の同意を得る必要はない。

解答・解説 ▶▶ ウ　利用目的による制限（法16条）

個人情報保護法16条1項は、個人情報取扱事業者は、原則として、あらかじめ本人の同意を得ないで、利用目的の達成に必要な範囲を超えて、個人情報を取り扱ってはならないと定めている。また、法16条2項は、事業承継の場合における利用目的による制限を、法16条3項は、利用目的による制限についての適用除外について規定している。本問は、この利用目的による制限についての理解を問うものである。

ア　正しい。　個人情報取扱事業者は、原則として、あらかじめ本人の同意を得ないで、法15条の規定により特定された利用目的の達成に必要な範囲を超えて、個人情報を取り扱ってはならない（法16条1項）。従って、本記述は正しい。

イ　正しい。　個人情報取扱事業者が、合併、分社化、営業譲渡等により他の個人情報取扱事業者から事業の承継をすることに伴って個人情報を取得した場合は、承継前におけるその個人情報の利用目的の達成に必要な範囲内で取り扱う場合は目的外利用にはならず、あらかじめ本人の同意を得ないで、その個人情報を取り扱うことができる（法16条2項）。従って、本記述は正しい。

ウ　誤り。　法令に基づく場合は、当初の利用目的に含まれていない場合でも、目的外利用を認める例外事由に当たる（法16条3項1号）。児童虐待の防止等に関する法律に基づき児童虐待に係る通告を行う場合は、これに当たるため、あらかじめ本人の同意を得る必要はない。従って、本記述は誤っている。

エ　正しい。　公衆衛生の向上又は児童の健全な育成の推進のために特に必要がある場合であって、本人の同意を得ることが困難であるときは、当初の利用目的に含まれていない場合でも、目的外利用を認める例外事由に当たる（法16条3項3号）。不登校や不良行為等児童生徒の問題行動について、児童相談所、学校、医療行為等の関係機関が連携して対応するために、関係機関等の間でその児童生徒の情報を交換する場合は、これに当たるため、あらかじめ本人の同意を得る必要はない。従って、本記述は正しい。

問題27 個人情報の利用目的による制限に関する以下のアからエまでの記述のうち、誤っているものを1つ選びなさい。

ア． 個人情報取扱事業者は、あらかじめ本人の同意を得ないで、特定された利用目的の達成に必要な範囲を超えて、個人情報を取り扱ってはならないが、特定された利用目的の達成に必要な範囲を超えて個人情報を取り扱うに当たり、その同意を得るために個人情報を利用してメールを送付する場合には、あらかじめ本人の同意を得る必要はない。

イ． 個人情報取扱事業者が、自社の求人への応募者の履歴書情報をもとに、自社の商品の販売促進のために自社取扱商品のカタログと商品購入申込書を送る場合には、あらかじめ本人の同意を得る必要はない。

ウ． 個人情報取扱事業者が、急病その他の事態時に、本人について、その血液型や家族の連絡先等を医師や看護師に提供する場合には、あらかじめ本人の同意を得る必要はない。

エ． 個人情報取扱事業者が、税務署の職員等の任意調査に対し、個人情報を提出する場合には、あらかじめ本人の同意を得る必要はない。

解答・解説 ▶▶ イ　利用目的による制限（法16条）

個人情報保護法16条1項は、個人情報取扱事業者は、原則として、あらかじめ本人の同意を得ないで利用目的の達成に必要な範囲を超えて個人情報を取り扱ってはならないと規定している。また、法16条2項は、事業承継の場合における利用目的による制限を、法16条3項は、利用目的による制限についての適用除外について規定している。本問は、この利用目的による制限とその適用除外についての理解を問うものである。

ア　正しい。 個人情報取扱事業者は、あらかじめ本人の同意を得ないで、特定された利用目的の達成に必要な範囲を超えて、個人情報を取り扱ってはならない（法16条1項）。もっとも、特定された利用目的の達成に必要な範囲を超えて個人情報を取り扱うに当たり、その同意を得るために個人情報を利用してメールを送付することは、当初の利用目的として記載されていない場合でも、目的外利用には当たらず、あらかじめ本人の同意を得る必要はない。従って、本記述は正しい。

イ　誤り。 個人情報取扱事業者が、自社の求人への応募者の履歴書情報をもとに、自社の商品の販売促進のために自社取扱商品のカタログと商品購入申込書を送る場合、利用目的の達成に必要な範囲を超えていることから、あらかじめ本人の同意を得る必要がある。従って、本記述は誤っている。

ウ　正しい。 法16条3項各号は、個人情報取扱事業者が、利用目的の達成に必要な範囲を超えて個人情報を取り扱う場合に、例外的にあらかじめ本人の同意を得なくてもよい場合を定めている。このうち、2号は、「人の生命、身体又は財産の保護のために必要がある場合であって、本人の同意を得ることが困難であるとき」を挙げている。このため、急病その他の事態時に、本人について、その血液型や家族の連絡先等を医師や看護師に提供する場合には、あらかじめ本人の同意を得る必要はない。従って、本記述は正しい。

エ　正しい。 法16条3項各号は、個人情報取扱事業者が、利用目的の達成に必要な範囲を超えて個人情報を取り扱う場合に、例外的にあらかじめ本人の同意を得なくてもよい場合を定めている。このうち、4号は「国の機関若しくは地方公共団体又はその委託を受けた者が法令の定める事務を遂行することに対して協力する必要がある場合であって、本人の同意を得ることにより当該事務の遂行に支障を及ぼすおそれがあるとき」を挙げている。このため、個人情報取扱事業者が、税務署の職員等の任意調査（国税通則法34条の6第3項）に対し、個人情報を提出する場合には、あらかじめ本人の同意を得る必要はない。従って、本記述は正しい。

問題 28　個人情報の利用目的による制限に関する以下のアからエまでの記述のうち、誤っているものを1つ選びなさい。

ア．個人情報取扱事業者は、特定された利用目的の達成に必要な範囲を超えて、個人情報を取り扱う場合は、原則として、あらかじめ本人の同意を得なければならない。

イ．個人情報取扱事業者が、企業の分社化により他の個人情報取扱事業者から事業の承継をすることに伴って個人情報を取得した場合は、あらかじめ本人の同意を得ないで、承継前における当該個人情報の利用目的達成に必要な範囲を超えて、当該個人情報を取り扱ってはならない。

ウ．個人情報取扱事業者が、統計法による国勢調査などの基幹統計調査に対する報告を行う場合は、あらかじめ本人の同意を得る必要がある。

エ．個人情報取扱事業者たる健康保険組合の保険者が実施する健康診断等の保険事業について、受診状況等の情報を、健康増進施策の立案や事業の効果の向上を目的とした統計調査のために、個人名を伏せて研究者に提供する場合は、あらかじめ本人の同意を得る必要はない。

解答・解説 ▶▶ ウ 利用目的による制限（法16条）

個人情報保護法16条１項は、個人情報取扱事業者は、原則として、あらかじめ本人の同意を得ないで利用目的の達成に必要な範囲を超えて個人情報を取り扱ってはならないと規定している。また、法16条２項は、事業承継の場合における利用目的による制限を、法16条３項は、利用目的による制限についての適用除外について規定している。本問は、この利用目的による制限についての理解を問うものである。

ア 正しい。 個人情報取扱事業者は、原則として、あらかじめ本人の同意を得ないで、特定された利用目的の達成に必要な範囲を超えて、個人情報を取り扱ってはならない（法16条１項）。従って、本記述は正しい。

イ 正しい。 個人情報取扱事業者は、「合併その他の事由により他の個人情報取扱事業者から事業を承継することに伴って個人情報を取得した場合は、あらかじめ本人の同意を得ないで、承継前における当該個人情報の利用目的の達成に必要な範囲を超えて、当該個人情報を取り扱ってはならない」とされている（法16条２項）。合併その他の事由には、分社化、営業譲渡等も含まれる。従って、本記述は正しい。

ウ 誤り。 法令に基づく場合は、利用目的による制限規定の適用を受けない（法16条３項１号）。よって、統計法13条による国勢調査などの基幹統計調査に対する報告を行う場合は、あらかじめ本人の同意を得る必要はない。従って、本記述は誤っている。

エ 正しい。 法16条３項各号は、個人情報取扱事業者が、利用目的の達成に必要な範囲を超えて個人情報を取り扱う場合に、例外的にあらかじめ本人の同意を得なくてもよい場合を定めている。このうち、３号は「公衆衛生の向上又は児童の健全な育成の推進のために特に必要がある場合であって、本人の同意を得ることが困難であるとき」を挙げている。このため、個人情報取扱事業者たる健康保険組合の保険者が実施する健康診断等の保険事業について、受診状況等の情報を、健康増進施策の立案や事業の効果の向上を目的とした統計調査のために、個人名を伏せて研究者に提供する場合は、あらかじめ本人の同意を得る必要はない。従って、本記述は正しい。

問題29 個人情報の利用目的の制限に関する以下のアからエまでの記述のうち、誤っているものを1つ選びなさい。

ア. 就職のための履歴書情報をもとに、自社の商品の販売促進のために自社取扱商品のカタログと商品購入申込書を送ることは、当初の利用目的に含まれていない場合には、あらかじめ本人の同意を得なければならない。

イ. 個人情報取扱事業者が、利用目的の達成に必要な範囲を超えて個人情報を取り扱うにあたり、同意を得るために個人情報を利用すること（メールの送付や電話をかけること等）は、当初の利用目的に含まれていない場合には、あらかじめ本人の同意を得なければならない。

ウ. 急病その他の事態時に、本人について、その血液型や家族の連絡先等を医師や看護師に提供することは、当初の利用目的に含まれていない場合でも、あらかじめ本人の同意を得なくてもよい。

エ. 個人情報取扱事業者が、税務署の職員等の任意調査に対し個人情報を提出することは、当初の利用目的に含まれていない場合でも、あらかじめ本人の同意を得なくてもよい。

解答・解説 ▶▶ イ　利用目的による制限（法16条）

個人情報保護法16条1項は、個人情報取扱事業者は、原則として、あらかじめ本人の同意を得ないで利用目的の達成に必要な範囲を超えて個人情報を取り扱ってはならないと規定している。また、法16条3項は、利用目的による制限についての適用除外について規定している。本問は、この利用目的による制限についての理解を問うものである。

ア　正しい。　就職のための履歴書情報をもとに、自社の商品の販売促進のために自社取扱商品のカタログと商品購入申込書を送ることは、当初の利用目的に含まれていない場合には、あらかじめ本人の同意を得なければならない。従って、本記述は正しい。

イ　誤り。　個人情報取扱事業者が、利用目的の達成に必要な範囲を超えて個人情報を取り扱うにあたり、同意を得るために個人情報を利用すること（メールの送付や電話をかけること等）は、当初の利用目的として記載されていない場合でも、目的外利用には該当しないとされている。よって、あらかじめ本人の同意を得なくてもよい。従って、本記述は誤っている。

ウ　正しい。　人の生命、身体又は財産の保護のために必要がある場合であって、本人の同意を得ることが困難であるときは、当初の利用目的に含まれていない場合でも、目的外利用には該当しない（法16条3項2号）。急病その他の事態時に、本人について、その血液型や家族の連絡先等を医師や看護師に提供することは、これに当たるため、目的外利用には該当しない。よって、あらかじめ本人の同意を得なくてもよい。従って、本記述は正しい。

エ　正しい。　国の機関若しくは地方公共団体又はその委託を受けた者が法令の定める事務を遂行することに対して協力する必要がある場合であって、本人の同意を得ることにより当該事務の遂行に支障を及ぼすおそれがあるときは、当初の利用目的に含まれていない場合でも、目的外利用には該当しない（法16条3項4号）。税務署の職員等の任意調査に対し個人情報を提出すること（国税通則法74条の2等）は、これに当たるため、目的外利用には該当しない。よって、あらかじめ本人の同意を得なくてもよい。従って、本記述は正しい。

問題30 個人情報の利用目的による制限に関する以下のアからエまでの記述のうち、誤っているものを1つ選びなさい。

ア．個人情報取扱事業者が、利用目的の達成に必要な範囲を超えて個人情報を取り扱うに当たり、本人の同意を得るために個人情報を利用してメールの送付や電話をすることは、当初の利用目的として記載されていない場合は、目的外利用に当たる。

イ．個人情報取扱事業者が、合併により他の個人情報取扱事業者から事業の承継をすることに伴って個人情報を取得した場合、当該個人情報を、承継前における当該個人情報の利用目的の達成に必要な範囲内で取り扱う場合は、目的外利用にはならず、本人の同意を得る必要はない。

ウ．個人情報取扱事業者が、本人の急病その他の事態時に、その血液型や家族の連絡先等の個人情報を医師や看護師に提供する場合、あらかじめ本人の同意を得る必要はない。

エ．個人情報取扱事業者が、警察の任意の求めに応じて個人情報を提出する場合、あらかじめ本人の同意を得る必要はない。

解答・解説 ▶▶ ア　利用目的による制限（法16条）

個人情報保護法16条1項は、個人情報取扱事業者は、原則として、あらかじめ本人の同意を得ないで利用目的の達成に必要な範囲を超えて個人情報を取り扱ってはならないと規定している。また、法16条2項は、事業承継の場合における利用目的による制限を、法16条3項は、利用目的による制限についての適用除外について規定している。本問は、この利用目的による制限とその適用除外についての理解を問うものである。

ア　誤り。 個人情報取扱事業者が、利用目的の達成に必要な範囲を超えて個人情報を取り扱うに当たり、本人の同意を得るために個人情報を利用すること（メールの送付や電話をかけること等）は、当初の利用目的として記載されていない場合でも、目的外利用には当たらないとされている。従って、本記述は誤っている。

イ　正しい。 個人情報取扱事業者は、合併その他の事由により他の個人情報取扱事業者から事業を承継することに伴って個人情報を取得した場合は、あらかじめ本人の同意を得ないで、承継前における当該個人情報の利用目的の達成に必要な範囲を超えて、当該個人情報を取り扱ってはならない（法16条2項）。よって、承継前の利用目的の達成に必要な範囲内で取り扱う場合は目的外利用にはならず、本人の同意を得る必要はない。従って、本記述は正しい。

ウ　正しい。 法16条3項各号は、個人情報取扱事業者が、利用目的の達成に必要な範囲を超えて個人情報を取り扱う場合に、例外的にあらかじめ本人の同意を得なくてもよい場合を定めている。このうち、2号は「人の生命、身体又は財産の保護のために必要がある場合であって、本人の同意を得ることが困難であるとき」を挙げている。このため、個人情報取扱事業者が、本人の急病その他の緊急事態時に、その血液型や家族の連絡先等の個人情報を医師や看護師に提供する場合には、あらかじめ本人の同意を得る必要はない。従って、本記述は正しい。

エ　正しい。 法16条3項4号は、例外的にあらかじめ本人の同意を得なくてもよい場合として、「国の機関若しくは地方公共団体又はその委託を受けた者が法令の定める事務を遂行することに対して協力する必要がある場合であって、本人の同意を得ることにより当該事務の遂行に支障を及ぼすおそれがあるとき」を挙げている。このため、個人情報取扱事業者が、警察の任意の求めに応じて個人情報を提出する場合には、あらかじめ本人の同意を得る必要はない。従って、本記述は正しい。

問題31 個人情報の適正な取得に関する以下のアからエまでの記述のうち、正しいものを1つ選びなさい。

ア．個人情報取扱事業者が、第三者提供制限違反がされようとしていることを知り、又は容易に知ることができるにもかかわらず、個人情報を取得したとしても、個人情報保護法上、問題はないとされている。

イ．個人情報取扱事業者は、偽り等その他不正の手段により個人情報を取得してはならず、例えば、虚偽の目的を告げて個人情報を取得することは禁止される。しかし、不正の手段により取得された個人情報であることを容易に知ることができるにもかかわらず、その個人情報を取得することは、不正の手段とはいえないので禁止されていない。

ウ．個人情報取扱事業者は、不正の利益を得る目的で、秘密として管理されている事業上有用な個人情報で公然と知られていないものを、不正に取得したり、不正に使用・開示したとしても、刑事罰が科される可能性はない。

エ．個人情報取扱事業者は、第三者からの提供により、個人情報を取得する場合には、提供元の法の遵守状況を確認し、個人情報を適切に管理している者を提供元として選定することが望ましい。また、実際に個人情報を取得する際には、例えば、取得の経緯を示す契約書等の書面を点検する等により、当該個人情報の取得方法等を確認した上で、当該個人情報が適法に取得されたことが確認できない場合は、その取得を自粛することを含め、慎重に対応することが望ましい。

解答・解説▶▶ エ 適正な取得（法17条）

個人情報保護法17条は、個人情報取扱事業者は、偽りその他不正の手段により個人情報を取得してはならないと定めている。本問は、この適正な取得についての理解を問うものである。

ア 誤り。 法17条は、「個人情報取扱事業者は、偽りその他不正の手段により個人情報を取得してはならない」と規定している。そして、この「不正の手段」による取得には、法23条に規定する第三者提供制限違反がされようとしていることを知り、又は容易に知ることができるにもかかわらず、個人情報を取得する場合も含まれると解されている。よって、第三者提供制限違反の個人データを取得することは、個人情報保護法17条に違反する可能性がある。従って、本記述は誤っている。

イ 誤り。 法17条は、「個人情報取扱事業者は、偽りその他不正の手段により個人情報を取得してはならない」と規定している。例えば、第三者に個人情報を転売するといった利用目的を隠して、統計調査のためというような虚偽の目的を告げて個人情報を取得することは、「不正の手段」による取得といえる。そして、この「不正の手段」による取得には、不正の手段で個人情報が取得されたことを知り、又は容易に知ることができるにもかかわらず、当該個人情報を取得する場合も含まれると解されている。従って、本記述は誤っている。

ウ 誤り。 不正の利益を得る目的で、又はその保有者に損害を加える目的で、秘密として管理されている事業上有用な個人情報で公然と知られていないものを、不正に取得したり、不正に使用・開示した場合には、不正競争防止法21条、22条により刑事罰が科される可能性がある。従って、本記述は誤っている。

エ 正しい。 個人情報取扱事業者が、第三者からの提供により、個人情報を取得する場合には、提供元の法の遵守状況（例えば、オプトアウト、利用目的、開示手続、問合わせ・苦情の受付窓口を公表していることなど）を確認し、個人情報を適切に管理している者を提供元として選定するとともに、実際に個人情報を取得する際には、例えば、取得の経緯を示す契約書等の書面を点検する等により、当該個人情報の取得方法等を確認した上で、当該個人情報が適法に取得されたことが確認できない場合は、偽りその他不正の手段により取得されたものである可能性もあることから、その取得を自粛することを含め、慎重に対応することが望ましいとされる。従って、本記述は正しい。

問題32 以下のアからエまでのうち、個人情報の適正な取得に関する【問題文A】及び【問題文B】の正誤の組合せとして正しいものを1つ選びなさい。

【問題文A】個人情報取扱事業者が、不正の利益を得る目的で、秘密として管理されている事業上有用な個人情報で公然と知られていないものを、不正に取得したり、不正に使用・開示したりした場合には、不正競争防止法により刑事罰が科されることがある。

【問題文B】個人情報取扱事業者が、他の事業者に指示して不正の手段で個人情報を取得させ、その事業者から個人情報を取得する場合は、不正の手段により個人情報を取得したとはいえない。

- **ア.** A=○　B=○
- **イ.** A=○　B=×
- **ウ.** A=×　B=○
- **エ.** A=×　B=×

解答・解説 ▶▶ イ　適正な取得（法17条）

個人情報保護法17条は、個人情報取扱事業者は、偽りその他不正の手段により個人情報を取得してはならないと定めている。本問は、この適正な取得についての理解を問うものである。

A 正しい。 個人情報取扱事業者が、不正の利益を得る目的で、又はその保有者に損害を加える目的で、秘密として管理されている事業上有用な個人情報で公然と知られていないものを、不正に取得したり、不正に使用・開示したりした場合には、不正競争防止法21条、22条により刑事罰が科されることがある。従って、本記述は正しい。

B 誤り。 個人情報取扱事業者が、他の事業者に指示して不正の手段で個人情報を取得させ、その事業者から個人情報を取得する場合は、不正の手段により個人情報を取得したといえる。従って、本記述は誤っている。

以上により、問題文Aは正しいが、Bは誤っている。従って、正解は肢イとなる。

問題33 以下のアからエまでの記述のうち、個人情報の適正な取得に関する【問題文A】から【問題文C】の内容として正しいものを1つ選びなさい。

【問題文A】個人情報取扱事業者が、親の同意なく、十分な判断能力を有していない子どもから、取得状況から考えて関係のない親の収入事情などの家族の個人情報を取得した場合、不正の手段により個人情報を取得したといえる。

【問題文B】個人情報取扱事業者が、不正の手段で個人情報が取得されたことを知り、又は容易に知ることができたにもかかわらず、当該個人情報を取得した場合、不正の手段により個人情報を取得したといえる。

【問題文C】個人情報取扱事業者は、第三者からの提供により、個人情報を取得する場合には、原則として、提供元の法の遵守状況を確認し、個人情報を適切に管理している者を提供元として選定するとともに、実際に個人情報を取得する際には、当該個人情報の取得方法等を確認した上で、それが適法に取得されたことが確認できない場合は、その取得を自粛することを含め、慎重に対応することが望ましい。

ア．Aのみ誤っている。
イ．Bのみ誤っている。
ウ．Cのみ誤っている。
エ．すべて正しい。

解答・解説 ▶▶ エ　適正な取得（法17条）

個人情報保護法は、法17条で、個人情報取扱事業者は、偽りその他不正の手段により個人情報を取得してはならないと定めている。本問は、この適正な取得についての理解を問うものである。

A 正しい。　個人情報取扱事業者が、親の同意がなく、十分な判断能力を有していない子どもから、取得状況から考えて関係のない親の収入事情などの家族の個人情報を取得した場合、不正の手段により個人情報を取得したといえる。従って、本記述は正しい。

B 正しい。　個人情報取扱事業者が、不正の手段で個人情報が取得されたことを知り、又は容易に知ることができたにもかかわらず、当該個人情報を取得した場合、不正の手段により個人情報を取得したといえる。従って、本記述は正しい。

C 正しい。　個人情報取扱事業者は、第三者からの提供により、個人情報を取得する場合には、原則として、提供元の法の遵守状況（例えば、オプトアウト、利用目的、開示手続、問合わせ・苦情の受付窓口を公表していることなど）を確認し、個人情報を適切に管理している者を提供元として選定する必要がある。そして、実際に個人情報を取得する際には、例えば、取得の経緯を示す契約書等の書面を点検する等により、当該個人情報の取得方法等を確認した上で、当該個人情報が適法に取得されたことが確認できない場合は、偽りその他不正の手段により取得されたものである可能性もあることから、その取得を自粛することを含め、慎重に対応することが望ましい。従って、本記述は正しい。

以上により、問題文ABCはすべて正しい。従って、正解は肢エとなる。

問題 34 個人情報の取得に際しての利用目的の通知・公表に関する以下のアからエまでの記述のうち、誤っているものを1つ選びなさい。

ア．個人情報取扱事業者は、インターネット上で本人が自発的に公にしている個人情報を取得する場合には、あらかじめその利用目的を公表していなくても、その利用目的を、本人に通知し、又は公表する必要はない。

イ．個人情報取扱事業者は、個人情報を取得した場合は、あらかじめその利用目的を公表している場合を除き、速やかに、その利用目的を、本人に通知し、又は公表しなければならないが、ここでいう「公表」とは、広く一般に自己の意思を知らせることをいい、例えば、自社のウェブ画面中のトップページから1回程度の操作で到達できる場所への掲載はこれに当たる。

ウ．個人情報取扱事業者は、いわゆる総会屋等による不当要求等の被害を防止するため、当該総会屋担当者個人に関する情報を取得し、相互に情報交換を行っている場合で、利用目的を通知又は公表することにより、当該総会屋等の逆恨みにより、第三者たる情報提供者が被害を被るおそれがある場合、その利用目的を、本人に通知し、又は公表しなくてもよい。

エ．個人情報取扱事業者は、通知又は公表される利用目的の内容により、当該個人情報取扱事業者が行う新商品等の開発内容、営業ノウハウ等の企業秘密にかかわるようなものが明らかになる場合、その利用目的を、本人に通知し、又は公表しなくてもよい。

解答・解説 ▶▶ ア 取得に際しての利用目的の通知・公表（法18条）

個人情報保護法18条は、個人情報取扱事業者が個人情報を取得した場合の利用目的の通知・公表等について定めている。本問は、この取得に際しての利用目的の通知・公表についての理解を問うものである。

ア 誤り。 個人情報取扱事業者は、インターネット上で本人が自発的に公にしている個人情報を取得する場合であっても、あらかじめその利用目的を公表している場合を除き、速やかに、その利用目的を、本人に通知し、又は公表しなければならない（法18条1項）。従って、本記述は誤っている。

イ 正しい。 個人情報取扱事業者は、個人情報を取得した場合は、あらかじめその利用目的を公表している場合を除き、速やかに、その利用目的を、本人に通知し、又は公表しなければならない（法18条1項）。ここでいう「公表」とは、広く一般に自己の意思を知らせること（国民一般その他不特定多数の人々が知ることができるように発表すること）をいい、例えば、自社のウェブ画面中のトップページから1回程度の操作で到達できる場所への掲載はこれに当たる。従って、本記述は正しい。

ウ 正しい。 法18条4項各号は、個人情報取扱事業者が個人情報の取得に際して、例外的に利用目的を本人に通知し、又は公表しなくてもよい場合を定めている。このうち1号は、「利用目的を本人に通知し、又は公表することにより本人又は第三者の生命、身体、財産その他の権利利益を害するおそれがある場合」を挙げている。いわゆる総会屋等による不当要求等の被害を防止するため、当該総会屋担当者個人に関する情報を取得し、相互に情報交換を行っている場合で、利用目的を通知又は公表することにより、当該総会屋等の逆恨みにより、第三者たる情報提供者が被害を被るおそれがある場合はこれに当たる。従って、本記述は正しい。

エ 正しい。 法18条4項各号は、個人情報取扱事業者が個人情報の取得に際して、例外的に利用目的を本人に通知し、又は公表しなくてもよい場合を定めている。このうち2号は、「利用目的を本人に通知し、又は公表することにより当該個人情報取扱事業者の権利又は正当な利益を害するおそれがある場合」を挙げている。通知又は公表される利用目的の内容により、当該個人情報取扱事業者が行う新商品等の開発内容、営業ノウハウ等の企業秘密にかかわるようなものが明らかになる場合はこれに当たる。従って、本記述は正しい。

問題 35 個人情報の利用目的の通知・公表等に関する以下のアからエまでの記述のうち、誤っているものを1つ選びなさい。

ア．個人情報取扱事業者は、インターネット、官報、職員録等から個人情報を取得する場合、あらかじめその利用目的を公表している場合を除き、速やかに、その利用目的を、本人に通知し、又は公表しなければならない。

イ．個人情報取扱事業者は、個人情報の第三者提供を受ける場合、あらかじめその利用目的を公表していなくても、その利用目的を、本人に通知し、又は公表する必要はない。

ウ．個人情報取扱事業者は、懸賞の応募はがきに記載された個人情報を直接本人から取得する場合、あらかじめ、本人に対し、その利用目的を明示しなければならない。

エ．個人情報取扱事業者は、商品・サービス等を販売・提供する場合、住所・電話番号等の個人情報を取得する場合があるが、その利用目的が当該商品・サービス等の販売・提供のみを確実に行うためという利用目的であるような場合、その利用目的を、本人に通知し、又は公表しなくてもよい。

解答・解説 ▶▶ イ　取得に際しての利用目的の通知・公表等（法18条）

個人情報保護法18条は、個人情報取扱事業者が個人情報を取得した場合の利用目的の通知・公表等について定めている。本問は、この取得に際しての利用目的の通知・公表等についての理解を問うものである。

ア　正しい。 個人情報取扱事業者は、個人情報を取得した場合、あらかじめその利用目的を公表している場合を除き、速やかに、その利用目的を、本人に通知し、又は公表しなければならない（法18条1項）。インターネット、官報、職員録等から個人情報を取得する場合も本人への通知・公表が必要である。従って、本記述は正しい。

イ　誤り。 個人情報取扱事業者は、個人情報を取得した場合、あらかじめその利用目的を公表している場合を除き、速やかに、その利用目的を、本人に通知し、又は公表しなければならない（法18条1項）。個人情報の第三者提供を受ける場合も、本人への通知・公表が必要である。従って、本記述は誤っている。

ウ　正しい。 個人情報取扱事業者は、本人との間で契約を締結することに伴って契約書その他の書面（電子的方式、磁気的方式その他人の知覚によっては認識することができない方式で作られる記録を含む。）に記載された当該本人の個人情報を取得する場合その他本人から直接書面に記載された当該本人の個人情報を取得する場合は、あらかじめ、本人に対し、その利用目的を明示しなければならない（法18条2項本文）。懸賞の応募はがきに記載された個人情報を直接本人から取得する場合もこれに当たる。従って、本記述は正しい。

エ　正しい。 法18条4項各号は、個人情報取扱事業者が個人情報の取得に際して、例外的に、利用目的を本人に通知し、又は公表しなくてもよい場合を定めている。このうち4号は、「取得の状況からみて利用目的が明らかであると認められる場合」を挙げている。商品・サービス等を販売・提供する場合、住所・電話番号等の個人情報を取得する場合があるが、その利用目的が当該商品・サービス等の販売・提供のみを確実に行うためという利用目的であるような場合はこれに当たる。従って、本記述は正しい。

問題36 個人情報の利用目的の通知・公表に関する以下のアからエまでの記述のうち、誤っているものを1つ選びなさい。

ア．個人情報取扱事業者は、インターネット上で本人が自発的に公にしている個人情報を取得する場合であっても、あらかじめその利用目的を公表している場合を除き、速やかに、その利用目的を、本人に通知し、又は公表しなければならない。

イ．個人情報取扱事業者は、個人情報を取得した場合は、あらかじめその利用目的を公表している場合を除き、速やかに、その利用目的を、本人に通知し、又は公表しなければならないが、ここでいう「公表」とは、広く一般に自己の意思を知らせること（国民一般その他不特定多数の人々が知ることができるように発表すること）をいい、例えば、店舗の見やすい場所への掲示や、通信販売用のパンフレット等への記載はこれに当たる。

ウ．個人情報取扱事業者が、口頭により個人情報を取得する場合には、あらかじめ本人に対してその利用目的を明示すること（その利用目的を明確に示すこと）は必要なく、あらかじめその利用目的を公表したり、速やかに本人に通知・公表したりする必要もない。

エ．個人情報取扱事業者は、利用目的を変更した場合は、変更された利用目的について、本人に通知し、又は公表しなければならない。

解答・解説 ▶▶ ウ　取得に際しての利用目的の通知・公表（法18条）

個人情報保護法18条1項は、個人情報取扱事業者は、個人情報を取得した場合は、あらかじめその利用目的を公表している場合を除き、速やかに、その利用目的を、本人に通知し、又は公表しなければならないと定めている。また、法18条2項は、直接書面等により取得する場合は、あらかじめ、本人に対し、その利用目的を明示しなければならないと定め、法18条3項は、利用目的を変更した場合は、変更された利用目的について、本人に通知し、又は公表しなければならないと定めている。本問は、この取得に際しての利用目的の通知・公表についての理解を問うものである。

ア　正しい。　個人情報取扱事業者は、インターネット上で本人が自発的に公にしている個人情報を取得する場合であっても、あらかじめその利用目的を公表している場合を除き、速やかに、その利用目的を、本人に通知し、又は公表しなければならない（法18条1項）。従って、本記述は正しい。

イ　正しい。　個人情報取扱事業者は、個人情報を取得した場合は、あらかじめその利用目的を公表している場合を除き、速やかに、その利用目的を、本人に通知し、又は公表しなければならない（法18条1項）。ここでいう「公表」とは、広く一般に自己の意思を知らせること（国民一般その他不特定多数の人々が知ることができるように発表すること）をいい、例えば、店舗販売においては、店舗の見やすい場所に掲示することや、通信販売においては、通信販売用のパンフレット等に記載することは、これに当たる。従って、本記述は正しい。

ウ　誤り。　法18条1項においては、個人情報取扱事業者が個人情報を取得した場合は、あらかじめその利用目的を公表している場合を除き、速やかに、その利用目的を、本人に通知し、又は公表しなければならないとされているのに対して、法18条2項においては、本人から直接書面（契約書など）に記載された当該本人の個人情報を取得する場合は、あらかじめ、本人に対し、その利用目的を明示しなければならないとされている（法18条2項）。ここでいう「本人に対し、その利用目的を明示」とは、本人に対し、その利用目的を明確に示すことをいい、法18条1項の場合と比較して、個人情報取扱事業者の義務が強化されているといえる。本記述の場合、口頭による個人情報の取得が問題となっており、法18条2項は適用されないので、利用目的の「明示」の必要はなくなる。もっとも、口頭による個人情報の取得の場合であっても、法18条1項の適用はあり、あらかじめその利用目的を公表するか、速やかに、その利用目的を、本人に通知し、又は公表しなければならない。従って、本記述は誤っている。

エ　正しい。　個人情報取扱事業者は、利用目的を変更した場合は、変更された利用目的について、本人に通知し、又は公表しなければならない（法18条3項）。従って、本記述は正しい。

問題37

以下のアからエまでのうち、個人情報の利用目的の通知・公表に関する【問題文A】及び【問題文B】の正誤の組合せとして正しいものを1つ選びなさい。

【問題文A】個人情報取扱事業者は、アンケートに記載された個人情報を当該本人から直接取得する場合、あらかじめ、本人に対し、その利用目的を明示する必要はない。

【問題文B】個人情報取扱事業者は、本人との間で契約を締結することに伴って契約書その他の書面に記載された当該本人の個人情報を取得する場合、あらかじめ、本人に対し、その利用目的を明示しなければならないが、ここでいう「本人に対し、その利用目的を明示」とは、本人に対し、その利用目的を明確に示すことをいい、例えば、利用目的が裏面の約款に記載されている場合、そのことを伝えるなど、本人が実際に利用目的を目にできるよう留意する必要があるとされる。

ア. A＝○ B＝○   **イ.** A＝○ B＝×
ウ. A＝× B＝○   **エ.** A＝× B＝×

解答・解説 ▶▶ ウ　取得に際しての利用目的の通知・公表（法18条）

個人情報保護法18条1項は、個人情報取扱事業者は、個人情報を取得した場合は、あらかじめその利用目的を公表している場合を除き、速やかに、その利用目的を、本人に通知し、又は公表しなければならないと定めている。また、法18条2項は、直接書面等により取得する場合は、あらかじめ、本人に対し、その利用目的を明示しなければならないと定めている。本問は、この取得に際しての利用目的の通知・公表についての理解を問うものである。

A　誤り。 個人情報取扱事業者は、本人との間で契約を締結することに伴って契約書その他の書面に記載された当該本人の個人情報を取得する場合、あらかじめ、本人に対し、その利用目的を明示しなければならない（法18条2項）。この規定は、アンケートに記載された個人情報を当該本人から直接取得する場合にも適用される。従って、本記述は誤っている。

B　正しい。 個人情報取扱事業者は、本人との間で契約を締結することに伴って契約書その他の書面に記載された当該本人の個人情報を取得する場合、あらかじめ、本人に対し、その利用目的を明示しなければならない（法18条2項）。ここでいう「本人に対し、その利用目的を明示」とは、本人に対し、その利用目的を明確に示すことをいい、例えば、利用目的を明記した契約書その他の書面を相手方である本人に手渡し、又は送付することがこれに当たる。また、利用目的が裏面の約款に記載されている場合、そのことを伝えるなど、本人が実際に利用目的を目にできるよう留意する必要があるとされる。従って、本記述は正しい。

以上により、問題文Aは誤っているが、問題文Bは正しい。従って、正解は肢ウとなる。

問題38 個人情報の取得に際しての利用目的の通知・公表等に関する以下のアからエまでの記述のうち、誤っているものを1つ選びなさい。

ア． 個人情報取扱事業者は、個人情報の第三者提供を受けた場合、あらかじめその利用目的を公表している場合を除き、原則として、速やかに、その利用目的を、本人に通知し、又は公表しなければならない。

イ． 個人情報取扱事業者は、懸賞の応募はがきに記載された個人情報を直接本人から取得する場合、原則として、あらかじめ、本人に対し、その利用目的を明示しなければならない。

ウ． 個人情報取扱事業者は、インターネット、官報、職員録等から個人情報を取得する場合、あらかじめその利用目的を公表していない場合でも、速やかに本人にその利用目的を通知・公表する必要はない。

エ． 個人情報取扱事業者は、商品・サービス等を販売・提供する場合、住所・電話番号等の個人情報を取得する場合があるが、その利用目的が当該商品・サービス等の販売・提供のみを確実に行うためという利用目的であるような場合は、あらかじめその利用目的を公表していない場合でも、速やかに本人にその利用目的を通知・公表する必要はない。

解答・解説 ▶▶ ウ　取得に際しての利用目的の通知・公表等（法18条）

個人情報保護法18条1項は、個人情報取扱事業者は、個人情報を取得した場合は、あらかじめその利用目的を公表している場合を除き、速やかに、その利用目的を、本人に通知し、又は公表しなければならないと定めている。また、法18条2項は、本人から直接書面に記載された当該本人の個人情報を取得する場合は、あらかじめ、本人に対し、その利用目的を明示しなければならないと定めている。そして、法18条4項は、これらの規定の適用が除外される場合を定めている。本問は、この個人情報の取得に際しての利用目的の通知・公表等についての理解を問うものである。

ア　正しい。　個人情報取扱事業者は、個人情報の第三者提供を受けた場合も、あらかじめその利用目的を公表している場合を除き、原則として、速やかに、その利用目的を、本人に通知し、又は公表しなければならない（法18条1項）。従って、本記述は正しい。

イ　正しい。　個人情報取扱事業者は、懸賞の応募はがきに記載された個人情報を直接本人から取得する場合のように、直接書面等により個人情報を取得する場合は、原則として、あらかじめ、本人に対し、その利用目的を明示しなければならない（法18条2項）。従って、本記述は正しい。

ウ　誤り。　個人情報取扱事業者は、インターネット、官報、職員録等から個人情報を取得する場合も、あらかじめその利用目的を公表している場合を除き、原則として、速やかに、その利用目的を、本人に通知し、又は公表しなければならない（法18条1項）。従って、本記述は誤っている。

エ　正しい。　個人情報取扱事業者は、商品・サービス等を販売・提供する場合、住所・電話番号等の個人情報を取得する場合があるが、その利用目的が当該商品・サービス等の販売・提供のみを確実に行うためという利用目的であるような場合は、取得の状況からみて利用目的が明らかであると認められるので、あらかじめその利用目的を公表していない場合でも、速やかに本人にその利用目的を通知・公表する必要はない（法18条4項4号）。従って、本記述は正しい。

問題39 個人情報の利用目的の通知・公表等に関する以下のアからエまでの記述のうち、誤っているものを1つ選びなさい。

ア. 個人情報取扱事業者は、個人情報を取得する場合は、あらかじめその利用目的を公表していることが望ましいが、公表していない場合は、原則として、取得後速やかに、その利用目的を、本人に通知するか、又は公表しなければならない。

イ. 個人情報取扱事業者は、個人情報の取扱いの委託を受けて、個人情報を取得する場合、あらかじめその利用目的を公表している場合を除き、原則として、速やかに、その利用目的を、本人に通知し、又は公表しなければならない。

ウ. 個人情報取扱事業者は、アンケートに記載された個人情報を直接本人から取得する場合は、あらかじめ、本人に対し、その利用目的を明示する必要はない。

エ. 公開手配を行わないで、被疑者に関する個人情報を、警察から被疑者の立ち回りが予想される個人情報取扱事業者に限って提供する場合、警察から受け取った当該個人情報取扱事業者が、利用目的を本人に通知し、又は公表することにより、捜査活動に重大な支障を及ぼすおそれがある場合は、当該個人情報取扱事業者は、あらかじめその利用目的を公表していない場合でも、速やかに本人にその利用目的を通知・公表する必要はない。

解答・解説 ▶▶ ウ　取得に際しての利用目的の通知・公表等（法18条）

個人情報保護法18条1項は、個人情報取扱事業者は、個人情報を取得した場合は、あらかじめその利用目的を公表している場合を除き、速やかに、その利用目的を、本人に通知し、又は公表しなければならないと定めている。また、法18条2項は、直接書面等により取得する場合は、原則として、あらかじめ、本人に対し、その利用目的を明示しなければならないと定めている。本問は、この取得に際しての利用目的の通知・公表等についての理解を問うものである。

ア　正しい。 個人情報取扱事業者は、個人情報を取得した場合は、あらかじめその利用目的を公表している場合を除き、原則として、速やかに、その利用目的を、本人に通知し、又は公表しなければならない（法18条1項）。従って、本記述は正しい。

イ　正しい。 個人情報取扱事業者は、個人情報の取扱いの委託を受けて、個人情報を取得する場合も、あらかじめその利用目的を公表している場合を除き、原則として、速やかに、その利用目的を、本人に通知し、又は公表しなければならない（法18条1項）。従って、本記述は正しい。

ウ　誤り。 個人情報取扱事業者は、アンケートに記載された個人情報を直接本人から取得する場合のように、直接書面等により個人情報を取得する場合は、あらかじめ、本人に対し、その利用目的を明示しなければならない（法18条2項）。従って、本記述は誤っている。

エ　正しい。 個人情報取扱事業者が、個人情報の取得に際して、例外的に利用目的を本人に通知し、又は公表しなくてもよい場合として、「国の機関又は地方公共団体が法令の定める事務を遂行することに対して協力する必要がある場合であって、利用目的を本人に通知し、又は公表することにより当該事務の遂行に支障を及ぼすおそれがあるとき」がある（法18条4項3号）。公開手配を行わないで、被疑者に関する個人情報を、警察から被疑者の立ち回りが予想される個人情報取扱事業者に限って提供する場合、警察から受け取った当該個人情報取扱事業者が、利用目的を本人に通知し、又は公表することにより、捜査活動に重大な支障を及ぼすおそれがある場合はこれに当たる。従って、本記述は正しい。

問題40 以下のアからエまでの記述のうち、個人情報を本人から直接書面により取得する場合に関する【問題文A】から【問題文C】の内容として正しいものを1つ選びなさい。

【問題文A】個人情報取扱事業者が、申込書・契約書に記載された個人情報を本人から直接取得する場合には、原則として、あらかじめ、本人に対し、その個人情報の利用目的を明示しなければならない。

【問題文B】個人情報取扱事業者は、人の生命、身体又は財産の保護のために緊急に必要がある場合、あらかじめ、本人に対し、その個人情報の利用目的を明示する必要はなく、取得後速やかにその利用目的を、本人に対して通知や公表もしなくてもよい。

【問題文C】個人情報取扱事業者は、一般の慣行として名刺を交換し、名刺に記載された個人情報の利用目的が今後の連絡のためという場合には、取得の状況からみて利用目的が明らかであると認められることから、あらかじめ、本人に対し、その個人情報の利用目的を明示しなくてもよい。

ア．Aのみ誤っている。
イ．Bのみ誤っている。
ウ．Cのみ誤っている。
エ．すべて正しい。

解答・解説 ▶▶ イ　取得に際しての利用目的の明示（法18条2項）

個人情報保護法18条2項は、個人情報取扱事業者は、1項の規定にかかわらず、本人との間で契約を締結することに伴って契約書その他の書面（電子的方式、磁気的方式その他人の知覚によっては認識することができない方式で作られる記録を含む。）に記載された当該本人の個人情報を取得する場合その他本人から直接書面に記載された当該本人の個人情報を取得する場合は、原則として、あらかじめ、本人に対し、その利用目的を明示しなければならない旨を定めている。本問は、この取得に際しての利用目的の明示についての理解を問うものである。

A　正しい。　個人情報取扱事業者が、本人から直接書面に記載された当該本人の個人情報を取得する場合は、原則として、あらかじめ、本人に対し、その利用目的を明示しなければならない（法18条2項）。申込書・契約書に記載された個人情報を本人から直接取得する場合は、これに当たる。従って、本記述は正しい。

B　誤り。　人の生命、身体又は財産の保護のために緊急に必要がある場合には、あらかじめ、本人に対し、その個人情報の利用目的を明示する必要はないとされている（法18条2項ただし書）。もっとも、この場合であっても、法18条1項に基づいて、取得後速やかにその利用目的を、本人に通知し、又は公表しなければならないとされている。従って、本記述は誤っている。

C　正しい。　一般の慣行として名刺を交換し、名刺に記載された個人情報（氏名・所属・肩書・連絡先等）の利用目的が今後の連絡のためという場合には、取得の状況からみて利用目的が明らかであると認められることから、あらかじめ、本人に対し、その個人情報の利用目的を明示しなくてもよい（法18条4項4号）。従って、本記述は正しい。

以上により、問題文ACは正しいが、Bは誤っている。従って、正解は肢イとなる。

問題 41 次の文章は、個人情報保護法違反の有無が問題となる事例である。次のアからエまでの記述のうち、【事例A】から【事例C】の内容として正しいものを1つ選びなさい。

【事例A】スポーツシューズを購入しようと思い、あるスポーツ用品販売店に行ったところ、「今、メール会員登録をすると、新商品・サービスに関する情報をメールでお知らせします」と言われたので、登録票にメールアドレスの他、氏名、性別、生年月日、好きなスポーツを記入して手渡した。後日、そのスポーツ用品販売店は、「新商品・サービスに関する情報のお知らせ」という利用目的に「既存の商品・サービスに関する情報のお知らせ」を追加し、本人（メール会員登録者）に対して、利用目的を追加する旨の通知をした。

【事例B】ある本を取り寄せて購入しようと思い、書店に行って取り寄せを依頼したところ、書店の店員に「入荷次第ご連絡いたします」と言われたので、取り寄せ伝票に氏名と電話番号を記入して手渡した。

【事例C】あるメーカーの新シーズンのカタログを入手しようと思い、そのメーカーのインターネットサイトに接続し、サイト内のトップページに明記されたプライバシーポリシーに目を通した上で、サイト内の請求用ページにある入力フォームに郵送先の住所と氏名を記入し、送信するボタンを押した。

ア．事例Aのみ、個人情報保護法に違反する内容を含む。
イ．事例Bのみ、個人情報保護法に違反する内容を含む。
ウ．事例Cのみ、個人情報保護法に違反する内容を含む。
エ．事例ABCはすべて、個人情報保護法に違反する内容を含まない。

解答・解説 ▶▶ エ　利用目的の変更・直接書面等による取得

個人情報保護法は、法15条2項において利用目的の変更を、法18条3項において利用目的の変更の際の通知・公表を、法18条2項において直接書面等による取得を定めている。本問は、これらの規定についての理解を問うものである。

A　違反しない。　個人情報取扱事業者は、利用目的を変更する場合には、変更前の利用目的と相当の関連性を有すると合理的に認められる範囲を超えて行ってはならない（法15条2項）。そして、社会通念上、本人が想定することが困難でないと認められる範囲内で変更することは可能であると解される。本事例のような場合、「新商品・サービスに関する情報のお知らせ」という利用目的に「既存の商品・サービスに関する情報のお知らせ」を追加することは、変更前の利用目的と相当の関連性を有すると合理的に認められる範囲内での変更であるといえる。
　　　　　　　　　次に、個人情報取扱事業者は、利用目的を変更した場合は、変更された利用目的について、本人に通知し、又は公表しなければならない（法18条3項）。本事例においては、利用目的を追加する旨の通知をしている。従って、本事例は、個人情報保護法に違反する内容を含まない。

B　違反しない。　法18条2項は、個人情報取扱事業者は、本人との間で契約を締結することに伴って、書面等により直接本人から個人情報を取得する場合には、あらかじめ本人に対し、その利用目的を明示しなければならないと定めている。本事例においては、店員により、入荷連絡のためという利用目的が明示されている。従って、本事例は、個人情報保護法に違反する内容を含まない。

C　違反しない。　法18条2項は、個人情報取扱事業者は、本人との間で契約を締結することに伴って、書面等により直接本人から個人情報を取得する場合には、あらかじめ本人に対し、その利用目的を明示しなければならないと定めている。本事例においては、サイト内のトップページにプライバシーポリシーが明記されており、個人情報の利用目的が明示されているといえる。従って、本事例は、個人情報保護法に違反する内容を含まない。

以上により、事例ABCはすべて、個人情報保護法に違反する内容を含まない。従って、正解は肢エとなる。

問題 42　以下のアからエまでの記述のうち、個人情報を本人から直接書面により取得する場合に関する【問題文A】から【問題文C】までの内容として正しいものを1つ選びなさい。

【問題文A】　Aは、個人情報取扱事業者であるレンタルショップで会員登録をしようと思い、その従業員から渡された会員規約（個人情報の利用目的は明記されていない）に目を通した上で登録用紙に記入し、これを従業員に渡し、会員証を受け取った。個人情報の利用目的を明示していないため、レンタルショップの対応は、個人情報保護法に違反する。

【問題文B】　Bは、書店に行ったところ、購入しようと思っていた本がなかったので、取り寄せてもらうことにした。個人情報取扱事業者である書店の店員から「入荷次第ご連絡いたします」と言われ、伝票の記入を求められたので、Bは、自己の氏名と電話番号を記入して店員に手渡した。個人情報の利用目的を明示していないため、書店の対応は、個人情報保護法に違反する。

【問題文C】　Cは、個人情報取扱事業者であるNPO法人の代表者と、名刺の交換をした。名刺交換の状況から、名刺に記載された個人情報の利用目的が今後の連絡のためであることが明らかであった。個人情報の利用目的を明示していないため、NPO法人の代表者の対応は、個人情報保護法に違反する。

ア．Aのみ正しい。
イ．Bのみ正しい。
ウ．Cのみ正しい。
エ．すべて誤っている。

解答・解説 ▶▶ ア　直接書面等による取得・適用除外（法18条2項・4項）

個人情報保護法は、18条2項で、本人との間で契約を締結することに伴って契約書その他の書面（電子的方式、磁気的方式その他人の知覚によっては認識することができない方式で作られる記録を含む）に記載された当該本人の個人情報を取得する場合その他本人から直接書面に記載された当該本人の個人情報を取得する場合は、あらかじめ、本人に対し、その利用目的を明示しなければならないと定めている。そして、法18条4項は、この規定の適用が除外される場合を定めている。本問は、この個人情報の取得に際しての利用目的の明示についての理解を問うものである。

A　正しい。　個人情報取扱事業者は、書面等により直接本人から個人情報を取得する場合には、あらかじめ本人に対し、その利用目的を明示しなければならない（法18条2項）。本記述の場合、従業員から渡された会員規約内に個人情報の利用目的が明記されていない。よって、レンタルショップの対応は、法18条2項に違反する。従って、本記述は正しい。

B　誤り。　個人情報取扱事業者は、書面等により直接本人から個人情報を取得する場合には、あらかじめ本人に対し、その利用目的を明示しなければならない（法18条2項）。そして、この規定の適用が除外される場合が定められている（法18条4項）。本件においては、店員から「入荷次第ご連絡いたします」と言われており、入荷連絡のためという利用目的が明らかであるといえることから、「取得の状況からみて利用目的が明らかであると認められる場合」（法18条4項4号）に当たり、法18条2項は適用されない。よって、書店の対応は、個人情報保護法に違反しない。従って、本記述は誤っている。

C　誤り。　一般の慣行として名刺を交換し、名刺に記載された個人情報（氏名・所属・肩書・連絡先等）の利用目的が今後の連絡のためという場合には、取得の状況からみて利用目的が明らかであると認められることから、あらかじめ、本人に対し、その個人情報の利用目的を明示しなくてもよい（法18条4項4号）。よって、NPO法人の代表者の対応は、個人情報保護法に違反しない。従って、本記述は誤っている。

以上により、問題文BCは誤っているが、Aは正しい。従って、正解は肢アとなる。

問題43 データ内容の正確性の確保に関する以下のアからエまでの記述のうち、誤っているものを1つ選びなさい。

ア．個人情報取扱事業者は、「個人データ」のみならず、広く「個人情報」すべてについて、正確性の確保に努めなければならないとされている。
イ．個人情報取扱事業者は、一律に又は常に最新化する必要はなく、それぞれの利用目的に応じて、その必要な範囲内で正確性・最新性を確保すれば足りる。
ウ．個人情報取扱事業者が、正確性の確保に努めなければならないものは、「事実」に限られ、企業における人事評定の内容自体のような「評価」は含まれない。
エ．個人情報取扱事業者が、正確性を確保するための手段としては、入力時の照合・確認の手続の整備が挙げられる。

解答・解説 ▶▶ ア　正確性の確保（法19条）

個人情報保護法19条は、個人情報取扱事業者は、利用目的の達成に必要な範囲内において、個人データを正確かつ最新の内容に保つよう努めなければならないと定めている。本問は、この正確性の確保についての理解を問うものである。

ア　誤り。　法19条は、個人情報取扱事業者は、利用目的の達成に必要な範囲内において、「個人データ」を正確かつ最新の内容に保つよう努めなければならないとしている。すなわち、個人情報保護法が、正確かつ最新の内容に保つよう努めなければならないと規定しているものは、「個人情報」ではなく、「個人データ」に限定されている。従って、本記述は誤っている。

イ　正しい。　個人情報取扱事業者は、保有する個人データを一律に又は常に最新化する必要はなく、それぞれの利用目的に応じて、その必要な範囲内で正確性・最新性を確保すれば足りるとされている。従って、本記述は正しい。

ウ　正しい。　個人情報取扱事業者が、個人データの内容の正確性の確保に努めなければならないものは「事実」に限られると解されており、企業における人事評定の内容自体のような「評価」は含まれない。従って、本記述は正しい。

エ　正しい。　個人情報取扱事業者が、個人データの内容の正確性を確保するための手段の1つとして、入力時の照合・確認の手続の整備が挙げられる。従って、本記述は正しい。

問題 44

個人データの正確性の確保に関する【問題文A】から【問題文C】までの内容についての以下のアからエまでの記述のうち、正しいものを1つ選びなさい。

【問題文A】個人情報取扱事業者は、利用目的の達成に必要な範囲内において、個人データを正確かつ最新の内容に保つよう努めなければならない。

【問題文B】個人情報取扱事業者は、利用目的の達成に必要な範囲内において、個人情報データベース等への個人情報の入力時の照合・確認の手続の整備を行うことにより、個人データを正確かつ最新の内容に保つよう努めなければならない。

【問題文C】個人情報取扱事業者は、利用目的の達成に必要な範囲内において、個人情報データベース等への個人情報の記録事項の更新を行うことにより、個人データを正確かつ最新の内容に保つよう努めなければならない。

ア． Aのみ誤っている。
イ． Bのみ誤っている。
ウ． Cのみ誤っている。
エ． すべて正しい。

解答・解説 ▶▶ エ　正確性の確保（法19条）

個人情報保護法19条は、個人情報取扱事業者は、利用目的の達成に必要な範囲内において、個人データを正確かつ最新の内容に保つよう努めなければならないと定めている。本問は、この正確性の確保についての理解を問うものである。

A 正しい。 個人情報取扱事業者は、利用目的の達成に必要な範囲内において、個人データを正確かつ最新の内容に保つよう努めなければならない。従って、本記述は正しい。

B 正しい。 個人情報取扱事業者は、利用目的の達成に必要な範囲内において、個人情報データベース等への個人情報の入力時の照合・確認の手続の整備を行うことにより、個人データを正確かつ最新の内容に保つよう努めなければならない。従って、本記述は正しい。

C 正しい。 個人情報取扱事業者は、利用目的の達成に必要な範囲内において、個人情報データベース等への個人情報の記録事項の更新を行うことにより、個人データを正確かつ最新の内容に保つよう努めなければならない。従って、本記述は正しい。

以上により、問題文ABCはすべて正しい。従って、正解は肢エとなる。

問題 45 以下のアからエまでの記述のうち、正確性の確保に関する【問題文A】から【問題文C】の内容として正しいものを1つ選びなさい。

【問題文A】 個人情報取扱事業者は、「個人データ」のみならず、広く「個人情報」すべてについて、正確性の確保に努めなければならないとされている。

【問題文B】 個人情報取扱事業者が、データ内容の正確性の確保に努めなければならないものは、「事実」に限られ、例えば、企業における人事評定における「評価」は含まれない。

【問題文C】 個人情報取扱事業者が、個人データの内容の正確性を確保するための手段として、個人情報データベース等への個人情報の入力時の照合・確認の手続の整備、誤り等を発見した場合の訂正等の手続の整備、記録事項の更新、保存期間の設定等が挙げられる。

ア．Aのみ誤っている。
イ．Bのみ誤っている。
ウ．Cのみ誤っている。
エ．すべて正しい。

解答・解説 ▶▶ ア　正確性の確保（法19条）

個人情報保護法19条は、個人情報取扱事業者は、利用目的の達成に必要な範囲内において、個人データを正確かつ最新の内容に保つよう努めなければならないと定めている。本問は、この正確性の確保についての理解を問うものである。

A 誤 り。 法19条は、個人情報取扱事業者は、利用目的の達成に必要な範囲内において、「個人データ」を正確かつ最新の内容に保つよう努めなければならないとしている。すなわち、個人情報保護法が、正確かつ最新の内容に保つよう努めなければならないと規定しているものは、「個人情報」ではなく、「個人データ」に限定されている。従って、本記述は誤っている。

B 正しい。 個人情報取扱事業者が、個人データの内容の正確性の確保に努めなければならないものは「事実」に限られると解されており、例えば、企業における人事評定における「評価」は含まれない。従って、本記述は正しい。

C 正しい。 個人情報取扱事業者が、個人データの内容の正確性を確保するための手段として、個人情報データベース等への個人情報の入力時の照合・確認の手続の整備、誤り等を発見した場合の訂正等の手続の整備、記録事項の更新、保存期間の設定等が挙げられる。従って、本記述は正しい。

以上により、問題文Aは誤っているが、BCは正しい。従って、正解は肢アとなる。

問題 46 以下のアからエまでのうち、個人データの正確性の確保に関する【問題文A】及び【問題文B】の正誤の組合せとして正しいものを1つ選びなさい。

【問題文A】個人情報取扱事業者は、利用目的の達成に必要な範囲内において、個人データを正確かつ最新の内容に保つよう努めなければならない。

【問題文B】個人情報取扱事業者が、個人データを正確かつ最新の内容に保つための手段として、誤り等を発見した場合の訂正等の手続の整備が挙げられる。

ア．A＝○　B＝○
イ．A＝○　B＝×
ウ．A＝×　B＝○
エ．A＝×　B＝×

解答・解説▶▶ ア　正確性の確保（法19条）

個人情報保護法19条は、個人情報取扱事業者は、利用目的の達成に必要な範囲内において、個人データを正確かつ最新の内容に保つよう努めなければならないと定めている。本問は、この正確性の確保についての理解を問うものである。

A 正しい。　個人情報取扱事業者は、利用目的の達成に必要な範囲内において、個人データを正確かつ最新の内容に保つよう努めなければならない（法19条）。従って、本記述は正しい。

B 正しい。　個人情報取扱事業者が、個人データを正確かつ最新の内容に保つための手段として、誤り等を発見した場合の訂正等の手続の整備が挙げられる。従って、本記述は正しい。

以上により、問題文ABはともに正しい。従って、正解は肢アとなる。

問題47 次のアからエまでの記述のうち、個人情報保護法19条に規定される正確性の確保に関する【問題文A】から【問題文C】の内容として正しいものを1つ選びなさい。

【問題文A】個人情報取扱事業者は、「個人データ」のみならず、広く「個人情報」すべてについて、正確性の確保に努めなければならない。

【問題文B】個人情報取扱事業者が、正確かつ最新の内容に保つための手段として、保存期間の設定が挙げられる。

【問題文C】個人情報取扱事業者が、正確かつ最新の内容に保つための手段として、記録事項の更新が挙げられる。

ア． Aのみ誤っている。　　**イ．** Bのみ誤っている。
ウ． Cのみ誤っている。　　**エ．** すべて正しい。

解答・解説 ▶▶ ア　正確性の確保（法19条）

個人情報保護法19条は、個人情報取扱事業者は、利用目的の達成に必要な範囲内において、個人データを正確かつ最新の内容に保つよう努めなければならないと定めている。本問は、この正確性の確保についての理解を問うものである。

A 誤り。　法19条は、個人情報取扱事業者は、利用目的の達成に必要な範囲内において、「個人データ」を正確かつ最新の内容に保つよう努めなければならないと定めている。すなわち、個人情報保護法が、正確かつ最新の内容に保つよう努めなければならないと規定しているものは「個人情報」ではなく、「個人データ」に限定されている。従って、本記述は誤っている。

B 正しい。　個人情報取扱事業者が、個人データを正確かつ最新の内容に保つための手段の1つとして、保存期間の設定が挙げられる。従って、本記述は正しい。

C 正しい。　個人情報取扱事業者が、個人データを正確かつ最新の内容に保つための手段の1つとして、記録事項の更新が挙げられる。従って、本記述は正しい。

以上により、問題文BCは正しいが、Aは誤っている。従って、正解は肢アとなる。

問題48 以下のアからエまでのうち、安全管理措置に関する【問題文A】及び【問題文B】の正誤の組合せとして正しいものを1つ選びなさい。

【問題文A】組織的安全管理措置として講じなければならない事項として、個人データの取扱状況を一覧できる手段の整備がある。これを実践するために講じることが望まれる手法の例示として、個人データ取扱台帳の内容の定期的な確認による最新状態の維持が挙げられる。

【問題文B】物理的安全管理措置として講じなければならない事項として、機器・装置等の物理的な保護がある。これを実践するために講じることが望まれる手法の例示として、個人データを取り扱う機器・装置等の、安全管理上の脅威（例えば、盗難、破壊、破損）や環境上の脅威（例えば、漏水、火災、停電）からの物理的な保護が挙げられる。

ア．A＝○　B＝○
イ．A＝○　B＝×
ウ．A＝×　B＝○
エ．A＝×　B＝×

解答・解説▶▶ ア　安全管理措置（法20条）

個人情報取扱事業者が講じるべき安全管理措置の種類は、組織的、人的、物理的及び技術的安全管理措置の4つに分類される。本問は、この安全管理措置の分類についての理解を問うものである。

A 正しい。 組織的安全管理措置とは、安全管理について従業者の責任と権限を明確に定め、安全管理に対する規程や手順書（以下「規程等」という。）を整備運用し、その実施状況を確認することをいう。個人データの取扱状況を一覧できる手段の整備は、組織的安全管理措置のうちの1つである。これを実践するために講じることが望まれる手法の例示として、個人データ取扱台帳の内容の定期的な確認による最新状態の維持が挙げられる。従って、本記述は正しい。

B 正しい。 物理的安全管理措置とは、入退館（室）の管理、個人データの盗難の防止等の措置をいう。機器・装置等の物理的な保護は、物理的安全管理措置のうちの1つである。これを実践するために講じることが望まれる手法の例示として、個人データを取り扱う機器・装置等の、安全管理上の脅威（例えば、盗難、破壊、破損）や環境上の脅威（例えば、漏水、火災、停電）からの物理的な保護が挙げられる。従って、本記述は正しい。

以上により、問題文ABはいずれも正しい。従って、正解は肢アとなる。

問題49 安全管理措置に関する【問題文A】から【問題文C】までの内容についての以下のアからエまでの記述のうち、正しいものを1つ選びなさい。

【問題文A】 人的安全管理措置とは、安全管理について従業者の責任と権限を明確に定め、安全管理に対する規程や手順書を整備運用し、その実施状況を確認することをいう。

【問題文B】 物理的安全管理措置とは、入退館（室）の管理、個人データの盗難の防止等の措置をいう。

【問題文C】 技術的安全管理措置とは、個人データ及びそれを取り扱う情報システムへのアクセス制御、不正ソフトウェア対策、情報システムの監視等、個人データに対する技術的な安全管理措置をいう。

ア．Aのみ誤っている。
イ．Bのみ誤っている。
ウ．Cのみ誤っている。
エ．すべて正しい。

解答・解説 ▶▶ ア　安全管理措置（法20条）

個人情報取扱事業者が講じるべき安全管理措置の種類は、組織的、人的、物理的、及び技術的安全管理措置の4つに分類される。本問は、この安全管理措置の分類についての理解を問うものである。

A 誤り。 人的安全管理措置とは、従業者に対する、業務上秘密と指定された個人データの非開示契約の締結や教育・訓練等を行うことをいう。安全管理について従業者の責任と権限を明確に定め、安全管理に対する規程や手順書を整備運用し、その実施状況を確認することは、組織的安全管理措置の内容である。従って、本記述は誤っている。

B 正しい。 物理的安全管理措置とは、入退館（室）の管理、個人データの盗難の防止等の措置をいう。従って、本記述は正しい。

C 正しい。 技術的安全管理措置とは、個人データ及びそれを取り扱う情報システムへのアクセス制御、不正ソフトウェア対策、情報システムの監視等、個人データに対する技術的な安全管理措置をいう。従って、本記述は正しい。

以上により、問題文Aのみが誤っている。従って、正解は肢アとなる。

問題50 以下のアからエまでの記述のうち、安全管理措置に関する【問題文A】から【問題文C】までの内容として正しいものを1つ選びなさい。

【問題文A】個人情報取扱事業者が、組織的安全管理措置として講じなければならない事項として、個人データの安全管理措置を講じるための組織体制の整備がある。これを実践するために講じることが望まれる手法として、個人情報保護対策及び最新の技術動向を踏まえた情報セキュリティ対策に十分な知見を有する者が社内の対応を確認すること（必要に応じ、外部の知見を有する者を活用し確認することを含む）などによる、監査実施体制の整備が挙げられる。

【問題文B】個人情報取扱事業者が、人的安全管理措置として講じなければならない事項として、従業者に対する内部規程等の周知・教育・訓練の実施がある。これを実践するために講じることが望まれる手法として、従業者に対する必要かつ適切な教育・訓練が実施されていることの確認が挙げられる。

【問題文C】個人情報取扱事業者が、技術的安全管理措置として講じなければならない事項として、個人データのアクセスの記録がある。これを実践するために講じることが望まれる手法として、個人データへのアクセスや操作の成功と失敗の記録及び不正が疑われる異常な記録の存否の定期的な確認が挙げられる。

ア．Aのみ誤っている。
イ．Bのみ誤っている。
ウ．Cのみ誤っている。
エ．すべて正しい。

解答・解説 ▶▶ エ　安全管理措置（法20条）

個人情報取扱事業者が講じるべき安全管理措置の種類は、組織的、人的、物理的、及び技術的安全管理措置の4つに分類される。本問は、この安全管理措置の分類についての理解を問うものである。

A　正しい。　組織的安全管理措置とは、安全管理について従業者（法21条参照）の責任と権限を明確に定め、安全管理に対する規程や手順書（以下「規程等」という。）を整備運用し、その実施状況を確認することをいう。組織的安全管理措置として講じなければならない事項として、個人データの安全管理措置を講じるための組織体制の整備がある。これを実践するために講じることが望まれる手法として、個人情報保護対策及び最新の技術動向を踏まえた情報セキュリティ対策に十分な知見を有する者が社内の対応を確認すること（必要に応じ、外部の知見を有する者を活用し確認することを含む）などによる、監査実施体制の整備が挙げられる。従って、本記述は正しい。

B　正しい。　人的安全管理措置とは、従業者に対する、業務上秘密と指定された個人データの非開示契約の締結や教育・訓練等を行うことをいう。人的安全管理措置として講じなければならない事項として、従業者に対する内部規程等の周知・教育・訓練の実施がある。これを実践するために講じることが望まれる手法として、従業者に対する必要かつ適切な教育・訓練が実施されていることの確認が挙げられる。従って、本記述は正しい。

C　正しい。　技術的安全管理措置とは、個人データ及びそれを取り扱う情報システムへのアクセス制御、不正ソフトウェア対策、情報システムの監視等、個人データに対する技術的な安全管理措置をいう。技術的安全管理措置として講じなければならない事項として、個人データのアクセスの記録がある。これを実践するために講じることが望まれる手法として、個人データへのアクセスや操作の成功と失敗の記録及び不正が疑われる異常な記録の存否の定期的な確認が挙げられる。従って、本記述は正しい。

以上により、問題文ABCはすべて正しい。従って、正解は肢エとなる。

問題51 安全管理措置に関する以下のアからエまでの記述のうち、誤っているものを1つ選びなさい。

ア．個人情報取扱事業者は、その取り扱う個人データの漏えい、滅失又はき損の防止その他の個人データの安全管理のため、組織的、人的、物理的及び技術的な安全管理措置を講じなければならない。

イ．個人情報取扱事業者は、組織変更が行われ、個人データにアクセスする必要がなくなった従業者が個人データにアクセスできる状態を放置していた場合で、その従業者が個人データを漏えいした場合、必要かつ適切な安全管理措置を講じているとはいえない。

ウ．個人情報取扱事業者が、内容物に個人情報が含まれない荷物等の宅配又は郵送を委託したところ、誤配によって宛名に記載された個人データが第三者に開示された場合、必要かつ適切な安全管理措置を講じているとはいえない。

エ．個人情報取扱事業者が、委託する業務内容に対して必要のない個人データを提供し、委託先が個人データを漏えいした場合、必要かつ適切な安全管理措置を講じているとはいえない。

解答・解説 ▶▶ ウ 安全管理措置（法20条）

個人情報保護法20条は、個人情報取扱事業者は、その取り扱う個人データの漏えい、滅失又はき損の防止その他の個人データの安全管理のために必要かつ適切な措置を講じなければならないと定めている。本問は、この安全管理措置についての理解を問うものである。

ア 正しい。 個人情報取扱事業者は、その取り扱う個人データの漏えい、滅失又はき損の防止その他の個人データの安全管理のために必要かつ適切な措置を講じなければならない（法20条）。個人データの安全管理のために必要かつ適切な措置として、組織的、人的、物理的及び技術的な安全管理措置を講じなければならないとされている。従って、本記述は正しい。

イ 正しい。 組織変更が行われ、個人データにアクセスする必要がなくなった従業者が個人データにアクセスできる状態を個人情報取扱事業者が放置していた場合で、その従業者が個人データを漏えいした場合、必要かつ適切な安全管理措置を講じているとはいえない。従って、本記述は正しい。

ウ 誤り。 個人情報取扱事業者が、内容物に個人情報が含まれない荷物等の宅配又は郵送を委託したところ、誤配によって宛名に記載された個人データが第三者に開示された場合、必要かつ適切な安全管理措置を講じているといえる（安全管理措置の義務違反とはならない）。従って、本記述は誤っている。

エ 正しい。 委託する業務内容に対して必要のない個人データを提供し、委託先が個人データを漏えいした場合、必要かつ適切な安全管理措置を講じているとはいえない。従って、本記述は正しい。

問題52 安全管理措置に関する以下のアからエまでの記述のうち、組織的安全管理措置として講じなければならない事項に含まれないものを1つ選びなさい。

ア．盗難等の防止
イ．事故又は違反への対処
ウ．個人データの安全管理措置の評価、見直し及び改善
エ．個人データの安全管理措置を定める規程等の整備と規程等に従った運用

解答・解説▶▶ ア　安全管理措置（法20条）

個人情報保護法20条は、個人情報取扱事業者は、その取り扱う個人データの漏えい、滅失又はき損の防止その他の個人データの安全管理のために必要かつ適切な措置を講じなければならないと定めている。安全管理措置の種類は、組織的、人的、物理的及び技術的安全管理措置の4つに分類される。本問は、このうち、組織的安全管理措置についての理解を問うものである。なお、組織的安全管理措置とは、安全管理について従業者（法21条参照）の責任と権限を明確に定め、安全管理に対する規程や手順書を整備運用し、その実施状況を確認することをいう。

ア 含まれない。　個人情報取扱事業者が組織的安全管理措置として講じなければならない事項として、「盗難等の防止」は挙げられていない。これは、物理的安全管理措置として講じなければならない事項に含まれる。

イ 含まれる。　個人情報取扱事業者が組織的安全管理措置として講じなければならない事項として、「事故又は違反への対処」が挙げられる。

ウ 含まれる。　個人情報取扱事業者が組織的安全管理措置として講じなければならない事項として、「個人データの安全管理措置の評価、見直し及び改善」が挙げられる。

エ 含まれる。　個人情報取扱事業者が組織的安全管理措置として講じなければならない事項として、「個人データの安全管理措置を定める規程等の整備と規程等に従った運用」が挙げられる。

問題53 安全管理措置に関する以下のアからエまでの記述のうち、誤っているものを1つ選びなさい。

ア．個人情報取扱事業者は、その取り扱う個人データをバックアップした媒体が、持ち出しを許可されていない者により持ち出し可能な状態になっており、その媒体が持ち出されてしまった場合、必要かつ適切な安全管理措置を講じているとはいえない。

イ．クレジットカード情報が漏えいした場合、クレジットカード情報等の不正使用によるなりすまし購入などの二次被害が発生する可能性が高いため、クレジット販売関係事業者等は、クレジットカード情報等の安全管理措置を特に講じることが望ましい。

ウ．本人が継続的にサービスを受けるために登録していた個人データが、システム障害により破損したが、採取したつもりのバックアップも破損しており、個人データを復旧できずに滅失又はき損し、本人がサービスの提供を受けられなくなった場合、必要かつ適切な安全管理措置を講じているとはいえない。

エ．個人情報取扱事業者が、事業者において全く加工をしておらず、書店で誰もが容易に入手できる市販名簿を、シュレッダー等による処理を行わずに廃棄し、又は、廃品回収に出した場合は、必要かつ適切な安全管理措置を講じているとはいえない。

解答・解説 ▶▶ エ　安全管理措置（法20条）

個人情報保護法20条は、個人情報取扱事業者は、その取り扱う個人データの漏えい、滅失又はき損の防止その他の個人データの安全管理のために必要かつ適切な措置を講じなければならないと定めている。本問は、この安全管理措置についての理解を問うものである。

ア　正しい。　個人情報取扱事業者は、その取り扱う個人データをバックアップした媒体が、持ち出しを許可されていない者により持ち出し可能な状態になっており、その媒体が持ち出されてしまった場合、必要かつ適切な安全管理措置を講じているとはいえない。従って、本記述は正しい。

イ　正しい。　クレジットカード情報が漏えいした場合、クレジットカード情報等の不正使用によるなりすまし購入などの二次被害が発生する可能性が高いため、クレジット販売関係事業者等（クレジットカード会社のほか、クレジットカード決済を利用した販売等を行う事業者及びクレジットカード決済を利用した販売等に係る業務を行う事業者並びにこれら事業者からクレジットカード情報等の取扱いを伴う業務の委託を受けている事業者）は、クレジットカード情報等の安全管理措置を特に講じることが望ましいとされている。例えば、クレジットカード読取端末からのクレジットカード情報等の漏えい防止措置を実施（クレジットカード読取端末にはスキミング防止のためのセキュリティ機能（漏えい防止措置等）を搭載する等）することが望ましいとされる。従って、本記述は正しい。

ウ　正しい。　本人が継続的にサービスを受けるために登録していた個人データが、システム障害により破損したが、採取したつもりのバックアップも破損しており、個人データを復旧できず滅失又はき損し、本人がサービスの提供を受けられなくなった場合、必要かつ適切な安全管理措置を講じているとはいえない。従って、本記述は正しい。

エ　誤り。　個人情報取扱事業者が、書店で誰もが容易に入手できる市販名簿（事業者において全く加工をしていないもの）を処分するため、シュレッダー等による処理を行わずに廃棄し、又は、廃品回収に出した場合、必要かつ適切な安全管理措置を講じているといえる。従って、本記述は誤っている。

問題54 個人情報取扱事業者の従業者の監督に関する【問題文A】から【問題文C】の内容についての以下のアからエまでの記述のうち、正しいものを1つ選びなさい。

【問題文A】 個人情報取扱事業者は、その従業者に個人データを取り扱わせるに当たっては、当該個人データの安全管理が図られるよう、当該従業者に対する必要かつ適切な監督を行わなければならない。

【問題文B】 個人情報取扱事業者は、従業者が、個人データの安全管理措置を定める規程等に従って業務を行っていることを、あらかじめ定めた間隔で定期的に確認せず、結果、個人データが漏えいした場合、従業者に対して必要かつ適切な監督を行っていたとはいえない。

【問題文C】 個人情報取扱事業者は、従業者が、内部規程等に違反して個人データが入ったノート型パソコンを繰り返し持ち出していたにもかかわらず、その行為を放置した結果、紛失し、個人データが漏えいした場合、従業者に対して必要かつ適切な監督を行っていたとはいえない。

ア．Aのみ誤っている。
イ．Bのみ誤っている。
ウ．Cのみ誤っている。
エ．すべて正しい。

解答・解説 ▶▶ エ　従業者の監督（法21条）

個人情報保護法21条は、個人情報取扱事業者は、その従業者に個人データを取り扱わせるに当たっては、当該個人データの安全管理が図られるよう、当該従業者に対する必要かつ適切な監督を行わなければならないと定めている。本問は、この従業者の監督についての理解を問うものである。

A 正しい。　個人情報取扱事業者は、その従業者に個人データを取り扱わせるに当たっては、当該個人データの安全管理が図られるよう、当該従業者に対する必要かつ適切な監督を行わなければならない（法21条）。従って、本記述は正しい。

B 正しい。　個人情報取扱事業者は、従業者が、個人データの安全管理措置を定める規程等に従って業務を行っていることを、あらかじめ定めた間隔で定期的に確認せず、結果、個人データが漏えいした場合、従業者に対して必要かつ適切な監督を行っていたとはいえない。従って、本記述は正しい。

C 正しい。　個人情報取扱事業者は、従業者が、内部規程等に違反して個人データが入ったノート型パソコンを繰り返し持ち出していたにもかかわらず、その行為を放置した結果、紛失し、個人データが漏えいした場合、従業者に対して必要かつ適切な監督を行っていたとはいえない。従って、本記述は正しい。

以上により、問題文ABCはすべて正しい。従って、正解は肢エとなる。

問題55 個人情報取扱事業者の従業者の監督に関する以下のアからエまでの記述のうち、誤っているものを1つ選びなさい。

- **ア.** 個人情報取扱事業者は、その従業者に個人データを取り扱わせるに当たっては、当該個人データの安全管理が図られるよう、当該従業者に対する必要かつ適切な監督を行わなければならない。
- **イ.** 個人情報取扱事業者が、その従業員に対する監督を行うに当たっては、本人の個人データが漏えい、滅失又はき損等をした場合に本人が被る権利利益の侵害の大きさを考慮し、事業の性質及び個人データの取扱状況等に起因するリスクに応じ、必要かつ適切な措置を講じるものとされている。
- **ウ.** 法人の監査役は、個人情報取扱事業者が監督義務を負う「従業者」に当たらない。
- **エ.** 短期アルバイト社員は、個人情報取扱事業者が監督義務を負う「従業者」に当たる。

解答・解説 ▶▶ ウ　従業者の監督（法21条）

個人情報保護法21条は、個人情報取扱事業者は、その従業者に個人データを取り扱わせるに当たっては、当該個人データの安全管理が図られるよう、当該従業者に対する必要かつ適切な監督を行わなければならないと定めている。本問は、この従業者の監督についての理解を問うものである。

ア　正しい。 個人情報取扱事業者は、その従業者に個人データを取り扱わせるに当たっては、当該個人データの安全管理が図られるよう、当該従業者に対する必要かつ適切な監督を行わなければならない。従って、本記述は正しい。

イ　正しい。 個人情報取扱事業者が、その従業員に対する監督を行うに当たっては、本人の個人データが漏えい、滅失又はき損等をした場合に本人が被る権利利益の侵害の大きさを考慮し、事業の性質及び個人データの取扱状況等に起因するリスクに応じ、必要かつ適切な措置を講じるものとされている。従って、本記述は正しい。

ウ　誤り。「従業者」とは、個人情報取扱事業者の組織内にあって直接間接に事業者の指揮監督を受けて事業者の業務に従事している者をいい、雇用関係にある従業員（正社員、契約社員、嘱託社員、パート社員、アルバイト社員等）のみならず、取締役、執行役、理事、監査役、監事、派遣社員等も含まれる。よって、法人の監査役は「従業者」に当たる。従って、本記述は誤っている。

エ　正しい。「従業者」とは、個人情報取扱事業者の組織内にあって直接間接に事業者の指揮監督を受けて事業者の業務に従事している者をいい、雇用関係にある従業員（正社員、契約社員、嘱託社員、パート社員、アルバイト社員等）のみならず、取締役、執行役、理事、監査役、監事、派遣社員等も含まれる。よって、短期アルバイト社員は「従業者」に当たる。従って、本記述は正しい。

問題 56 個人情報取扱事業者の従業者の監督に関する以下のアからエまでの記述のうち、誤っているものを1つ選びなさい。

ア．株式会社の取締役は、個人情報取扱事業者が監督義務を負う「従業者」に当たらない。
イ．アルバイト社員は、個人情報取扱事業者が監督義務を負う「従業者」に当たる。
ウ．個人情報取扱事業者は、従業者が、個人データの安全管理措置を定める規程等に従って業務を行っていることを、あらかじめ定めた間隔で定期的に確認せず、結果、個人データが漏えいした場合、従業者に対して必要かつ適切な監督を行っていたとはいえない。
エ．個人情報取扱事業者は、内部規程等に違反して個人データが入ったノート型パソコンを繰り返し持ち出されていたにもかかわらず、その行為を放置した結果、紛失し、個人データが漏えいした場合、従業者に対して必要かつ適切な監督を行っていたとはいえない。

解答・解説 ▶▶ ア　従業者の監督（法21条）

個人情報保護法21条は、個人情報取扱事業者は、その従業者に個人データを取り扱わせるに当たっては、当該個人データの安全管理が図られるよう、当該従業者に対する必要かつ適切な監督を行わなければならないと定めている。本問は、この従業者の監督についての理解を問うものである。

ア　誤り。　「従業者」とは、個人情報取扱事業者の組織内にあって直接間接に事業者の指揮監督を受けて事業者の業務に従事している者をいい、株式会社の取締役も従業者に含まれる。従って、本記述は誤っている。

イ　正しい。　「従業者」とは、個人情報取扱事業者の組織内にあって直接間接に事業者の指揮監督を受けて事業者の業務に従事している者をいい、アルバイト社員は従業者に含まれる。従って、本記述は正しい。

ウ　正しい。　個人情報取扱事業者は、従業者が、個人データの安全管理措置を定める規程等に従って業務を行っていることを、あらかじめ定めた間隔で定期的に確認せず、結果、個人データが漏えいした場合、従業者に対して必要かつ適切な監督を行っていたとはいえない。従って、本記述は正しい。

エ　正しい。　個人情報取扱事業者は、内部規程等に違反して個人データが入ったノート型パソコンを繰り返し持ち出されていたにもかかわらず、その行為を放置した結果、紛失し、個人データが漏えいした場合、従業者に対して必要かつ適切な監督を行っていたとはいえない。従って、本記述は正しい。

問題57 次のアからエまでの記述のうち、個人情報取扱事業者の従業者の監督に関する【問題文A】から【問題文C】の内容として正しいものを1つ選びなさい。

【問題文A】 個人情報取扱事業者が、従業者の監督をするに当たっては、本人の個人データが漏えい、滅失又はき損等をした場合に本人が被る権利利益の侵害の大きさを考慮し、事業の性質及び個人データの取扱状況等に起因するリスクに応じ、必要かつ適切な措置を講じるものとされている。

【問題文B】 個人情報取扱事業者が、必要かつ適切な監督を行うべき「従業者」とは、個人情報取扱事業者の組織内にあって直接間接に事業者の指揮監督を受けて事業者の業務に従事している者をいう。

【問題文C】 個人情報取扱事業者は、従業者が、個人データの安全管理措置を定める規程等に従って業務を行っていることを、あらかじめ定めた間隔で定期的に確認せず、結果、個人データが漏えいした場合、従業者に対して必要かつ適切な監督を行っていたとはいえない。

ア. Aのみ誤っている。
イ. Bのみ誤っている。
ウ. Cのみ誤っている。
エ. すべて正しい。

解答・解説 ▶▶ エ　従業者の監督（法21条）

個人情報保護法21条は、個人情報取扱事業者は、その従業者に個人データを取り扱わせるに当たっては、当該個人データの安全管理が図られるよう、当該従業者に対する必要かつ適切な監督を行わなければならないと定めている。本問は、この従業者の監督についての理解を問うものである。

A 正しい。 個人情報取扱事業者が、従業者の監督をするに当たっては、本人の個人データが漏えい、滅失又はき損等をした場合に本人が被る権利利益の侵害の大きさを考慮し、事業の性質及び個人データの取扱状況等に起因するリスクに応じ、必要かつ適切な措置を講じるものとされている。従って、本記述は正しい。

B 正しい。 個人情報取扱事業者が、必要かつ適切な監督を行うべき「従業者」とは、個人情報取扱事業者の組織内にあって直接間接に事業者の指揮監督を受けて事業者の業務に従事している者をいう。従って、本記述は正しい。

C 正しい。 個人情報取扱事業者は、従業者が、個人データの安全管理措置を定める規程等に従って業務を行っていることを、あらかじめ定めた間隔で定期的に確認せず、結果、個人データが漏えいした場合、従業者に対して必要かつ適切な監督を行っていたとはいえない。従って、本記述は正しい。

以上により、問題文ABCはすべて正しい。従って、正解は肢エとなる。

問題58 個人情報取扱事業者の委託先の監督に関する以下のアからエまでの記述のうち、誤っているものを1つ選びなさい。

ア. 個人情報取扱事業者が、個人データの取扱いを委託する場合、委託する業務内容に対して必要のない個人データを提供しないようにしなければならない。
イ. 個人情報取扱事業者が委託先に対して行う「必要かつ適切な監督」には、委託した個人データの委託先における取扱状況の把握は含まれない。
ウ. 個人情報取扱事業者が委託先に対して行う「必要かつ適切な監督」には、委託先を適切に選定することが含まれる。
エ. 個人情報取扱事業者が委託先の監督を行う場合、漏えいした場合に二次被害が発生する可能性が高い個人データの取扱いを委託する場合は、より高い水準において「必要かつ適切な監督」を行うことが望ましい。

解答・解説 ▶▶ イ 委託先の監督（法22条）

個人情報保護法22条は、個人情報取扱事業者は、個人データの取扱いの全部又は一部を委託する場合は、その取扱いを委託された個人データの安全管理が図られるよう、委託を受けた者に対する必要かつ適切な監督を行わなければならないと定めている。本問は、この委託先の監督についての理解を問うものである。

ア 正しい。　個人情報取扱事業者が、個人データの取扱いを委託する場合、委託する業務内容に対して必要のない個人データを提供しないようにしなければならない。従って、本記述は正しい。

イ 誤り。　個人情報取扱事業者が委託先に対して行う「必要かつ適切な監督」には、委託した個人データの委託先における取扱状況の把握が含まれる。従って、本記述は誤っている。

ウ 正しい。　個人情報取扱事業者が委託先に対して行う「必要かつ適切な監督」には、委託先を適切に選定することが含まれる。従って、本記述は正しい。

エ 正しい。　個人情報取扱事業者が委託先の監督を行う場合、漏えいした場合に二次被害が発生する可能性が高い個人データ（例えば、クレジットカード情報（カード番号、有効期限等）を含む個人データ等）の取扱いを委託する場合は、より高い水準において「必要かつ適切な監督」を行うことが望ましいとされている。従って、本記述は正しい。

問題 59 個人情報取扱事業者の委託先の監督に関する以下のアからエまでの記述のうち、誤っているものを1つ選びなさい。

ア. 個人情報取扱事業者は、個人データの取扱いの全部又は一部を委託する場合は、その個人データの安全管理が図られるよう、委託先に対する必要かつ適切な監督を行わなければならない。ここでいう「必要かつ適切な監督」には、委託先を適切に選定すること、委託先に法20条に基づく安全管理措置を遵守させるために必要な契約を締結すること、委託先における委託された個人データの取扱状況を把握することが含まれる。

イ. 個人情報取扱事業者が個人データの取扱いを委託する場合に契約に盛り込むことが望まれる事項としては、委託先において、個人データを取り扱う者の氏名又は役職等が挙げられる。

ウ. 個人情報取扱事業者は、再委託の条件に関する指示を委託先に行わず、かつ、委託先の個人データの取扱状況の確認を怠り、委託先が個人データの処理を再委託し、結果、再委託先が個人データを漏えいした場合であっても、委託先に対して必要かつ適切な監督を行っていたといえる。

エ. 個人情報取扱事業者は、個人データの取扱いの全部又は一部を委託し、委託先が再委託を行おうとするときは、委託元である個人情報取扱事業者は、委託先が再委託する相手方、再委託する業務内容及び再委託先の個人データの取扱方法等について、委託先から事前報告又は承認を求めることが望ましい。

解答・解説 ▶▶ ウ　委託先の監督（法22条）

個人情報保護法22条は、個人情報取扱事業者は、個人データの取扱いの全部又は一部を委託する場合は、その取扱いを委託された個人データの安全管理が図られるよう、委託を受けた者に対する必要かつ適切な監督を行わなければならないと定めている。本問は、この委託先の監督についての理解を問うものである。

ア 正しい。　個人情報取扱事業者は、個人データの取扱いの全部又は一部を委託する場合は、その個人データの安全管理が図られるよう、委託先に対する必要かつ適切な監督を行わなければならない。ここでいう「必要かつ適切な監督」には、委託先を適切に選定すること、委託先に法20条に基づく安全管理措置を遵守させるために必要な契約を締結すること、委託先における委託された個人データの取扱状況を把握することが含まれる。従って、本記述は正しい。

イ 正しい。　個人情報取扱事業者が個人データの取扱いを委託する場合に契約に盛り込むことが望まれる事項としては、委託先において、個人データを取り扱う者の氏名又は役職等が挙げられる。従って、本記述は正しい。

ウ 誤り。　個人情報取扱事業者は、再委託の条件に関する指示を委託先に行わず、かつ、委託先の個人データの取扱状況の確認を怠り、委託先が個人データの処理を再委託し、結果、再委託先が個人データを漏えいした場合、委託先に対して必要かつ適切な監督を行っていたとはいえない。従って、本記述は誤っている。

エ 正しい。　個人情報取扱事業者が個人データの取扱いの全部又は一部を委託し、その委託先が再委託を行おうとする場合は、委託を行う場合と同様、委託元は、委託先が再委託する相手方、再委託する業務内容及び再委託先の個人データの取扱方法等について、委託先から事前報告又は承認を求める、及び委託先を通じて又は必要に応じて自らが、定期的に監査を実施する等により、委託先が再委託先に対して法22条の委託先の監督を適切に果たすこと、及び再委託先が法20条に基づく安全管理措置を講ずることを十分に確認することが望ましいとされている。従って、本記述は正しい。

問題60 個人情報取扱事業者の委託先の監督に関する以下のアからエまでの記述のうち、誤っているものを1つ選びなさい。

ア．個人情報取扱事業者が、個人データの取扱いを委託する場合に契約に盛り込むことが望まれる事項には、委託契約終了後の個人データの返還・消去・廃棄に関する事項は含まれない。

イ．委託契約には、当該個人データの取扱いに関する、必要かつ適切な安全管理措置として、委託元、委託先双方が同意した内容とともに、委託先における委託された個人データの取扱状況を合理的に把握することを盛り込むことが望ましい。

ウ．個人情報取扱事業者が、個人データの取扱いに関して定めた安全管理措置の内容を委託先に指示せず、その結果、委託先が個人データを漏えいした場合は、委託を受けた者に対して必要かつ適切な監督を行っていたとはいえない。

エ．個人データの委託元が委託先について「必要かつ適切な監督」を行っていない場合で、委託先が再委託をした際に、再委託先が適切といえない取扱いを行ったことにより問題が生じたときは、元の委託元がその責めを負うことがあり得る。

解答・解説 ▶▶ ア 委託先の監督（法22条）

個人情報保護法22条は、個人情報取扱事業者は、個人データの取扱いの全部又は一部を委託する場合は、その取扱いを委託された個人データの安全管理が図られるよう、委託を受けた者に対する必要かつ適切な監督を行わなければならないと定めている。本問は、この委託先の監督についての理解を問うものである。

ア 誤り。 個人情報取扱事業者が、個人データの取扱いを委託する場合に契約に盛り込むことが望まれる事項には、「個人データの安全管理に関する事項」があり、その具体例の一つとして、「委託契約終了後の個人データの返還・消去・廃棄に関する事項」が挙げられる。従って、本記述は誤っている。

イ 正しい。 委託契約には、当該個人データの取扱いに関する、必要かつ適切な安全管理措置として、委託元、委託先双方が同意した内容とともに、委託先における委託された個人データの取扱状況を合理的に把握することを盛り込むことが望ましいとされている。従って、本記述は正しい。

ウ 正しい。 個人情報取扱事業者が、個人データの取扱いに関して定めた安全管理措置の内容を委託先に指示せず、その結果、委託先が個人データを漏えいした場合は、委託を受けた者に対して必要かつ適切な監督を行っていたとはいえない。従って、本記述は正しい。

エ 正しい。 委託元が委託先について「必要かつ適切な監督」を行っていない場合で、委託先が再委託をした際に、再委託先が適切といえない取扱いを行ったことにより、何らかの問題が生じたときは、元の委託元がその責めを負うことがあり得るので、再委託する場合は注意を要するとされている。従って、本記述は正しい。

問題 61 個人情報取扱事業者の委託先の監督に関する以下のアからエまでの記述のうち、誤っているものを1つ選びなさい。

- **ア.** 個人情報取扱事業者は、個人データの取扱いの全部又は一部を委託する場合は、その個人データの安全管理が図られるよう、委託先に対する必要かつ適切な監督を行わなければならない。
- **イ.** 個人情報取扱事業者は、個人データの安全管理措置の状況を契約締結時及びそれ以後も適宜把握せず外部の事業者に委託した場合で、委託先が個人データを漏えいした場合、委託を受けた者に対して必要かつ適切な監督を行っていたとはいえない。
- **ウ.** 優越的地位にある個人情報取扱事業者が委託元の場合、委託元は、委託先との責任分担を無視して、本人からの損害賠償請求に係る責務を一方的に委託先に課す、委託先からの報告や監査において過度な負担を強いるなど、委託先に不当な負担を課すことがあってはならない。
- **エ.** 個人情報取扱事業者が個人データの取扱いを委託する場合に契約に盛り込むことが望まれる事項として、再委託に関する事項は挙げられていない。

解答・解説 ▶▶ エ　委託先の監督（法22条）

個人情報保護法22条は、個人情報取扱事業者は、個人データの取扱いの全部又は一部を委託する場合は、その取扱いを委託された個人データの安全管理が図られるよう、委託を受けた者に対する必要かつ適切な監督を行わなければならないと定めている。本問は、この委託先の監督についての理解を問うものである。

- **ア　正しい。** 個人情報取扱事業者は、個人データの取扱いの全部又は一部を委託する場合は、その個人データの安全管理が図られるよう、委託先に対する必要かつ適切な監督を行わなければならない（法22条）。従って、本記述は正しい。
- **イ　正しい。** 個人情報取扱事業者は、個人データの安全管理措置の状況を契約締結時及びそれ以後も適宜把握せず外部の事業者に委託した場合で、委託先が個人データを漏えいした場合、委託を受けた者に対して必要かつ適切な監督を行っていたとはいえない。従って、本記述は正しい。
- **ウ　正しい。** 優越的地位にある者が委託元の場合、委託元は、委託先との責任分担を無視して、本人からの損害賠償請求に係る責務を一方的に委託先に課す、委託先からの報告や監査において過度な負担を強いるなど、委託先に不当な負担を課すことがあってはならないとされている。従って、本記述は正しい。
- **エ　誤り。** 個人情報取扱事業者が個人データの取扱いを委託する場合に契約に盛り込むことが望まれる事項としては、「再委託に関する事項」が挙げられる。従って、本記述は誤っている。

問題62 個人データの第三者への提供に関する【問題文A】から【問題文C】の内容についての以下のアからエまでの記述のうち、正しいものを1つ選びなさい。

【問題文A】個人情報取扱事業者は、原則として、あらかじめ本人の同意を得ないで、個人データを第三者に提供してはならず、同意の取得に当たっては、事業の性質及び個人情報の取扱状況に応じ、本人が同意に係る判断を行うために必要と考えられる合理的かつ適切な範囲の内容を明確に示すこととされている。

【問題文B】個人情報取扱事業者が、国内に居住している個人の個人データを外国の会社に提供する場合は、あらかじめ本人の同意を得る必要はない。

【問題文C】個人情報取扱事業者が、所得税法の規定に基づき税務署長に対する支払調書を提出する場合、あらかじめ本人の同意を得る必要はない。

ア．Aのみ誤っている。
イ．Bのみ誤っている。
ウ．Cのみ誤っている。
エ．すべて正しい。

解答・解説 ▶▶ イ 個人データの第三者への提供（法23条1項）

個人情報保護法23条は、個人情報取扱事業者が、個人データを第三者に提供するときは、原則としてあらかじめ本人の同意を得なければならないとし、その例外についても定めている。本問は、この個人データの第三者への提供についての理解を問うものである。

A 正しい。 個人情報取扱事業者は、原則として、あらかじめ本人の同意を得ないで、個人データを第三者に提供してはならず（法23条1項）、同意の取得に当たっては、事業の性質及び個人情報の取扱状況に応じ、本人が同意に係る判断を行うために必要と考えられる合理的かつ適切な範囲の内容を明確に示すこととされている。従って、本記述は正しい。

B 誤り。 個人情報取扱事業者が、国内に居住している個人の個人データを外国の会社に提供する場合は、個人データの第三者提供に当たる。このため、原則として、あらかじめ本人の同意を得る必要がある。従って、本記述は誤っている。

C 正しい。 法23条1項各号は、個人情報取扱事業者が個人データを第三者に提供する場合に、例外的に、あらかじめ本人の同意を得る必要がない場合を定めている。このうち1号は「法令に基づく場合」を挙げている。所得税法の規定に基づき税務署長に対する支払調書を提出する場合（所得税法225条1項等）は、これに当たるので、あらかじめ本人の同意を得る必要はない。従って、本記述は正しい。

以上により、問題文Bのみ誤っている。従って、正解は肢イとなる。

問題 63

以下のアからエまでのうち、個人データの第三者への提供に関する【問題文A】及び【問題文B】の正誤の組合せとして正しいものを1つ選びなさい。

【問題文A】親子兄弟会社、グループ会社の間で個人データを交換する場合、原則として、あらかじめ本人の同意を得ることが必要である。

【問題文B】同業者間で、特定の個人データを交換する場合、原則として、あらかじめ本人の同意を得ることが必要である。

ア．A＝○　B＝○
イ．A＝○　B＝×
ウ．A＝×　B＝○
エ．A＝×　B＝×

解答・解説　ア　個人データの第三者への提供（法23条1項）

個人情報保護法23条1項は、個人データを第三者に提供するときは、原則として、あらかじめ本人の同意を得なければならないとし、その例外についても定めている。本問は、この個人データの第三者への提供についての理解を問うものである。

A 正しい。　親子兄弟会社、グループ会社の間で個人データを交換する場合、個人データの第三者提供に当たるため、原則として、あらかじめ本人の同意を得ることが必要である。従って、本記述は正しい。

B 正しい。　同業者間で、特定の個人データを交換する場合、個人データの第三者提供に当たるため、原則として、あらかじめ本人の同意を得ることが必要である。従って、本記述は正しい。

以上により、問題文ABはいずれも正しい。従って、正解は肢アとなる。

問題64 以下のアからエまでの記述のうち、個人データの第三者提供の制限に関する【問題文A】から【問題文C】の内容として正しいものを1つ選びなさい。

【問題文A】個人情報取扱事業者が、外国の会社に国内に居住している個人の個人データを提供する場合、提供の相手方は、個人データの第三者提供における「第三者」に当たらない。

【問題文B】個人情報取扱事業者であるフランチャイズ組織の加盟店が、本部に顧客の個人データを提供する場合、提供の相手方は、個人データの第三者提供における「第三者」に当たらない。

【問題文C】個人情報取扱事業者が、同一事業者内で他部門へ個人データを提供する場合、提供の相手方は、個人データの第三者提供における「第三者」に当たらない。

ア．Aのみ正しい。
イ．Bのみ正しい。
ウ．Cのみ正しい。
エ．すべて誤っている。

解答・解説 ▶▶ ウ　個人データの第三者提供の制限（法23条1項）

個人情報保護法23条1項は、個人情報取扱事業者は、原則として、あらかじめ本人の同意を得ないで、個人データを第三者に提供してはならないと規定している。本問は、この個人データの第三者提供の制限についての理解を問うものである。

A　誤　り。　個人情報取扱事業者が、外国の会社に国内に居住している個人の個人データを提供する場合、提供の相手方は、個人データの第三者提供における「第三者」に当たる。従って、本記述は誤っている。

B　誤　り。　個人情報取扱事業者であるフランチャイズ組織の加盟店が、本部に顧客の個人データを提供する場合、提供の相手方は、個人データの第三者提供における「第三者」に当たる。従って、本記述は誤っている。

C　正しい。　個人情報取扱事業者が、同一事業者内で他部門へ個人データを提供する場合、提供の相手方は、個人データの第三者提供における「第三者」に当たらない。従って、本記述は正しい。

以上により、問題文ABは誤っているが、Cは正しい。従って、正解は肢ウとなる。

問題 65 個人データの第三者への提供に関する以下のアからエまでの記述のうち、正しいものを1つ選びなさい。

- **ア．** 個人情報取扱事業者が、グループ会社の間で個人データを交換する場合、原則として、あらかじめ本人の同意を得る必要はない。
- **イ．** 個人情報取扱事業者が、フランチャイズ組織の本部と加盟店の間で個人データを交換する場合、原則として、あらかじめ本人の同意を得る必要はない。
- **ウ．** 個人情報取扱事業者が、同一事業者内の他部門に個人データを提供することは、特定された利用目的の達成に必要な範囲を超える場合であっても、原則として、あらかじめ本人の同意を得る必要はない。
- **エ．** 個人情報取扱事業者が、本人から同意を取得するに当たっては、事業の性質及び個人情報の取扱状況に応じ、本人が同意に係る判断を行うために必要と考えられる合理的かつ適切な範囲の内容を明確に示すこととされている。

解答・解説 ▶▶ エ　個人データの第三者提供の制限（法23条1項）

個人情報保護法23条は、個人データを第三者に提供するときは、原則として、あらかじめ本人の同意を得なければならないと定めている。本問は、この個人データの第三者への提供についての理解を問うものである。

- **ア** 誤り。　個人情報取扱事業者が、グループ会社の間で個人データを交換する場合、原則として、あらかじめ本人の同意を得る必要がある。従って、本記述は誤っている。
- **イ** 誤り。　個人情報取扱事業者が、フランチャイズ組織の本部と加盟店の間で個人データを交換する場合、原則として、あらかじめ本人の同意を得る必要がある。従って、本記述は誤っている。
- **ウ** 誤り。　個人情報取扱事業者が、同一事業者内の他部門に個人データを提供する場合、特定された利用目的の達成に必要な範囲内であれば、原則として、あらかじめ本人の同意を得る必要はない。もっとも、特定された利用目的の達成に必要な範囲を超える場合には、原則として、あらかじめ本人の同意を得る必要がある（法16条1項）。従って、本記述は誤っている。
- **エ** 正しい。　個人情報取扱事業者が、本人から同意を取得するに当たっては、事業の性質及び個人情報の取扱状況に応じ、本人が同意に係る判断を行うために必要と考えられる合理的かつ適切な範囲の内容を明確に示すこととされている。従って、本記述は正しい。

問題 66 次のアからエまでの記述のうち、個人データの第三者への提供に関する【問題文A】から【問題文C】の内容として正しいものを1つ選びなさい。

【問題文A】個人情報取扱事業者は、あらかじめ本人の同意を得ないで、個人データを第三者に提供してはならないが、同一事業者内で他部門へ個人データを提供することは、この第三者提供に当たらない。

【問題文B】個人情報取扱事業者が個人データを第三者に提供する場合、それが公衆衛生の向上又は児童の健全な育成の推進のために特に必要がある場合であって、本人の同意を得ることが困難であるときは、あらかじめ本人の同意を得る必要はない。

【問題文C】個人情報取扱事業者が、地方公共団体が行う統計調査に回答する場合、個人データを提供することについて、あらかじめ本人の同意を得る必要はない。

ア．Aのみ誤っている。
イ．Bのみ誤っている。
ウ．Cのみ誤っている。
エ．すべて正しい。

解答・解説 ▶▶ エ　個人データの第三者への提供の制限（法23条1項）

個人情報保護法23条1項は、個人情報取扱事業者は、個人データを第三者に提供するときは、原則として、あらかじめ本人の同意を得なければならないと規定している。本問は、この個人データの第三者への提供についての理解を問うものである。

A 正しい。 個人情報取扱事業者は、原則として、あらかじめ本人の同意を得ないで、個人データを第三者に提供してはならない（法23条1項柱書）。そして、同一事業者内で他部門へ個人データを提供することは、この第三者提供に当たらない。従って、本記述は正しい。

B 正しい。 個人情報取扱事業者が個人データを第三者に提供する場合において、法23条1項3号は、「公衆衛生の向上又は児童の健全な育成の推進のために特に必要がある場合であって、本人の同意を得ることが困難であるとき。」は、例外的に、あらかじめ本人の同意を得る必要がない旨定めている。従って、本記述は正しい。

C 正しい。 個人情報取扱事業者が個人データを第三者に提供する場合において、法23条1項4号は、「国の機関若しくは地方公共団体又はその委託を受けた者が法令の定める事務を遂行することに対して協力する必要がある場合であって、本人の同意を得ることにより当該事務の遂行に支障を及ぼすおそれがあるとき。」は、例外的に、あらかじめ本人の同意を得る必要がない旨定めている。地方公共団体が行う統計調査に回答する場合はこれに当たるので、個人データを提供することについて、あらかじめ本人の同意を得る必要はない。従って、本記述は正しい。

以上により、問題文ABCはすべて正しい。従って、正解は肢エとなる。

問題67 個人データの第三者への提供に当たり、あらかじめ、法の要求する事項すべてを本人に通知し、又は本人が容易に知り得る状態に置いておくとともに、本人の求めに応じて第三者への提供を停止することを「第三者提供におけるオプトアウト」という。この「第三者提供におけるオプトアウト」に関する以下のアからエまでの記述のうち、誤っているものを1つ選びなさい。

ア．個人情報取扱事業者が、「第三者提供におけるオプトアウト」の方法によって個人データを第三者へ提供する場合でも、提供の方法としてインターネットによる公開の方法は許されていない。

イ．「第三者提供におけるオプトアウト」の対象となる個人データは、未だ公開されていないものに限られない。

ウ．個人情報取扱事業者は、個人情報の利用目的に、個人情報の第三者提供に関する事項が含まれていない場合、「第三者提供におけるオプトアウト」を行うことはできない。

エ．個人情報取扱事業者が、「第三者提供におけるオプトアウト」の方法によって個人データを第三者へ提供する場合、例えば、名簿等の入手元を明らかにしないことを条件に販売するなどのように、提供元の個人情報取扱事業者は、提供先に対して、その個人データの入手元を開示することを妨げるようなことは避けることが望ましい。

解答・解説 ▶▶ **ア　個人データの第三者への提供（オプトアウト）（法23条2項）**

個人情報保護法23条2項は、個人情報取扱事業者は、第三者提供におけるオプトアウトを行っている場合には、本人の同意なく、個人データを第三者に提供することができると定めている。「第三者提供におけるオプトアウト」とは、個人データの第三者への提供に当たり、あらかじめ、法23条2項各号に挙げられた事項すべてを本人に通知し、又は本人が容易に知り得る状態に置いておくとともに、本人の求めに応じて第三者への提供を停止することをいう。本問は、この第三者提供におけるオプトアウトについての理解を問うものである。

ア 誤り。「第三者提供におけるオプトアウト」の方法によって個人データを第三者に提供する場合の「提供」とは、個人データを利用可能な状態に置くことをいう。インターネットに掲載して公開することもこの「提供」に当たるため、オプトアウトの方法により行うことができる。従って、本記述は誤っている。

イ 正しい。法23条2項は、「第三者提供によるオプトアウト」の対象となる個人データを、非公開情報に限っていない。これは、すでに公に知られた情報でも、他の情報と結びつくことにより本人の権利利益の侵害をもたらすおそれがあるからである。従って、本記述は正しい。

ウ 正しい。個人情報の利用目的に、個人情報の第三者提供に関する事項が含まれていない場合、第三者提供を行うと目的外利用となるため、「第三者提供におけるオプトアウト」を行うことはできない（法23条2項1号）。従って、本記述は正しい。

エ 正しい。「第三者提供におけるオプトアウト」の方法によって個人データを第三者に提供する場合、例えば、名簿等の入手元を明らかにしないことを条件に販売するなどのように、提供元の個人情報取扱事業者は、提供先に対して、その個人データの入手元を開示することを妨げるようなことは避けることが望ましい。従って、本記述は正しい。

問題68 個人データの第三者への提供に当たり、あらかじめ、法の要求する事項すべてを、本人に通知し、又は本人が容易に知り得る状態に置いておくとともに、本人の求めに応じて第三者への提供を停止することを「第三者提供におけるオプトアウト」という。この「第三者提供におけるオプトアウト」に関する以下のアからエまでの記述のうち、誤っているものを1つ選びなさい。

ア. 個人情報取扱事業者が「第三者提供におけるオプトアウト」を行うに当たり、あらかじめ本人に通知し、又は本人が容易に知り得る状態に置いておかなければならない事項として、「本人の求めに応じて当該本人が識別される個人データの第三者への提供を停止すること」が挙げられる。

イ. 個人情報取扱事業者が「第三者提供におけるオプトアウト」を行うに当たり、あらかじめ本人に通知し、又は本人が容易に知り得る状態に置いておかなければならない事項として、「提供先である第三者の氏名又は名称」が挙げられる。

ウ. 個人情報取扱事業者が、「第三者提供におけるオプトアウト」の方式によって個人データを第三者へ提供する場合、提供の方法としてインターネットに掲載する方法を利用することも含まれる。

エ. 「第三者提供におけるオプトアウト」により、入手した個人データを提供する場合、提供元の個人情報取扱事業者は、提供先に対して、その個人データの入手元を開示することを妨げるようなことは避けることが望ましい。

解答・解説 ▶▶ イ 個人データの第三者提供の制限（オプトアウト）（法23条2項）

個人情報保護法23条2項は、「第三者提供におけるオプトアウト」を定めている。この「第三者提供におけるオプトアウト」とは、法23条2項各号に挙げられた事項について、あらかじめ、本人に通知し、又は本人が容易に知り得る状態に置いておくとともに、本人の求めに応じて個人データの第三者への提供を停止することとしている場合をいう。この「第三者提供におけるオプトアウト」を行っている場合には、本人の同意なく、当該個人データを第三者に提供することができる。本問は、この「第三者提供におけるオプトアウト」についての理解を問うものである。

ア 正しい。 法23条2項4号は、個人情報取扱事業者が「第三者提供におけるオプトアウト」を行うに当たり、あらかじめ本人に通知し、又は本人が容易に知り得る状態に置いておかなければならない事項として、「本人の求めに応じて当該本人が識別される個人データの第三者への提供を停止すること」を挙げている。従って、本記述は正しい。

イ 誤り。 法23条2項各号は、個人情報取扱事業者が「第三者提供におけるオプトアウト」を行うに当たり、あらかじめ本人に通知し、又は本人が容易に知り得る状態に置いておかなければならない事項を定めているが、この中には、提供先である第三者の氏名又は名称は挙げられていない。従って、本記述は誤っている。

ウ 正しい。 「第三者提供におけるオプトアウト」の方式によって個人データを第三者へ提供する場合の「提供」とは、個人データを利用可能な状態に置くことをいう。インターネットに掲載する方法を利用することもこの「提供」に当たる。従って、本記述は正しい。

エ 正しい。 オプトアウトの方法によって個人データを第三者に提供する場合、例えば、名簿等の入手元を明らかにしないことを条件に販売するなどのように、提供元の個人情報取扱事業者は、提供先に対して、その個人データの入手元を開示することを妨げるようなことは避けることが望ましい。従って、本記述は正しい。

問題69 個人データの第三者への提供に当たり、あらかじめ、法の要求する事項すべてを本人に通知し、又は本人が容易に知り得る状態に置いておくとともに、本人の求めに応じて第三者への提供を停止することを「第三者提供におけるオプトアウト」という。この「第三者提供におけるオプトアウト」に関する以下のアからエまでの記述のうち、誤っているものを1つ選びなさい。

ア．個人情報取扱事業者は、「第三者提供におけるオプトアウト」を行っている場合には、本人の同意なく、個人データを第三者に提供することができる。

イ．個人情報取扱事業者は、「第三者提供におけるオプトアウト」を行う場合、第三者に提供される個人データの項目を、あらかじめ本人に通知し、又は本人が容易に知り得る状態に置かなければならない。

ウ．個人情報取扱事業者が、「第三者提供におけるオプトアウト」の方法によって個人データを第三者へ提供する場合、提供の方法としてインターネットによる公開の方法は許されない。

エ．オプトアウトの方法によって個人データを第三者に提供する場合、例えば、名簿等の入手元を明らかにしないことを条件に販売するなどのように、提供元の個人情報取扱事業者は、提供先に対して、その個人データの入手元を開示することを妨げるようなことは避けることが望ましい。

解答・解説 ▶▶ **ウ 個人データの第三者への提供の制限(オプトアウト)(法23条2項)**

個人情報保護法23条2項は、「第三者提供におけるオプトアウト」を定めている。この「第三者提供におけるオプトアウト」とは、法23条2項各号に挙げられた事項について、あらかじめ、本人に通知し、又は本人が容易に知り得る状態に置いておくとともに、本人の求めに応じて個人データの第三者への提供を停止することとしている場合をいう。この「第三者提供におけるオプトアウト」を行っている場合には、本人の同意なく、当該個人データを第三者に提供することができる。本問は、この「第三者提供におけるオプトアウト」についての理解を問うものである。

ア 正しい。 個人情報取扱事業者は、「第三者提供におけるオプトアウト」を行っている場合には、本人の同意なく、個人データを第三者に提供することができる(法23条2項)。従って、本記述は正しい。

イ 正しい。 個人情報取扱事業者は、「第三者提供におけるオプトアウト」を行っている場合に、法23条2項2号は、「第三者に提供される個人データの項目」について、あらかじめ、本人に通知し、又は本人が容易に知り得る状態に置かなければならないとしている。従って、本記述は正しい。

ウ 誤り。 オプトアウトの方法によって個人データを第三者に提供する場合の「提供」とは、個人データを利用可能な状態に置くことをいう。インターネットに掲載して公開することもこの「提供」に当たるため、オプトアウトの方法により行うことができる。従って、本記述は誤っている。

エ 正しい。 オプトアウトの方法によって個人データを第三者に提供する場合、例えば、名簿等の入手元を明らかにしないことを条件に販売するなどのように、提供元の個人情報取扱事業者は、提供先に対して、その個人データの入手元を開示することを妨げるようなことは避けることが望ましいとされている。従って、本記述は正しい。

問題70 以下のアからエまでの記述のうち、個人データの第三者への提供に関する【問題文A】から【問題文C】の内容として正しいものを1つ選びなさい。

【問題文A】個人情報取扱事業者が、データの打ち込み等、情報処理を委託するために個人データを渡す場合、提供の相手方は個人データの第三者提供における「第三者」に当たらない。

【問題文B】個人情報取扱事業者である百貨店が、注文を受けた商品の配送のために、宅配業者に個人データを渡す場合、その宅配業者は個人データの第三者提供における「第三者」に当たらない。

【問題文C】個人情報取扱事業者が、営業譲渡により、譲渡先企業に個人データを渡す場合、その譲渡先企業は個人データの第三者提供における「第三者」に当たる。

ア．Aのみ誤っている。
イ．Bのみ誤っている。
ウ．Cのみ誤っている。
エ．すべて正しい。

解答・解説 ▶▶ **ウ 個人データの第三者への提供の制限（法23条4項、改正後5項）**

個人情報保護法は、法23条1項で、個人データの第三者提供を制限しているが、法23条4項（改正後5項）は、個人データの第三者提供における「第三者」に当たらない場合を定めている。本問は、この第三者提供における「第三者」に当たらない場合についての理解を問うものである。

A 正しい。 個人情報取扱事業者が利用目的の達成に必要な範囲内において個人データの取扱いの全部又は一部を委託する場合、当該個人データの提供を受ける者は、個人データの第三者提供における「第三者」に当たらない（法23条4項1号、改正後5項1号）。よって、データの打ち込み等、情報処理を委託するために個人データを渡す場合、提供の相手方は個人データの第三者提供における「第三者」に当たらない。従って、本記述は正しい。

B 正しい。 個人情報取扱事業者が利用目的の達成に必要な範囲内において個人データの取扱いの全部又は一部を委託する場合、当該個人データの提供を受ける者は、個人データの第三者提供における「第三者」に当たらない（法23条4項1号、改正後5項1号）。よって、百貨店が注文を受けた商品の配送のために、宅配業者に個人データを渡す場合、その宅配業者は個人データの第三者提供における「第三者」に当たらない。従って、本記述は正しい。

C 誤 り。 合併その他の事由による事業の承継に伴って個人データが提供される場合、当該個人データの提供を受ける者は、個人データの第三者提供における「第三者」に当たらない（法23条4項2号、改正後5項2号）。よって、営業譲渡により、譲渡先企業に個人データを渡す場合、その譲渡先企業は個人データの第三者提供における「第三者」に当たらない。従って、本記述は誤っている。

以上により、問題文ABは正しいが、Cは誤っている。従って、正解は肢ウとなる。

問題 71 以下のアからエまでの記述のうち、個人データの共同利用に関する【問題文A】から【問題文C】の内容として正しいものを1つ選びなさい。

【問題文A】個人データの管理について責任を有する者は、利用目的の達成に必要な範囲内において、共同利用者間で利用している個人データを正確かつ最新の内容に保つよう努めなければならない。

【問題文B】個人データの共同利用において共同して利用する者の範囲を変更する場合、変更する内容について、あらかじめ、本人に通知し、又は本人が容易に知り得る状態に置くことで、変更することができる。

【問題文C】個人データの共同利用において当該個人データの管理について責任を有する者の氏名・名称を変更する場合、変更する内容について、あらかじめ、本人に通知し、又は本人が容易に知り得る状態に置くことで、変更することができる。

ア．Aのみ誤っている。
イ．Bのみ誤っている。
ウ．Cのみ誤っている。
エ．すべて正しい。

解答・解説 ▶▶ **イ　個人データの第三者への提供の制限（法23条4項3号・5項、改正後23条5項3号・6項）**

個人情報保護法は、法23条1項で、個人データの第三者提供を制限しているが、法23条4項3号（改正後5項3号）は、個人データの共同利用で一定の要件を満たす場合には、当該個人データの提供を受ける者は「第三者」に当たらない旨を定めている。そして、法23条5項（改正後6項）は、個人データの管理について責任を有する者の氏名・名称等を変更する場合について定めている。本問は、この共同利用についての理解を問うものである。

A　正しい。　個人データの管理について責任を有する者は、利用目的の達成に必要な範囲内において、共同利用者間で利用している個人データを正確かつ最新の内容に保つよう努めなければならないとされている。従って、本記述は正しい。

B　誤り。　個人データの共同利用において「共同して利用する者の範囲」については、原則として変更することはできない。法23条5項（改正後6項）により、「利用する者の利用目的」や「個人データの管理について責任を有する者の氏名若しくは名称」については、社会通念上、本人が想定することが困難でないと認められる範囲内で変更することができるが、「共同して利用される個人データの項目」や「共同して利用する者の範囲」の変更は、原則としてできないものとされている。従って、本記述は誤っている。

C　正しい。　個人データの共同利用において当該個人データの管理について責任を有する者の氏名・名称を変更する場合、変更する内容について、あらかじめ、本人に通知し、又は本人が容易に知り得る状態に置くことで、変更することができる（法23条5項、改正後6項）。すなわち、共同利用において当該個人データの管理について責任を有する者の氏名・名称については、社会通念上、本人が想定することが困難でないと認められる範囲内で変更することができ、変更する前に、本人に通知又は本人が容易に知り得る状態に置かなければならないとされている。従って、本記述は正しい。

以上により、問題文ACは正しいが、Bは誤っている。従って、正解は肢イとなる。

問題72 以下のアからエまでの記述のうち、保有個人データに関する【問題文A】から【問題文C】の内容として正しいものを1つ選びなさい。

【問題文A】個人情報取扱事業者は、一定の場合を除き、すべての保有個人データの利用目的を本人の知り得る状態に置かなければならない。

【問題文B】個人情報取扱事業者は、利用目的を本人に通知し、又は公表することにより本人又は第三者の生命、身体、財産その他の権利利益を害するおそれがある場合には、保有個人データの利用目的を、本人の知り得る状態に置かなくてもよい。

【問題文C】個人情報取扱事業者は、個人情報保護法の規定に基づき本人から求められた保有個人データの利用目的を通知しない旨の決定をしたときにおいては、何ら通知を行う必要はない。

ア．Aのみ誤っている。
イ．Bのみ誤っている。
ウ．Cのみ誤っている。
エ．すべて正しい。

解答・解説 ▶▶ **ウ 保有個人データに関する事項の公表等（法24条、改正後27条）**

個人情報保護法24条1項（改正後27条1項）は、個人情報取扱事業者が、保有個人データに関し、本人の知り得る状態（本人の求めに応じて遅滞なく回答する場合を含む。）に置かなければならない事項を定めている。また、24条3項（改正後27条3項）は、保有個人データの利用目的を通知しない旨の決定をしたときは、本人に対し、遅滞なく、その旨を通知しなければならないと定めている。本問は、この保有個人データに関する事項の公表等についての理解を問うものである。

A 正しい。 法24条1項（改正後27条1項）各号は、個人情報取扱事業者が、保有個人データに関し、本人の知り得る状態に置かなければならない事項を定めている。このうち2号は、「すべての保有個人データの利用目的（第18条第4項第1号から第3号までに該当する場合を除く。）」を挙げている。従って、本記述は正しい。

B 正しい。 法24条1項（改正後27条1項）各号は、個人情報取扱事業者が、保有個人データに関し、本人の知り得る状態（本人の求めに応じて遅滞なく回答する場合を含む。）に置かなければならない事項を定めている。このうち2号は、「すべての保有個人データの利用目的」を挙げているが、法18条4項1号から3号までに該当する場合は除外されている。そして、法18条4項1号は、「利用目的を本人に通知し、又は公表することにより本人又は第三者の生命、身体、財産その他の権利利益を害するおそれがある場合」を挙げている。従って、本記述は正しい。

C 誤り。 個人情報取扱事業者は、個人情報保護法の規定に基づき本人から求められた保有個人データの利用目的を通知しない旨の決定をしたときは、本人に対し、遅滞なく、その旨を通知しなければならない（法24条3項、改正後27条3項）。従って、本記述は誤っている。

以上により、問題文ABは正しいが、Cは誤っている。従って、正解は肢ウとなる。

問題73 保有個人データの開示に関する以下のアからエまでの記述のうち、誤っているものを1つ選びなさい。

ア． 個人情報取扱事業者は、本人から、当該本人が識別される保有個人データの開示を求められたときは、本人に対し、原則として、書面の交付による方法により、遅滞なく、当該保有個人データを開示しなければならない。

イ． 個人情報取扱事業者は、本人から、当該本人が識別される保有個人データの開示を求められた場合に、当該本人が識別される保有個人データが存在しないときは、本人に対し、遅滞なくその旨を知らせる必要はない。

ウ． 個人情報取扱事業者たる試験実施機関において、本人から、当該本人が識別される保有個人データの開示を求められた場合であっても、採点情報のすべてを開示することにより、試験制度の維持に著しい支障を及ぼすおそれがあるときは、その全部又は一部を開示しないことができる。

エ． 個人情報取扱事業者たる医療機関において、本人から、当該本人が識別される保有個人データの開示を求められた場合であっても、病名等を開示することにより、本人の心身状況を悪化させるおそれがあるときは、その全部又は一部を開示しないことができる。

解答・解説 ▶▶ イ 保有個人データの開示（法25条、改正後28条）

個人情報保護法25条1項（改正後28条1項・2項）は、個人情報取扱事業者は、本人から、当該本人が識別される保有個人データの開示（当該本人が識別される保有個人データが存在しないときにその旨を知らせることを含む。）を求められたときは、本人に対し、政令で定める方法により、遅滞なく、当該保有個人データを開示しなければならない旨を定めている。本問は、この保有個人データの開示についての理解を問うものである。

ア 正しい。 個人情報取扱事業者は、本人から、当該本人が識別される保有個人データの開示（当該本人が識別される保有個人データが存在しないときにその旨を知らせることを含む。）を求められたときは、本人に対し、書面の交付による方法（開示の求めを行った者が同意した方法があるときは、当該方法）により、遅滞なく、当該保有個人データを開示しなければならないとされている（法25条1項、改正後28条1項・2項、個人情報の保護に関する法律施行令6条）。従って、本記述は正しい。

イ 誤り。 当該本人が識別される保有個人データの開示には、求めを行った当該本人が識別される保有個人データが存在しないときにその旨を知らせることも含む（法25条1項かっこ書、改正後28条3項）。このため、個人情報取扱事業者は、本人から、当該本人が識別される保有個人データの開示を求められた場合に、当該本人が識別される保有個人データが存在しないときは、本人に対し、原則として、書面の交付による方法により、遅滞なくその旨を知らせなければならない。従って、本記述は誤っている。

ウ 正しい。 個人情報取扱事業者は、本人から、当該本人が識別される保有個人データの開示を求められた場合であっても、「当該個人情報取扱事業者の業務の適正な実施に著しい支障を及ぼすおそれがある場合」には、例外的にその全部又は一部を開示しないことができる（法25条1項2号、改正後28条2項2号）。試験実施機関において、採点情報のすべてを開示することにより、試験制度の維持に著しい支障を及ぼすおそれがある場合はこれに当たる。このため、その全部又は一部を開示しないことができる。従って、本記述は正しい。

エ 正しい。 個人情報取扱事業者は、本人から、当該本人が識別される保有個人データの開示を求められた場合であっても、「本人又は第三者の生命、身体、財産その他の権利利益を害するおそれがある場合」には、例外的にその全部又は一部を開示しないことができる（法25条1項1号、改正後28条2項1号）。医療機関において、病名等を開示することにより、本人の心身状況を悪化させるおそれがある場合はこれに当たる。このため、その全部又は一部を開示しないことができる。従って、本記述は正しい。

問題74 保有個人データの訂正等に関する以下のアからエまでの記述のうち、正しいものを1つ選びなさい。

ア.個人情報取扱事業者は、本人から、当該本人が識別される保有個人データの内容が事実でないという理由によって、当該保有個人データの内容の訂正を求められた場合、利用目的から見て訂正が必要でないときは、訂正を行う必要はなく、この場合には、訂正を行わない旨を本人に通知する必要もない。

イ.個人情報取扱事業者は、本人から、当該本人が識別される保有個人データの内容が事実でないという理由によって、当該保有個人データの内容の訂正を求められた場合、調査の結果、誤りである旨の指摘が正しくないときは、訂正を行う必要はなく、この場合には、訂正を行わない旨を本人に通知する必要もない。

ウ.個人情報取扱事業者は、本人から、当該本人が識別される保有個人データの内容が事実でないという理由によって、当該保有個人データの内容の「追加」を求められた場合、個人情報保護法の規定においては「削除」は認められても、「追加」は認められていないことから、追加を行う必要はなく、この場合には、追加を行わない旨を本人に通知する必要もない。

エ.個人情報取扱事業者は、個人情報保護法の規定に基づき、本人から求められた保有個人データの内容の訂正を行ったときは、本人に対し、遅滞なく、その旨（訂正の内容を含む。）を通知しなければならない。

解答・解説 ▶ エ　保有個人データの訂正等（法26条、改正後29条）

個人情報保護法26条1項（改正後29条1項・2項）は、個人情報取扱事業者は、本人から、当該本人が識別される保有個人データの内容が事実でないという理由によって当該保有個人データの内容の訂正等（訂正・追加・削除）を求められた場合には、原則として、利用目的の達成に必要な範囲内において、遅滞なく必要な調査を行い、その結果に基づき、当該保有個人データの内容の訂正等を行わなければならないと規定している。本問は、この保有個人データの訂正等についての理解を問うものである。

ア　誤り。　個人情報取扱事業者は、本人から、当該本人が識別される保有個人データの内容が事実でないという理由によって、当該保有個人データの内容の訂正等を求められた場合、利用目的から見て訂正等が必要でないときは、訂正等を行う必要はない。ただし、この場合には、遅滞なく、訂正等を行わない旨を本人に通知しなければならない（法26条2項、改正後29条3項）。従って、本記述は誤っている。

イ　誤り。　個人情報取扱事業者は、本人から、当該本人が識別される保有個人データの内容が事実でないという理由によって、当該保有個人データの内容の訂正等を求められた場合、調査の結果、誤りである旨の指摘が正しくないときは、訂正等を行う必要はない。ただし、この場合には、遅滞なく、訂正等を行わない旨を本人に通知しなければならない（法26条2項、改正後29条3項）。従って、本記述は誤っている。

ウ　誤り。　個人情報保護法26条1項（改正後29条1項・2項）は、保有個人データの内容の「訂正」の他に「追加」や「削除」を認めている。なお、条文上は、訂正、追加、削除を、「訂正等」と規定している。従って、本記述は誤っている。

エ　正しい。　個人情報取扱事業者は、法26条1項（改正後29条2項）の規定に基づき求められた保有個人データの内容の全部若しくは一部について訂正等を行ったとき、又は訂正等を行わない旨の決定をしたときは、本人に対し、遅滞なく、その旨（訂正等を行ったときは、その「内容」を含む。）を通知しなければならないとされている（法26条2項、改正後29条3項）。従って、本記述は正しい。

問題75 保有個人データの利用停止等に関する以下のアからエまでの記述のうち、誤っているものを1つ選びなさい。

ア． 個人情報取扱事業者は、本人から、当該本人が識別される保有個人データが本人の同意なく利用目的の達成に必要な範囲を超えて利用されていることを理由に、当該保有個人データの利用停止等を求められた場合であって、その求めに理由があることが判明したときは、違反を是正するために必要な限度で、遅滞なく、当該保有個人データの利用停止等を行わなければならない。

イ． 個人情報取扱事業者が、個人情報保護法の規定に基づき保有個人データの利用停止等の義務を負う場合であっても、当該保有個人データの利用停止等に多額の費用を要する場合その他の利用停止等を行うことが困難な場合であって、本人の権利利益を保護するため必要なこれに代わるべき措置をとるときは、当該保有個人データの利用停止等を行わなくてもよい。

ウ． 個人情報取扱事業者は、本人から、当該本人が識別される保有個人データが違法に第三者に提供されているという理由によって、当該保有個人データの第三者への提供の停止を求められた場合であって、その求めに理由があることが判明したときは、遅滞なく、当該保有個人データの第三者への提供の停止を行わなければならない。

エ． 個人情報取扱事業者は、本人から当該保有個人データの利用停止等を求められ、その求めに応じて利用停止等を行っていれば、本人に対し、その旨を通知する必要はない。

解答・解説 ▶▶ エ 保有個人データの利用停止等（法27条、改正後30条）

個人情報保護法27条1項（改正後30条1項・2項）は、個人情報取扱事業者は、本人から、当該本人が識別される保有個人データが本人の同意なく目的外利用されていること（法16条違反）又は不適正に取得されたこと（法17条違反）を理由に、当該保有個人データの利用停止等を求められた場合であって、その求めに理由があることが判明したときは、原則として、遅滞なく、当該保有個人データの利用停止等を行わなければならないと定めている。

また、法27条2項（改正後30条4項）は、個人情報取扱事業者は、本人から、当該本人が識別される保有個人データが本人の同意なく第三者に提供されていること（法23条1項違反、改正後23条1項・24条違反）を理由に、当該保有個人データの第三者への提供の停止を求められた場合であって、その求めに理由があることが判明したときは、原則として、遅滞なく、当該保有個人データの第三者への提供を停止しなければならないとしている。

本問は、この保有個人データの利用停止等についての理解を問うものである。

ア 正しい。 個人情報取扱事業者は、本人から、当該本人が識別される保有個人データが本人の同意なく利用目的の達成に必要な範囲を超えて利用されていること（法16条違反）を理由に、当該保有個人データの利用停止等を求められた場合であって、その求めに理由があることが判明したときは、原則として、違反を是正するために必要な限度で、遅滞なく、当該保有個人データの利用停止等を行わなければならない（法27条1項、改正後30条1項・2項）。従って、本記述は正しい。

イ 正しい。 個人情報取扱事業者が、個人情報保護法の規定に基づき保有個人データの利用停止等の義務を負う場合であっても、当該保有個人データの利用停止等に多額の費用を要する場合その他の利用停止等を行うことが困難な場合であって、本人の権利利益を保護するため必要なこれに代わるべき措置をとるときは、当該保有個人データの利用停止等を行わなくてもよい（法27条1項ただし書、改正後30条2項ただし書）。従って、本記述は正しい。

ウ 正しい。 個人情報取扱事業者は、本人から、当該本人が識別される保有個人データが本人の同意なく第三者に提供されていること（法23条1項違反、改正後23条1項・24条違反）を理由に、当該保有個人データの第三者への提供の停止を求められた場合であって、その求めに理由があることが判明したときは、原則として、遅滞なく、当該保有個人データの第三者への提供を停止しなければならない（法27条2項、改正後30条3項・4項）。従って、本記述は正しい。

エ 誤り。 個人情報取扱事業者は、法27条1項（改正後30条1項・2項）の規定に基づき求められた保有個人データの全部若しくは一部について利用停止等を行ったとき若しくは利用停止等を行わない旨の決定をしたときは、本人に対し、遅滞なく、その旨を通知しなければならない（法27条3項、改正後30条5項）。従って、本記述は誤っている。

問題76 以下のアからエまでの記述のうち、保有個人データの開示等の求めに応じる手続に関する【問題文A】から【問題文C】の内容として正しいものを1つ選びなさい。

【問題文A】 個人情報取扱事業者は、開示等の求めに応じる手続を定めることができ、例えば、開示等の求めをする者が本人又は代理人であることを確認する方法も定めることができる。

【問題文B】 個人情報取扱事業者は、開示等の求めに応じる手続を定めることができるが、手数料の徴収方法を独自に定めることはできず、法律に定められている徴収方法によらなくてはならない。

【問題文C】 個人情報取扱事業者は、開示等の求めに応じる手続を定めるに当たっては、必要以上に煩雑な書類を求めることや、求めを受け付ける窓口を他の業務を行う拠点とは別にいたずらに不便な場所に限定すること等して、本人に過重な負担を課すことのないよう配慮しなければならない。

ア．Aのみ誤っている。　　　イ．Bのみ誤っている。
ウ．Cのみ誤っている。　　　エ．すべて正しい。

解答・解説 ▶▶ イ　保有個人データの開示等の求めに応じる手続（法29条、改正後32条）

個人情報保護法29条（改正後32条）は、保有個人データの開示等の求めに応じる手続について定めている。本問は、この保有個人データの開示等の求めに応じる手続についての理解を問うものである。

A 正しい。 個人情報取扱事業者は、開示等の求めに応じる手続を定めることができ、例えば、開示等の求めをする者が本人又は代理人であることを確認する方法も定めることができる（法29条1項、改正後32条1項、個人情報の保護に関する法律施行令7条3号）。従って、本記述は正しい。

B 誤り。 個人情報取扱事業者は、開示等の求めに応じる手続を定めることができ、例えば、法30条1項（改正後33条1項）の手数料の徴収方法についても定めることができる（法29条1項、改正後32条1項、個人情報の保護に関する法律施行令7条4号）。従って、本記述は誤っている。

C 正しい。 個人情報取扱事業者は、開示等の求めに応じる手続を定めるに当たっては、必要以上に煩雑な書類を求めることや、求めを受け付ける窓口を他の業務を行う拠点とは別にいたずらに不便な場所に限定すること等して、本人に過重な負担を課すことのないよう配慮しなければならない（法29条4項、改正後32条4項）。従って、本記述は正しい。

以上により、問題文ACは正しいが、Bは誤っている。従って、正解は肢イとなる。

問題 77 保有個人データに関する求めの手数料に関する以下のアからエまでの記述のうち、誤っているものを1つ選びなさい。

- **ア.** 個人情報取扱事業者は、開示等の求めに際し手数料を徴収する場合は、実費を勘案して合理的であると認められる範囲内において、その手数料の額を定めなければならない。
- **イ.** 個人情報取扱事業者は、本人から、当該本人が識別される保有個人データの利用目的の通知を求められた場合、当該措置の実施に当たって、個人情報保護法の規定に基づく手数料を徴収することができる。
- **ウ.** 個人情報取扱事業者は、本人から、当該本人が識別される保有個人データの訂正を求められた場合、当該措置の実施に当たって、個人情報保護法の規定に基づく手数料を徴収することができる。
- **エ.** 個人情報取扱事業者は、開示等の求めに応じる措置の実施に関し手数料の額を定めた場合には、本人の知り得る状態（本人の求めに応じて遅滞なく回答する場合を含む。）に置いておかなければならない。

解答・解説▶▶ ウ 保有個人データに関する求めの手数料（法30条、改正後33条）

個人情報保護法30条1項（改正後33条1項）は、個人情報取扱事業者は、保有個人データの利用目的の通知（法24条2項、改正後27条2項）又は保有個人データの開示（法25条1項、改正後28条1項）を求められたときは、当該措置の実施に関し、手数料を徴収することができると定めている。本問は、この保有個人データに関する求めの手数料についての理解を問うものである。

ア 正しい。 個人情報取扱事業者は、開示等の求めに際し手数料を徴収する場合は、実費を勘案して合理的であると認められる範囲内において、その手数料の額を定めなければならない（法30条2項、改正後33条2項）。従って、本記述は正しい。

イ 正しい。 法30条1項（改正後33条1項）は、個人情報取扱事業者は、法24条2項（改正後27条2項）の規定による利用目的の通知を求められたときは、当該措置の実施に関し、手数料を徴収することができると定めている。従って、本記述は正しい。

ウ 誤 り。 法30条1項（改正後33条1項）は、個人情報取扱事業者は、保有個人データの利用目的の通知（法24条2項、改正後27条2項）又は保有個人データの開示（法25条1項、改正後28条1項）を求められたときは、当該措置の実施に関し、手数料を徴収することができると定めているが、保有個人データの「訂正」については、個人情報保護法の規定に基づく手数料を徴収することはできない。従って、本記述は誤っている。

エ 正しい。 法30条2項（改正後33条2項）の規定により手数料の額を定めたとき、その手数料の額について、個人情報取扱事業者は、本人の知り得る状態（本人の求めに応じて遅滞なく回答する場合を含む。）に置いておかなければならない（法24条1項3号かっこ書、改正後27条1項3号かっこ書）。従って、本記述は正しい。

問題 78

以下のアからエまでの記述のうち、個人情報取扱事業者の苦情の処理に関する【問題文A】から【問題文C】の内容として正しいものを1つ選びなさい。

【問題文A】 個人情報保護法上の苦情の処理義務の対象となる苦情は、本人の個人情報の取扱いに関するものに限られる。

【問題文B】 個人情報取扱事業者は、苦情の適切かつ迅速な処理を行うに当たり、苦情処理窓口の設置等の必要な体制の整備に努めなければならない。

【問題文C】 個人情報取扱事業者は、当該個人情報取扱事業者が行う保有個人データの取扱いに関する苦情の申出先について、本人の知り得る状態に置かなければならない。

ア．Aのみ誤っている。
イ．Bのみ誤っている。
ウ．Cのみ誤っている。
エ．すべて正しい。

解答・解説 ▶▶ ア 苦情処理（法31条、改正後35条）

個人情報保護法31条（改正後35条）は、個人情報取扱事業者の苦情の処理について定めている。本問は、この苦情の処理についての理解を問うものである。

A 誤り。 個人情報取扱事業者は、個人情報の取扱いに関する苦情の適切かつ迅速な処理に努めなければならない（法31条1項、改正後35条1項）。そして、苦情の処理義務の対象となる苦情は、本人の個人情報の取扱いに関するものに限定されない。従って、本記述は誤っている。

B 正しい。 個人情報取扱事業者は、苦情の適切かつ迅速な処理を行うに当たり、必要な体制の整備に努めなければならない（法31条2項、改正後35条2項）。必要な体制の整備としては、苦情処理窓口の設置や苦情処理の手順を定めること等が挙げられる。従って、本記述は正しい。

C 正しい。 個人情報取扱事業者は、当該個人情報取扱事業者が行う保有個人データの取扱いに関する苦情の申出先について、本人の知り得る状態に置かなければならない（法24条1項4号、改正後27条1項4号、個人情報の保護に関する法律施行令5条1号）。従って、本記述は正しい。

以上により、問題文BCは正しいが、Aは誤っている。従って、正解は肢アとなる。

問題 79 認定個人情報保護団体に関する以下のアからエまでの記述のうち、誤っているものを1つ選びなさい。

ア．認定個人情報保護団体は、その認定を受けた旨を公表されることはない。
イ．認定個人情報保護団体は、認定業務の実施に際して知り得た情報を認定業務の用に供する目的以外に利用してはならない。
ウ．認定個人情報保護団体は、対象事業者の氏名又は名称を公表しなければならない。
エ．認定個人情報保護団体は、主務大臣から報告を求められることがあり、これに対して虚偽の報告をした場合には刑罰を科されることがある。

解答・解説▶▶ ア　認定個人情報保護団体（法37条～49条、改正後47条～58条）

個人情報保護法は、法37条から49条（改正後47条から58条）で、認定個人情報保護団体（個人情報取扱事業者の個人情報の適正な取扱いの確保を目的として法の定める業務を行う団体で、主務大臣の認定を受けたもの）について定めている。本問は、この認定個人情報保護団体についての理解を問うものである。

ア 誤り。 主務大臣は認定個人情報保護団体の認定を行った場合、これを公示しなければならないとされている（法37条3項、改正後47条3項）。従って、本記述は誤っている。

イ 正しい。 認定個人情報保護団体は、認定業務の実施に際して知り得た情報を認定業務の用に供する目的以外に利用してはならない（法44条、改正後54条）。従って、本記述は正しい。

ウ 正しい。 認定個人情報保護団体は、対象事業者の氏名又は名称を公表しなければならないとされている（法41条2項、改正後51条2項）。従って、本記述は正しい。

エ 正しい。 主務大臣は、個人情報保護法の規定の施行に必要な限度において、認定個人情報保護団体に対し、認定業務に関し報告をさせることができる（法46条、改正後56条）。そして、それに対して報告しない、又は虚偽の報告をした者には、罰金刑が科されることがある（法57条、改正後85条2号）。従って、本記述は正しい。

問題 80 個人情報保護法上、一定の個人情報取扱事業者が一定の目的で個人情報を取り扱う場合、個人情報取扱事業者の義務規定の適用が除外されることがある。以下のアからエまでの記述のうち、この適用除外に関する【問題文A】から【問題文C】の内容として正しいものを1つ選びなさい。

【問題文A】大学等の団体に属さず学術研究を行う個人が、学術研究の用に供する目的で個人情報を取り扱う場合、個人情報取扱事業者の義務規定の適用が除外される。

【問題文B】報道を業として行う個人が報道の用に供する目的で個人情報を取り扱う場合、個人情報取扱事業者の義務規定の適用が除外される。

【問題文C】個人情報取扱事業者たる宗教団体が、宗教活動に付随する活動の用に供する目的で個人情報を取り扱う場合、個人情報取扱事業者の義務規定の適用が除外される。

ア．Aのみ誤っている。
イ．Bのみ誤っている。
ウ．Cのみ誤っている。
エ．すべて正しい。

解答・解説 ▶▶ ア　適用除外（法50条、改正後76条）

個人情報保護法は、法50条（改正後76条）で、憲法上の権利を尊重するため、個人情報取扱事業者のうち一定の者については、法の定める個人情報取扱事業者の義務規定を適用しない場合を定めている。本問は、この適用除外についての理解を問うものである。

A 誤 り。 法50条（改正後76条）1項各号は、一定の個人情報取扱事業者が、一定の目的で個人情報を取り扱う場合、個人情報取扱事業者の義務規定を適用しない旨を定めている。学術研究を主たる目的とする機関等が学術研究の用に供する目的で個人情報を取り扱う場合には、3号により法の適用が除外されるが、この規定の対象は「大学その他の学術研究を目的とする機関若しくは団体又はそれらに属する者」とされており、それらに属さない者は含まれない。このため、大学等の団体に属さず学術研究を行う個人が、学術研究の用に供する目的で個人情報を取り扱う場合、個人情報取扱事業者の義務規定の適用が除外されることはない。従って、本記述は誤っている。

B 正しい。 法50条（改正後76条）1項各号は、一定の個人情報取扱事業者が、一定の目的で個人情報を取り扱う場合、個人情報取扱事業者の義務規定を適用しない旨を定めている。このうち1号は、放送機関、新聞社、通信社その他の報道機関（報道を業として行う個人を含む。）が「報道の用に供する目的」で取り扱う場合を挙げている。従って、本記述は正しい。

C 正しい。 法50条（改正後76条）1項各号は、一定の個人情報取扱事業者が、一定の目的で個人情報を取り扱う場合、個人情報取扱事業者の義務規定を適用しない旨を定めている。このうち4号は、宗教団体が「宗教活動（これに付随する活動を含む。）の用に供する目的」で取り扱う場合を挙げている。従って、本記述は正しい。

以上により、問題文BCは正しいが、Aは誤っている。従って、正解は肢アとなる。

■マイナンバー法の理解

★平成27年9月9日に公布された番号法の改正法は、何回かに分けて段階的に施行されます。
そこで、この解説においては、平成28年1月1日に施行される部分については、「現行法」と「改正法」のそれぞれの条文番号を表記し、それ以降に施行される部分（概ね平成29年に施行予定の部分）については、「現行法」のみを表記しています。
なお、改正法の内容を問う問題については「改正後」と表記しています。

問題 81
番号法の概要に関する以下のアからエまでの記述のうち、誤っているものを1つ選びなさい。

ア．番号法の正式名称は、「行政手続における特定の個人を識別するための番号の利用等に関する法律」といい、平成25年5月に制定され、平成27年9月に改正されている。そして、法文の全ての部分につき施行されている。

イ．番号制度が導入された後も、各行政機関で管理していた個人情報について、個人番号をもとに特定の機関に共通のデータベースを構築するというような一元管理をするものではなく、従来通り各行政機関で情報を分散して管理し、他の機関の個人情報が必要となった場合には、番号法で定められているものに限り、情報提供ネットワークシステムを使用して、情報の照会・提供を行うという「分散管理」の仕組みが採用されることになっている。

ウ．番号法には規定されていない事項が、個人情報保護法令には規定されている場合、個人情報保護法令が適用される。

エ．番号法に規定されており、同一事項について個人情報保護法令にも規定されている場合、番号法が適用される。

解答・解説▶▶ ア　番号法の概要

本問は、番号法の概要についての理解を問うものである。

ア　誤り。 番号法の正式名称は、「行政手続における特定の個人を識別するための番号の利用等に関する法律」といい、平成25年5月に制定され、平成27年9月に改正されている。以上の点は正しい。また、番号法は段階的に施行されており（附則1条参照）、例えば、平成25年5月（公布日）に施行された部分もあるが、平成27年10月に施行された部分もあり、まだ施行されていない部分もある。従って、本記述は誤っている。

イ　正しい。 従来通り、年金の情報は年金事務所、税の情報は税務署といったように分散して管理し、必要な情報を必要な時だけやりとりする「分散管理」の仕組みが採用されることになっている。この仕組みの下では、個人番号をもとに特定の機関に共通のデータベースを構築することはなく、個人情報がまとめて漏れるような危険もないとされている。従って、本記述は正しい。

ウ　正しい。 番号法は、個人情報保護法令（行政機関個人情報保護法、独立行政機関等個人情報保護法、個人情報保護法など）を一般法とする特別法であるといえるから、番号法に規定がない事項については、一般法たる個人情報保護法令が適用される。従って、本記述は正しい。

エ　正しい。 番号法に規定されており、同一事項について個人情報保護法令にも規定されている場合、特別法たる番号法が適用される。従って、本記述は正しい。

問題82 以下のアからエまでのうち、番号法の概要に関する【問題文A】及び【問題文B】の正誤の組合せとして正しいものを1つ選びなさい。

【問題文A】個人情報保護法令は一般法と呼ばれ、番号法はその特別法であるとされている。そして、地方公共団体では、個人情報の保護に関する条例等が一般法として位置付けられている。

【問題文B】個人情報保護法における「個人情報取扱事業者」に含まれない場合には、番号法における「個人番号取扱事業者」にも含まれない。

- **ア.** A＝○　B＝○
- **イ.** A＝○　B＝×
- **ウ.** A＝×　B＝○
- **エ.** A＝×　B＝×

解答・解説 ▶▶ イ　番号法の概要

本問は、番号法の概要についての理解を問うものである。

A 正しい。 個人情報保護法令は一般法と呼ばれ、番号法はその特別法であるとされている。また、地方公共団体では、個人情報の保護に関する条例等が一般法として位置付けられている。従って、本記述は正しい。

B 誤り。 個人情報保護法における「個人情報取扱事業者」には、その事業の用に供する個人情報データベース等を構成する個人情報によって識別される特定の個人の数の合計が、過去6か月以内のいずれの日においても5000を超えない者は含まれない（個人情報保護法2条3項5号、個人情報保護法施行令2条）。これに対して、番号法における「個人番号取扱事業者」とは、特定個人情報ファイルを事業の用に供している個人番号利用事務等実施者であって、国の機関、地方公共団体の機関、独立行政法人等及び地方独立行政法人以外のものをいい（31条）、個人情報保護法における「個人情報取扱事業者」に含まれないとしても、「個人番号取扱事業者」には含まれる可能性がある。従って、本記述は誤っている。

なお、平成27年改正（2年後までに施行予定）により個人情報保護法2条3項5号が削除されることになり、個人情報によって識別される特定の個人の数の合計が5000を超えない者であっても、「個人情報取扱事業者」にあたり得ることになる。よって、「個人番号取扱事業者」に当たれば「個人情報取扱事業者」にも当たることになる。そして、「個人情報取扱事業者でない個人番号取扱事業者」の概念が不要となることから、番号法32条が削除されることになっている。また、平成27年改正の施行後には、本記述は正しいことになると考えられる。

以上により、問題文Aは正しいが、Bは誤っている。従って、正解は肢イとなる。

問題83 番号法1条には、番号法の目的が規定されている。この番号法1条に関する以下のアからエまでの記述のうち、誤っているものを1つ選びなさい。

- **ア．** 国民が、手続の簡素化による負担の軽減、本人確認の簡易な手段その他の利便性の向上を得られるようにすることが規定されている。
- **イ．** 行政分野におけるより公正な給付と負担の確保を図ることが規定されている。
- **ウ．** 行政運営における危険性の排除を図ることが規定されている。
- **エ．** 個人番号その他の特定個人情報の取扱いが安全かつ適正に行われるよう行政機関個人情報保護法、独立行政法人等個人情報保護法及び個人情報保護法の特例を定めることが規定されている。

解答・解説▶▶ ウ　番号法の目的（1条）

本問は、番号法の目的（1条）についての理解を問うものである。

- **ア 正しい。** 1条には、国民が、手続の簡素化による負担の軽減、本人確認の簡易な手段その他の利便性の向上を得られるようにすることが規定されている。従って、本記述は正しい。
- **イ 正しい。** 1条には、行政分野におけるより公正な給付と負担の確保を図ることが規定されている。従って、本記述は正しい。
- **ウ 誤り。** 1条には、行政運営における危険性の排除を図ることは規定されていない。従って、本記述は誤っている。
- **エ 正しい。** 個人番号その他の特定個人情報の取扱いが安全かつ適正に行われるよう行政機関個人情報保護法、独立行政法人等個人情報保護法及び個人情報保護法の特例を定めることが規定されている。従って、本記述は正しい。

問題 84 番号法1条には、番号法の目的が規定されている。以下のアからエまでの記述のうち、この番号法1条に関する【問題文A】から【問題文C】の内容として正しいものを1つ選びなさい。

【問題文A】行政運営における透明性の向上を図ることが規定されている。
【問題文B】行政運営の効率化を図ることが規定されている。
【問題文C】行政分野におけるより公正な給付と負担の確保を図ることが規定されている。

ア．Aのみ誤っている。　　イ．Bのみ誤っている。
ウ．Cのみ誤っている。　　エ．すべて正しい。

解答・解説 ▶▶ ア　番号法の目的（1条）

本問は、番号法の目的（1条）についての理解を問うものである。

A 誤り。　1条には、行政運営における透明性の向上を図ることは規定されていない。従って、本記述は誤っている。
　　　　　なお、行政運営における透明性の向上を図ることは、行政手続法の目的に含まれているものである。
B 正しい。　1条には、行政運営の効率化を図ることが規定されている。従って、本記述は正しい。
C 正しい。　1条には、行政分野におけるより公正な給付と負担の確保を図ることが規定されている。従って、本記述は正しい。

以上により、問題文BCは正しいが、Aは誤っている。従って、正解は肢アとなる。

問題 85 番号法2条は、さまざまな用語の定義を規定している。この定義に関する以下のアからエまでの記述のうち、正しいものを1つ選びなさい。

ア. 番号法2条における「行政機関」とは、行政機関個人情報保護法における行政機関のことをいう。

イ. 番号法2条における「個人情報」とは、行政機関個人情報保護法における個人情報であって行政機関が保有するものをいう。

ウ. 番号法2条における「個人情報ファイル」とは、行政機関個人情報保護法2条4項に規定する個人情報ファイルであって行政機関が保有するもの、独立行政法人等個人情報保護法2条4項に規定する個人情報ファイルであって独立行政法人等が保有するものをいい、個人情報保護法における個人情報データベース等は含まれない。

エ. 番号法2条における「個人番号」とは、住民票に記載されている住民票コードを変換することなく用いられている番号であって、当該住民票コードが記載された住民票に係る者を識別するために指定されるものをいう。

解答・解説 ▶▶ ア　各種用語の定義（2条）

本問は、番号法における各種用語の定義（2条）についての理解を問うものである。

ア 正しい。 番号法2条における「行政機関」とは、行政機関個人情報保護法2条1項に規定する行政機関のことをいう（2条1項）。従って、本記述は正しい。

イ 誤り。 番号法2条における「個人情報」とは、行政機関個人情報保護法2条2項に規定する個人情報であって行政機関が保有するもの、独立行政法人等個人情報保護法2条2項に規定する個人情報であって独立行政法人等が保有するもの又は個人情報保護法2条1項に規定する個人情報であって行政機関及び独立行政法人等以外の者が保有するものをいう（2条3項）。よって、独立行政法人等個人情報保護法や個人情報保護法における個人情報も含まれる。従って、本記述は誤っている。

ウ 誤り。 番号法2条における「個人情報ファイル」とは、行政機関個人情報保護法2条4項に規定する個人情報ファイルであって行政機関が保有するもの、独立行政法人等個人情報保護法2条4項に規定する個人情報ファイルであって独立行政法人等が保有するもの、個人情報保護法2条2項に規定する個人情報データベース等であって行政機関及び独立行政法人等以外の者が保有するものをいう（2条4項）。よって、個人情報保護法における個人情報データベース等も含まれる。従って、本記述は誤っている。

エ 誤り。 番号法2条における「個人番号」とは、7条1項又は2項の規定により、住民票コードを変換して得られる番号であって、当該住民票コードが記載された住民票に係る者を識別するために指定されるものをいう（2条5項）。従って、本記述は誤っている。

問題 86 番号法2条は、さまざまな用語の定義を規定している。この定義に関する以下のアからエまでの記述のうち、誤っているものを1つ選びなさい。

ア．番号法2条における「本人」とは、個人番号によって識別される特定の個人をいう。

イ．番号法2条における「個人番号カード」とは、氏名、住所、生年月日、性別、個人番号その他政令で定める事項が記載され、本人の写真が表示され、かつ、これらの事項その他総務省令で定める事項が電磁的方法により記録されたカードであって、これらの事項を閲覧し、又は改変する権限を有する者以外の者による閲覧又は改変を防止するために必要なものとして総務省令で定める措置が講じられたものをいう。

ウ．番号法2条における「特定個人情報」とは、個人番号をその内容に含む個人情報をいうが、ここでいう「個人番号」には、個人番号に対応し、当該個人番号に代わって用いられる番号、記号その他の符号は含まれない。

エ．番号法2条における「特定個人情報ファイル」とは、個人番号をその内容に含む個人情報ファイルをいう。

解答・解説▶▶ ウ　各種用語の定義（2条）

本問は、番号法における各種用語の定義（2条）についての理解を問うものである。

ア 正しい。 番号法2条における「本人」とは、個人番号によって識別される特定の個人をいう（2条6項）。従って、本記述は正しい。

イ 正しい。 番号法2条における「個人番号カード」とは、氏名、住所、生年月日、性別、個人番号その他政令で定める事項が記載され、本人の写真が表示され、かつ、これらの事項その他総務省令で定める事項（以下「カード記録事項」という。）が電磁的方法により記録されたカードであって、カード記録事項を閲覧し、又は改変する権限を有する者以外の者による閲覧又は改変を防止するために必要なものとして総務省令で定める措置が講じられたものをいう（2条7項）。従って、本記述は正しい。

ウ 誤り。 番号法2条における「特定個人情報」とは、個人番号（個人番号に対応し、当該個人番号に代わって用いられる番号、記号その他の符号であって、住民票コード以外のものを含む。）をその内容に含む個人情報をいう（2条8項）。例えば、個人番号をアルファベットに変換したものも含まれる。従って、本記述は誤っている。

エ 正しい。 番号法2条における「特定個人情報ファイル」とは、個人番号をその内容に含む個人情報ファイルをいう（2条9項）。従って、本記述は正しい。

問題 87

番号法2条は、さまざまな用語の定義を規定している。以下のアからエまでの記述のうち、この定義に関する【問題文A】から【問題文C】の内容として正しいものを1つ選びなさい。

【問題文A】 番号法2条における「個人番号利用事務」とは、行政機関、地方公共団体、独立行政法人等その他の行政事務を処理する者が9条1項又は2項の規定によりその保有する特定個人情報ファイルにおいて個人情報を効率的に検索し、及び管理するために必要な限度で個人番号を利用して処理する事務をいう。

【問題文B】 番号法2条における「個人番号関係事務」とは、9条3項の規定により個人番号利用事務に関して行われる他人の個人番号を必要な限度で利用して行う事務をいう。

【問題文C】 番号法2条における「個人番号利用事務実施者」とは、個人番号利用事務を処理する者をいい、個人番号利用事務の全部又は一部の委託を受けた者を含まない。

ア．Aのみ誤っている。
イ．Bのみ誤っている。
ウ．Cのみ誤っている。
エ．すべて正しい。

解答・解説 ▶▶ ウ 各種用語の定義（2条）

本問は、番号法における各種用語の定義（2条）についての理解を問うものである。

A 正しい。 番号法2条における「個人番号利用事務」とは、行政機関、地方公共団体、独立行政法人等その他の行政事務を処理する者が9条1項又は2項の規定によりその保有する特定個人情報ファイルにおいて個人情報を効率的に検索し、及び管理するために必要な限度で個人番号を利用して処理する事務をいう（2条10項）。従って、本記述は正しい。

B 正しい。 番号法2条における「個人番号関係事務」とは、9条3項の規定により個人番号利用事務に関して行われる他人の個人番号を必要な限度で利用して行う事務をいう（2条11項）。従って、本記述は正しい。

C 誤り。 番号法2条における「個人番号利用事務実施者」とは、個人番号利用事務を処理する者及び個人番号利用事務の全部又は一部の委託を受けた者をいう（2条12項）。よって、個人番号利用事務の全部又は一部の委託を受けた者を含む。従って、本記述は誤っている。

以上により、問題文ABは正しいが、Cは誤っている。従って、正解は肢ウとなる。

問題 88

以下のアからエまでの記述のうち、番号法における「特定個人情報」に関する【問題文A】から【問題文C】の内容として正しいものを1つ選びなさい。

【問題文A】 番号法における「特定個人情報」とは、個人番号をその内容に含む個人情報をいうが、ここでいう「個人番号」には、個人番号に対応し、当該個人番号に代わって用いられる番号、記号その他の符号は含まれないことから、例えば、個人番号をアルファベットに変換したものは含まれない。

【問題文B】 番号法における「特定個人情報」とは、個人番号をその内容に含む個人情報をいうが、個人番号単体であっても含まれる。

【問題文C】 番号法における「特定個人情報」とは、個人番号をその内容に含む個人情報をいうが、ここには死者の個人番号は含まれない。

ア． Aのみ誤っている。　**イ．** Bのみ誤っている。
ウ． Cのみ誤っている。　**エ．** すべて正しい。

解答・解説 ▶▶ ア 「特定個人情報」の定義（2条）

本問は、番号法における「特定個人情報」の定義（2条8項）についての理解を問うものである。

A 誤り。 番号法における「特定個人情報」とは、個人番号（個人番号に対応し、当該個人番号に代わって用いられる番号、記号その他の符号であって、住民票コード以外のものを含む。…）をその内容に含む個人情報をいう（2条8項）。例えば、個人番号をアルファベットに変換したものも含まれる。従って、本記述は誤っている。

B 正しい。 番号法における「特定個人情報」とは、個人番号をその内容に含む個人情報をいうが、個人番号単体であっても含まれると解されている。従って、本記述は正しい。

C 正しい。 番号法における「特定個人情報」とは、個人番号をその内容に含む個人情報をいうが、ここには死者の個人番号は含まれない。「個人情報」は、生存する個人に関する情報（個人情報保護法2条1項参照）であって、番号法における「特定個人情報」も生存する個人に関する情報であることを前提とするからである。従って、本記述は正しい。

以上により、問題文BCは正しいが、Aは誤っている。従って、正解は肢アとなる。

問題89 番号法3条には、番号法における個人番号及び法人番号の利用に関する基本理念が規定されている。以下のアからエまでの記述のうち、この番号法の基本理念に関する【問題文A】から【問題文C】の内容として正しいものを1つ選びなさい。

【問題文A】個人番号及び法人番号の利用に関する施策の推進は、個人情報の保護に十分配慮しつつ、行政運営の効率化を通じた国民の利便性の向上に資することを旨として、社会保障制度、税制及び災害対策に関する分野における利用の促進を図るとともに、他の行政分野及び行政分野以外の国民の利便性の向上に資する分野における利用の可能性を考慮して行われなければならない旨規定されている。

【問題文B】個人番号の利用に関する施策の推進は、行政事務の処理における本人確認の簡易な手段としての個人番号カードの利用の促進を図るとともに、カード記録事項が不正な手段により収集されることがないよう配慮しつつ、行政事務以外の事務の処理において個人番号カードの活用が図られるように行われなければならない旨規定されている。

【問題文C】個人番号の利用に関する施策の推進は、個人情報の保護に十分配慮しつつ、社会保障制度、税制、災害対策その他の行政分野において、行政機関、地方公共団体その他の行政事務を処理する者が迅速に特定個人情報の授受を行うための手段としての地方公共団体情報システム機構の利用の促進を図って行われなければならない旨規定されている。

ア．Aのみ誤っている。
イ．Bのみ誤っている。
ウ．Cのみ誤っている。
エ．すべて正しい。

解答・解説 ▶▶ ウ　番号法の基本理念（3条）

本問は、番号法の基本理念（3条）についての理解を問うものである。

A 正しい。　3条2項は、「個人番号及び法人番号の利用に関する施策の推進は、個人情報の保護に十分配慮しつつ、行政運営の効率化を通じた国民の利便性の向上に資することを旨として、社会保障制度、税制及び災害対策に関する分野における利用の促進を図るとともに、他の行政分野及び行政分野以外の国民の利便性の向上に資する分野における利用の可能性を考慮して行われなければならない。」と規定している。すなわち、①社会保障制度、②税制、③災害対策に関する分野以外の他の行政分野に拡大し、さらに民間でも利用する可能性を考慮しなければならないとしている。従って、本記述は正しい。

B 正しい。　3条3項は、「個人番号の利用に関する施策の推進は、…行政事務の処理における本人確認の簡易な手段としての個人番号カードの利用の促進を図るとともに、カード記録事項が不正な手段により収集されることがないよう配慮しつつ、行政事務以外の事務の処理において個人番号カードの活用が図られるように行われなければならない。」と規定している。すなわち、本人確認の手段としての個人番号カードの利用は、個人番号利用事務等実施者であるか否かにかかわらずその有用性が認められることから、行政手続以外の事務処理にも活用されることが望ましいこと、また、これにより個人番号カードの一層の普及が期待されることを踏まえたものであるとされている。従って、本記述は正しい。

C 誤　り。　3条4項は、「個人番号の利用に関する施策の推進は、…個人情報の保護に十分配慮しつつ、社会保障制度、税制、災害対策その他の行政分野において、行政機関、地方公共団体その他の行政事務を処理する者が迅速に特定個人情報の授受を行うための手段としての情報提供ネットワークシステムの利用の促進を図るとともに、これらの者が行う特定個人情報以外の情報の授受に情報提供ネットワークシステムの用途を拡大する可能性を考慮して行われなければならない。」と規定している。「地方公共団体情報システム機構」とはされていない。従って、本記述は誤っている。

以上により、問題文ABは正しいが、Cは誤っている。従って、正解は肢ウとなる。

問題90 以下のアからエまでの記述のうち、「個人番号」の指定に関する【問題文A】から【問題文C】の内容として正しいものを1つ選びなさい。

【問題文A】 個人番号は、本籍地の市町村長によって付番される。

【問題文B】 個人番号は、住民票コードが住民票に記載されている者に付番されるが、付番の対象は日本国籍を有する者に限られ、日本に住んでいても日本国籍を有しない外国人住民には付番されない。

【問題文C】 個人番号の指定は、番号の重複を避けるため、特定個人情報保護委員会が、市町村長からの求めに応じて個人番号とすべき番号を生成し、それに基づいてなされる。

ア. Aのみ正しい。　　**イ.** Bのみ正しい。
ウ. Cのみ正しい。　　**エ.** すべて誤っている。

解答・解説 ▶▶ エ　個人番号の指定（7条）

「個人番号」とは、7条1項又は2項の規定により、住民票コードを変換して得られる番号であって、当該住民票コードが記載された住民票に係る者を識別するために指定されるものをいう（2条5項）。本問は、番号法における「個人番号」の指定についての理解を問うものである。

A 誤り。 個人番号は、住民票コードを変換して得られる番号であり（2条5項）、住民票のある市町村長（特別区の区長を含む。以下同じ。）によって付番される（7条1項、番号法附則3条）。従って、本記述は誤っている。

B 誤り。 個人番号は、住民票コードが住民票に記載されている者に付番される（番号法7条1項）。個人番号の付番の対象となる者には、住民票コードが住民票に記載されている外国人住民（中長期在留者、特別永住者、一時庇護許可者、仮滞在許可者、経過滞在者）（住民基本台帳法30条の45）も含まれる。よって、外国人住民にも付番され得る。従って、本記述は誤っている。

C 誤り。 個人番号の指定は、番号の重複を避ける等のため、地方公共団体情報システム機構が、市町村長からの求めに応じて個人番号とすべき番号を生成し、それに基づいてなされる（7条1項、8条2項）。すなわち、個人番号とすべき番号の生成を行うのは、特定個人情報保護委員会ではない。従って、本記述は誤っている。

以上により、問題文ABCはすべて誤っている。従って、正解は肢エとなる。

> **問題 91** 「個人番号」の指定・通知に関する以下のアからエまでの記述のうち、誤っているものを1つ選びなさい。
>
> ア．個人番号は、住民に関する基礎的な情報となるため、住民票の記載事項とされている。
> イ．個人番号は、市町村長から通知カードにより通知される。
> ウ．個人番号が付された後、1年以内に通知すべきものと規定されている。
> エ．通知カードの交付を受けているが個人番号カードの交付は受けていない場合、行政機関の窓口等で個人番号の提供を求められた際に当該通知カードを利用できることとされている。

解答・解説 ▶▶ ウ　個人番号の指定・通知（7条）

「個人番号」とは、7条1項又は2項の規定により、住民票コードを変換して得られる番号であって、当該住民票コードが記載された住民票に係る者を識別するために指定されるものをいう（2条5項）。本問は、番号法における「個人番号」の指定・通知についての理解を問うものである。

ア　正しい。　個人番号は、住民に関する基礎的な情報となるため、住民票の記載事項とされている（住民基本台帳法7条）。従って、本記述は正しい。

イ　正しい。　個人番号の通知は、市町村長から通知カードにより行うこととされている。東京都の特別区の場合には、区長から通知がなされる（7条1項）。従って、本記述は正しい。

ウ　誤り。　住民票コードから個人番号を生成する時期としては、個人に対して初めて住民票コードが指定されると同時に、「速やかに」行うことが合理的であると考えられている（7条1項）。個人番号については、本法により認められた事務を処理するために必要な範囲で各行政機関等において利用されるものであり、個人番号が付された後は、住民は各行政機関等との間の手続等において個人番号の提供を求められることとなるからである。よって、「1年以内に通知」するものと規定されているわけではない。従って、本記述は誤っている。

エ　正しい。　番号法では、個人番号カードの交付を受けるまでの間であっても、個人番号の確認を容易に行うことができる手段を講じておく必要があることから、市町村長から本人に対する個人番号の通知を通知カードにより行うこととし、個人番号カードの交付を受けていない者であっても、行政機関の窓口等で個人番号の提供を求められた際に当該通知カードを利用することができるとしている（16条）。従って、本記述は正しい。

問題 92 「個人番号」の変更に関する以下のアからエまでの記述のうち、正しいものを1つ選びなさい。

ア．個人番号が漏えいして不正に用いられるおそれがあると認められなくても、市町村長の判断で、個人番号の変更が行われる。

イ．個人番号が漏えいして不正に用いられるおそれがあると認められるときは、市町村長が職権により個人番号の変更を行うことができるが、そのような場合であっても、本人からの請求では変更できない。

ウ．個人番号が記載された個人番号カードが盗まれて当該個人番号カードが不正に利用される危険性がある場合は、「個人番号が漏えいして不正に用いられるおそれがあると認められるとき」に当たるので、個人番号の変更が認められる。

エ．個人番号の変更が行われた場合、変更後の個人番号の通知方法は定められておらず、任意の書面で行われるものとされている。

解答・解説　ウ　個人番号の変更（7条）

「個人番号」とは、7条1項又は2項の規定により、住民票コードを変換して得られる番号であって、当該住民票コードが記載された住民票に係る者を識別するために指定されるものをいう（2条5項）。本問は、番号法における「個人番号」の変更についての理解を問うものである。

ア　誤り。 市町村長の判断で職権により個人番号の変更が認められるとしても、それは、「個人番号が漏えいして不正に用いられるおそれがあると認められるとき」に限られる。よって、個人番号が漏えいして不正に用いられるおそれがあると認められるときでない場合には、個人番号の変更は行われない。従って、本記述は誤っている。

イ　誤り。 個人番号が漏えいして不正に用いられるおそれがあると認められるときは、その者の請求又は職権により、個人番号の変更が認められる（7条2項）。よって、職権のみならず、本人からの請求によっても、個人番号が漏えいして不正に用いられるおそれがあると認められるときであれば、個人番号の変更が認められる。従って、本記述は誤っている。

ウ　正しい。 個人番号が記載された個人番号カードが盗まれて当該個人番号カードが不正に利用される危険性がある場合は、「個人番号が漏えいして不正に用いられるおそれがあると認められるとき」（7条2項）に当たるので、個人番号の変更が認められる。従って、本記述は正しい。

エ　誤り。 個人番号の通知と同様に、個人番号の変更の通知は通知カードにより行うものとされている（7条2項）。従って、本記述は誤っている。

問題 93

以下のアからエまでの記述のうち、通知カードの交付を受けている者に関する【問題文A】から【問題文C】の内容として正しいものを1つ選びなさい。

【問題文A】 通知カードの交付を受けている者が、異なる市町村へ引越しするなどして転入届を提出する場合には、転入届提出から6か月以内に通知カードを市町村長に提出しなければならない。

【問題文B】 通知カードの交付を受けている者が、同一市町村内での転居による住所変更をする場合、通知カードの記載事項である住所が変更されることから、通知カードの記載事項の変更等の措置を行う必要があるため、住所地市町村長に、転居届とともに、通知カードを提出しなければならない。

【問題文C】 通知カードの交付を受けている者が、当該通知カードを紛失したときは、直ちにその旨を住所地市町村長に届け出なければならない。

ア． Aのみ誤っている。　　**イ．** Bのみ誤っている。
ウ． Cのみ誤っている。　　**エ．** すべて正しい。

解答・解説 ▶▶ ア　通知カードの交付を受けている者（7条）

本問は、通知カードの交付を受けている者（7条）についての理解を問うものである。

A 誤り。 通知カードの交付を受けている者が、住民基本台帳法22条1項の規定による転入届を行う場合、通知カードの記載事項である住所が変更されることから、通知カードの記載事項の変更等の措置を行う必要がある。そこで、転入届と「同時に」通知カードを市町村長に提出しなければならないとされている（7条4項）。従って、本記述は誤っている。

B 正しい。 通知カードの交付を受けている者が、同一市町村内での転居による住所変更をする場合、通知カードの記載事項である住所が変更されることから、通知カードの記載事項の変更等の措置を行う必要がある。そこで、このような場合には、住所地市町村長に、転居届とともに、通知カードを提出しなければならないとされている（7条5項）。従って、本記述は正しい。

C 正しい。 通知カードの交付を受けている者が、当該通知カードを紛失したときは、直ちにその旨を住所地市町村長に届け出なければならない（7条6項）。従って、本記述は正しい。

以上により、問題文BCは正しいが、Aは誤っている。従って、正解は肢アとなる。

問題94 以下のアからエまでの記述のうち、通知カードと個人番号カードに関する【問題文A】から【問題文C】の内容として正しいものを1つ選びなさい。

【問題文A】 通知カードの交付を受けている者が、異なる市町村へ引越しするなどして転入届を提出する場合には、転入届を提出してから14日以内に通知カードを市町村長に提出しなければならない。

【問題文B】 異なる市町村へ転出した場合には、住民票コードも変わり、住民票コードをもとに生成される個人番号も変わるものとされている。

【問題文C】 通知カードの交付を受けている者が、個人番号カードの交付を受ける際、その通知カードを住所地市町村長に返納しなければならない。

ア. Aのみ正しい。　　**イ.** Bのみ正しい。
ウ. Cのみ正しい。　　**エ.** すべて誤っている。

解答・解説 ▶▶ ウ　通知カードと個人番号カード（7条）

本問は、通知カードと個人番号カードについての理解を問うものである。

A 誤り。 通知カードの交付を受けている者が、住民基本台帳法22条1項の規定による転入届を行う場合、通知カードの記載事項である住所が変更されることから、通知カードの記載事項の変更等の措置を行う必要がある。そこで、転入届と「同時に」通知カードを市町村長に提出しなければならないとされている（7条4項）。しかし、「14日以内」とはされていない。従って、本記述は誤っている。

B 誤り。 異なる市町村へ転出した場合であっても、個人番号は変わらないものとされている。7条1項によれば、市町村長は、住民基本台帳法30条の3第2項の規定により、新たに住民基本台帳に記録されるべき者について住民票の記載をする場合において、その者がいずれの市町村においても住民基本台帳に記載されたことがない者であるときは、その者に係る住民票に住民票コードを記載するものとされているとおり、この規定は、異なる市町村へ転出した場合であっても、個人番号は変わらないことを前提としている。従って、本記述は誤っている。

C 正しい。 通知カードの交付を受けている者が、個人番号カードの交付を受ける際、その通知カードを住所地市町村長に返納しなければならない（7条7項、17条1項）。従って、本記述は正しい。

以上により、問題文ABは誤っているが、Cは正しい。従って、正解は肢ウとなる。

問題 95

以下のアからエまでの記述のうち、個人番号利用事務・個人番号関係事務とその委託に関する【問題文A】から【問題文C】の内容として正しいものを1つ選びなさい。

【問題文A】 行政機関等から、個人番号利用事務の委託を受けた事業者が当該個人番号利用事務を行う場合には、「特定個人情報の適正な取扱いに関するガイドライン（事業者編）」がもっぱら適用され、「特定個人情報の適正な取扱いに関するガイドライン（行政機関等・地方公共団体等編）」は適用されない。

【問題文B】 個人番号関係事務とは、番号法9条3項の規定により個人番号利用事務に関して行われる他人の個人番号を必要な限度で利用して行う事務をいい、個人番号関係事務実施者は、第三者にその全部又は一部の委託をすることができる。

【問題文C】 個人番号関係事務の委託を受けた事業者は、当該事務を行うために必要な限度で個人番号を利用することができる。

ア． Aのみ誤っている。　　**イ．** Bのみ誤っている。
ウ． Cのみ誤っている。　　**エ．** すべて正しい。

解答・解説 ▶▶ ア　個人番号利用事務・個人番号関係事務とその委託（9条）

本問は、個人番号利用事務・個人番号関係事務とその委託（9条）についての理解を問うものである。

A 誤り。 行政機関等から、個人番号利用事務の委託を受けた事業者は、当該個人番号利用事務を行うことができ、この場合、委託に関する契約の内容に応じて、「特定個人情報の適正な取扱いに関するガイドライン（行政機関等・地方公共団体等編）」が適用されることとなる。従って、本記述は誤っている。

B 正しい。 個人番号関係事務とは、番号法9条3項の規定により個人番号利用事務に関して行われる他人の個人番号を必要な限度で利用して行う事務をいい（2条11項）、個人番号関係事務実施者は、第三者にその全部又は一部の委託をすることができる（9条3項）。従って、本記述は正しい。

C 正しい。 個人番号関係事務の委託を受けた事業者は、当該事務を行うために必要な限度で個人番号を利用することができる（9条3項）。従って、本記述は正しい。

以上により、問題文BCは正しいが、Aは誤っている。従って、正解は肢アとなる。

問題 96 以下のアからエまでの記述のうち、個人番号の利用範囲に関する【問題文A】から【問題文C】の内容として正しいものを1つ選びなさい。

【問題文A】 個人番号は、社会保障制度、税制、災害対策に関する分野その他これらに類する事務について利用することとされている。

【問題文B】 地方公共団体は、法律及び条例に規定がなくても、個人番号を、社会保障制度、税制、災害対策に関する分野その他これらに類する事務について利用することができる。

【問題文C】 法令や条例の規定により、当該事務の処理に関して必要とされる他人の個人番号を記載した書面の提出その他の他人の個人番号を利用した事務を行う者は、当該事務の全部又は一部の委託をすることができ、委託を受けた者も当該事務を行うために必要な限度で個人番号を利用することができる。

ア．Aのみ誤っている。　　イ．Bのみ誤っている。
ウ．Cのみ誤っている。　　エ．すべて正しい。

解答・解説 ▶▶ イ 個人番号の利用範囲（9条）

本問は、番号法における個人番号の利用範囲（9条）についての理解を問うものである。

A 正しい。 個人番号は、①社会保障制度、②税制、③災害対策に関する分野その他これらに類する事務について利用することとされている（9条参照）。従って、本記述は正しい。

B 誤り。 地方公共団体は、法律に規定がなくても、条例で定めるところにより、個人番号を、社会保障制度、税制、災害対策に関する分野その他これらに類する事務について利用することができる（5条、9条2項）。もっとも、法律及び条例に規定がなければ、利用することはできない。従って、本記述は誤っている。

C 正しい。 法令や条例の規定により、当該事務の処理に関して必要とされる他人の個人番号を記載した書面の提出その他の他人の個人番号を利用した事務を行う者は、当該事務の全部又は一部の委託をすることができ、委託を受けた者も当該事務を行うために必要な限度で個人番号を利用することができる（9条3項）。従って、本記述は正しい。

以上により、問題文ACは正しいが、Bは誤っている。従って、正解は肢イとなる。

問題97 以下のアからエまでのうち、個人番号の利用範囲に関する【問題文A】及び【問題文B】の正誤の組合せとして正しいものを1つ選びなさい。

【問題文A】 地方公共団体は、社会保障制度、税制、災害対策に関する分野その他これらに類する事務以外の分野について、法律に規定がなくても条例で定めれば、個人番号を利用することができる。

【問題文B】 法令や条例に規定されている事務の処理に関して必要とされる他人の個人番号を記載した書面の提出その他の他人の個人番号を利用した事務を行うものとされた者は、当該事務を行うために必要な限度で個人番号を利用することができるが、電子申請については個人番号を利用することはできない。

ア．A＝○　B＝○
イ．A＝○　B＝×
ウ．A＝×　B＝○
エ．A＝×　B＝×

解答・解説　エ　個人番号の利用範囲（9条）

本問は、個人番号の利用範囲（9条）についての理解を問うものである。

A　誤り。　地方公共団体は、法律に規定がなくても、条例で定めるところにより、個人番号を、社会保障制度、税制、災害対策に関する分野その他これらに類する事務について利用することができる（5条、9条2項）。「社会保障制度、税制、災害対策に関する分野その他これらに類する事務」以外の分野では、法律に規定がなければ、個人番号を利用することができない。従って、本記述は誤っている。

B　誤り。　法令や条例に規定されている事務の処理に関して必要とされる他人の個人番号を記載した書面の提出その他の他人の個人番号を利用した事務を行うものとされた者は、当該事務を行うために必要な限度で個人番号を利用することができる（9条3項）。これは、「個人番号関係事務」といわれるものであるが（2条11項）、書面の提出以外に電子申請等も当然に含まれると解されている。従って、本記述は誤っている。

以上により、問題文ABはいずれも誤っている。従って、正解は肢エとなる。

問題 98 個人番号及び特定個人情報に関する以下のアからエまでの記述のうち、正しいものを1つ選びなさい。

ア．従業員の勤怠管理のために、個人番号を利用することができる。
イ．保有している個人番号の数が5000を超えなければ、個人番号取扱事業者に当たらないことから、法令や条例に規定されている事務以外でも自由に個人番号を利用することができる。
ウ．個人情報保護法では、あらかじめ本人の同意があれば、利用目的を超えて個人情報を取り扱うことができるとされており、この規制は、番号法における特定個人情報でも同様である。
エ．特定個人情報が違法に提供されている（19条違反）という理由により、本人から第三者への当該特定個人情報の提供の停止を求められた場合であって、その求めに理由があることが判明したときには、遅滞なく、当該特定個人情報の第三者への提供を停止しなければならない。

解答・解説 ▶▶ エ　個人番号及び特定個人情報の利用範囲・第三者提供の停止（9条、29条3項、31条、32条）

本問は、個人番号及び特定個人情報の利用範囲・第三者提供の停止（9条、29条3項、31条、32条）についての理解を問うものである。

ア　誤り。 個人番号は、①社会保障制度、②税制、③災害対策に関する分野その他これらに類する事務について利用することとされている（9条参照）。従業員の個人番号を勤怠管理のために利用することはできない。従って、本記述は誤っている。

イ　誤り。 個人番号取扱事業者は、特定個人情報ファイルを事業の用に供している個人番号利用事務等実施者であって、国の機関、地方公共団体の機関、独立行政法人等及び地方独立行政法人以外のものをいう（31条）。保有している個人番号の数による制約はない。よって、保有している個人番号の数が5000を超えなくても、個人番号取扱事業者に当たる。従って、本記述は誤っている。

ウ　誤り。 個人情報保護法では、あらかじめ本人の同意があれば、利用目的を超えて個人情報を取り扱うことができるとされている（個人情報保護法16条1項）。これに対して、番号法における特定個人情報の場合は、本人の同意があったとしても、利用目的を超えて特定個人情報を利用してはならないとされている（番号法29条3項により読み替えて適用される個人情報保護法16条1項、番号法32条）。従って、本記述は誤っている。

エ　正しい。 特定個人情報が違法に提供されている（19条違反）という理由により、本人から第三者への当該特定個人情報の提供の停止を求められた場合であって、その求めに理由があることが判明したときには、遅滞なく、当該特定個人情報の第三者への提供を停止しなければならない（番号法29条3項により読み替えて適用される個人情報保護法27条2項）。従って、本記述は正しい。

問題99 以下のアからエまでの記述のうち、個人番号の利用目的に関する【問題文A】から【問題文C】の内容として正しいものを1つ選びなさい。

【問題文A】 退職する前の雇用契約を締結した際に給与所得の源泉徴収票作成事務のために提供を受けた個人番号を、その後の再雇用契約に基づく給与所得の源泉徴収票作成事務のために利用することができる。

【問題文B】 講演契約を締結した際に講演料の支払に伴う報酬、料金、契約金及び賞金の支払調書作成事務のために提供を受けた個人番号を、雇用契約に基づいて発生する源泉徴収票作成事務のために利用することができる。

【問題文C】 前年の給与所得の源泉徴収票作成事務のために提供を受けた個人番号については、同一の雇用契約に基づいて発生する当年以後の源泉徴収票作成事務のために利用することができる。

ア. Aのみ誤っている。　　**イ.** Bのみ誤っている。
ウ. Cのみ誤っている。　　**エ.** すべて正しい。

解答・解説 ▶▶ イ　個人番号の利用目的

本問は、個人番号の利用目的についての理解を問うものである。

A 正しい。 退職する前の雇用契約を締結した際に給与所得の源泉徴収票作成事務のために提供を受けた個人番号を、その後の再雇用契約に基づく給与所得の源泉徴収票作成事務のために利用することができる。利用目的の範囲内での利用と考えられるからである。従って、本記述は正しい。

B 誤り。 講演契約を締結した際に講演料の支払に伴う報酬、料金、契約金及び賞金の支払調書作成事務のために提供を受けた個人番号を、雇用契約に基づいて発生する源泉徴収票作成事務のために利用することはできない。利用目的が異なり、当初の利用目的と相当の関連性を有すると合理的に認められる範囲内での利用目的の変更であるとはいえないからである。従って、本記述は誤っている。

C 正しい。 前年の給与所得の源泉徴収票作成事務のために提供を受けた個人番号については、同一の雇用契約に基づいて発生する当年以後の源泉徴収票作成事務のために利用することができる。利用目的の範囲内での利用と考えられるからである。従って、本記述は正しい。

以上により、問題文ACは正しいが、Bは誤っている。従って、正解は肢イとなる。

問題100 以下のアからエまでの記述のうち、特定個人情報及び個人番号の利用目的に関する【問題文A】から【問題文C】の内容として正しいものを1つ選びなさい。

【問題文A】 人の生命、身体又は財産の保護のために必要がある場合であって、本人の同意があり、又は本人の同意を得ることが困難であるときは、支払調書の作成等の個人番号関係事務を処理する目的で保有している個人番号について、人の生命、身体又は財産を保護するために利用することができる。

【問題文B】 個人情報取扱事業者は、合併等の理由で事業を承継することに伴って、他の個人情報取扱事業者から当該事業者の従業員等の特定個人情報を取得した場合、本人の同意があれば、承継前に特定されていた利用目的を超えて特定個人情報を利用することができる。

【問題文C】 雇用契約に基づく給与所得の源泉徴収票作成事務のために提供を受けた個人番号は、本人への通知等を行うことにより、雇用契約に基づく健康保険・厚生年金保険届出事務等に利用することができる。

ア．Aのみ誤っている。
イ．Bのみ誤っている。
ウ．Cのみ誤っている。
エ．すべて正しい。

解答・解説 ▶▶ イ　特定個人情報・個人番号の利用目的

本問は、特定個人情報・個人番号の利用目的についての理解を問うものである。

A 正しい。 人の生命、身体又は財産の保護のために必要がある場合であって、本人の同意があり、又は本人の同意を得ることが困難である場合には、例外的に利用目的を超えた個人番号の利用が認められる（番号法29条3項により読み替えて適用される個人情報保護法16条3項2号、番号法32条）。よって、本記述のように、人の生命、身体又は財産の保護のために必要がある場合であって、本人の同意があり、又は本人の同意を得ることが困難であるときは、支払調書の作成等の個人番号関係事務を処理する目的で保有している個人番号について、人の生命、身体又は財産を保護するために利用することができる。従って、本記述は正しい。

B 誤り。 個人情報取扱事業者は、合併等の理由で事業を承継することに伴って、他の個人情報取扱事業者から当該事業者の従業員等の特定個人情報を取得した場合、承継前に特定されていた利用目的に従って特定個人情報を利用することができるが、本人の同意があったとしても、承継前に特定されていた利用目的を超えて特定個人情報を利用することはできない（番号法29条3項により読み替えて適用される個人情報保護法16条2項）。従って、本記述は誤っている。

C 正しい。 雇用契約に基づく給与所得の源泉徴収票作成事務のために提供を受けた個人番号は、利用目的を変更して、本人への通知等を行うことにより、健康保険・厚生年金保険届出事務等に利用することができる。本記述の場合、当初の利用目的と相当の関連性を有すると合理的に認められる範囲内での利用目的の変更であると解されることから、本人への通知又は公表を行うことにより、利用することができる（個人情報保護法15条2項、18条3項）。従って、本記述は正しい。

以上により、問題文ACは正しいが、Bは誤っている。従って、正解は肢イとなる。

問題101 以下のアからエまでの記述のうち、再委託と委託先の監督に関する【問題文A】から【問題文C】の内容として正しいものを1つ選びなさい。

【問題文A】 個人番号利用事務等実施者は、個人番号利用事務等の全部又は一部の委託をすることができるが、当該委託を受けた者に対する必要かつ適切な監督を行わなければならない。

【問題文B】 個人番号利用事務等が、甲→乙→丙と順次委託される場合において、乙丙間の委託契約を締結するときは、その委託契約の内容に、丙が再委託する場合の取扱いを定め、再委託する場合の条件や再委託した場合の乙に対する通知義務等を盛り込むことが望ましいとされている。

【問題文C】 再委託がなされた場合、最初の委託者は、自己の直接の委託先に対して監督義務があるだけではなく、その受託者からさらに委託された場合の再委託先に対しても間接的に監督義務を負うことになる。

ア．Aのみ誤っている。
イ．Bのみ誤っている。
ウ．Cのみ誤っている。
エ．すべて正しい。

解答・解説 ▶▶ エ　再委託（10条）、委託先の監督（11条）

本問は、再委託（10条）、委託先の監督（11条）についての理解を問うものである。

A 正しい。 個人番号利用事務等の全部又は一部の委託をする者は、当該委託に係る個人番号利用事務等において取り扱う特定個人情報の安全管理が図られるよう、当該委託を受けた者に対する必要かつ適切な監督を行わなければならない（11条）。従って、本記述は正しい。

B 正しい。 個人番号利用事務等が、甲→乙→丙と順次委託される場合において、乙丙間の委託契約を締結するときは、乙は丙を監督する義務があるため、その委託契約の内容に、丙が再委託する場合の取扱いを定め、再委託する場合の条件や再委託した場合の乙に対する通知義務等を盛り込むことが望ましいとされている。従って、本記述は正しい。

C 正しい。 再委託がなされた場合、最初の委託者は、自己の直接の委託先に対して監督義務があるだけではなく、その受託者からさらに委託された場合の再委託先に対しても間接的に監督義務を負うことになる（11条）。従って、本記述は正しい。

以上により、問題文ABCはすべて正しい。従って、正解は肢エとなる。

問題102 以下のアからエまでの記述のうち、安全管理措置に関する【問題文A】から【問題文C】の内容として正しいものを1つ選びなさい。

【問題文A】個人番号利用事務等実施者は、特定個人情報の漏えい、滅失又は毀損の防止その他の個人番号の適切な管理のために必要な措置を講じなければならないが、この安全管理措置は「特定個人情報」を対象とするものであり、死者の個人番号は対象に含まれない。

【問題文B】個人情報取扱事業者である個人番号取扱事業者は、特定個人情報の漏えい、滅失又は毀損の防止その他の特定個人情報の安全管理のために必要かつ適切な措置を講じなければならないが、この安全管理措置は、負担軽減の観点から、個人情報取扱事業者ではない個人番号取扱事業者には課されない。

【問題文C】個人番号利用事務等実施者の安全管理措置には、従業者に対する監督・教育が含まれるが、ここでいう「従業者」とは、事業者の組織内にあって直接間接に事業者の指揮監督を受けて事業者の業務に従事している者をいい、具体的には、従業員のほか、取締役、監査役、理事、監事、派遣社員等を含み、アルバイト、パートは含まない。

ア．Aのみ正しい。
イ．Bのみ正しい。
ウ．Cのみ正しい。
エ．すべて誤っている。

解答・解説 ▶▶ エ　個人番号利用事務等実施者の安全管理措置（12条）

本問は、個人番号利用事務実施者及び個人番号関係事務実施者（以下「個人番号利用事務等実施者」という。）の安全管理措置（12条）の理解を問うものである。

- **A　誤り。** 個人番号利用事務等実施者は、個人番号の漏えい、滅失又は毀損の防止その他の個人番号の適切な管理のために必要な措置を講じなければならない（12条）。この安全管理措置は「個人番号」を対象とするものであり、死者の個人番号も対象に含まれる。従って、本記述は誤っている。
　なお、12条の創設的効果は、個人情報保護法制の対象となっていない者における個人番号の安全管理措置のほか、死者の個人番号を安全管理措置の対象とすることであるとされている。
- **B　誤り。** 個人情報取扱事業者ではない個人番号取扱事業者は、その取り扱う特定個人情報の漏えい、滅失又は毀損の防止その他の特定個人情報の安全管理のために必要かつ適切な措置を講じなければならない（番号法33条）。個人情報保護法における個人情報取扱事業者であれば、個人情報保護法20条により安全管理措置を講じる義務が課されているが、個人情報取扱事業者ではない個人番号取扱事業者が取り扱う特定個人情報についても、安全管理措置を講じる必要があるからである。従って、本記述は誤っている。
- **C　誤り。** 個人番号利用事務等実施者の安全管理措置（番号法12条、33条、34条、個人情報保護法20条、21条）には、従業者に対する監督・教育が含まれるが、ここでいう「従業者」とは、事業者の組織内にあって直接間接に事業者の指揮監督を受けて事業者の業務に従事している者をいう。具体的には、従業員、取締役、監査役、理事、監事、派遣社員のほか、アルバイト、パート等を含むと解されている。従って、本記述は誤っている。

以上により、問題文ABCはすべて誤っている。従って、正解は肢エとなる。

> **問題103** 以下のアからエまでのうち、個人番号利用事務実施者及び個人番号関係事務実施者に関する【問題文A】及び【問題文B】の正誤の組合せとして正しいものを1つ選びなさい。
>
> 【問題文A】個人番号関係事務実施者についても、個人番号利用事務実施者と同様、相互に連携して情報の共有及びその適切な活用を図るように努めるべきことが規定されている。
>
> 【問題文B】相互に連携して情報の共有をする方法の具体例としては、情報提供ネットワークシステムの活用を通じて各機関間で特定個人情報を授受することで必要な情報を入手することが考えられる。
>
> ア．A＝○　B＝○　　　　イ．A＝○　B＝×
> ウ．A＝×　B＝○　　　　エ．A＝×　B＝×

解答・解説▶▶ ウ　個人番号利用事務実施者等の責務（13条）

本問は、個人番号利用事務実施者等の責務（13条）についての理解を問うものである。

A　誤り。 個人番号関係事務実施者には、13条に規定されているような、個人番号利用事務実施者の責務と同様の責務は規定されていない。従って、本記述は誤っている。

B　正しい。 相互に連携して情報の共有をする方法の具体例としては、情報提供ネットワークシステムの活用等を通じて各機関間で特定個人情報を授受することで必要な情報を入手することなどが考えられる。従って、本記述は正しい。

以上により、問題文Aは誤っているが、Bは正しい。従って、正解は肢ウとなる。

問題104 以下のアからエまでの記述のうち、個人番号関係事務実施者による個人番号の提供の要求及び提供の求めの制限に関する【問題文A】から【問題文C】の内容として正しいものを1つ選びなさい。

【問題文A】 事業者は、個人番号関係事務実施者として、従業員等に対し、健康保険・厚生年金保険届出事務等に必要な個人番号の提供を求めることができる。

【問題文B】 事業者は、個人番号関係事務実施者として、従業員等に対し、従業員等の営業成績等の管理のために必要な個人番号の提供を求めることができる。

【問題文C】 事業者は、個人番号関係事務実施者として、講演料、地代等に係る個人の支払先に対し、支払調書作成事務に必要な個人番号の提供を求めることができる。

ア．Aのみ誤っている。
イ．Bのみ誤っている。
ウ．Cのみ誤っている。
エ．すべて正しい。

解答・解説▶▶ イ 個人番号の提供の要求（14条）・提供の求めの制限（15条）

本問は、個人番号関係事務実施者による個人番号の提供の要求（14条）・提供の求めの制限（15条）についての理解を問うものである。

A 正しい。 事業者は、個人番号関係事務実施者として、従業員等に対し、給与の源泉徴収事務、健康保険・厚生年金保険届出事務等に必要な個人番号の提供を求めることができる（19条2号）。従って、本記述は正しい。

B 誤り。 事業者は、個人番号関係事務実施者として、従業員等の営業成績等の管理のために、個人番号の提供を求めることはできない。何人も、19条各号のいずれかに該当して特定個人情報の提供を受けることができる場合を除き、他人の個人番号の提供を求めてはならないところ（15条）、事業者が個人番号の提供を求めることとなるのは、従業員等に対し、社会保障、税、災害対策に関する特定の事務のために個人番号の提供を求める場合等に限られる。従って、本記述は誤っている。

C 正しい。 事業者は、個人番号関係事務実施者として、講演料、地代等に係る個人の支払先に対し、支払調書作成事務に必要な個人番号の提供を求めることができる（19条2号）。従って、本記述は正しい。

以上により、問題文ACは正しいが、Bは誤っている。従って、正解は肢イとなる。

問題105 個人番号利用事務等実施者が、本人から個人番号の提供を受ける場合における本人確認の措置に関する以下のアからエまでの記述のうち、正しいものを1つ選びなさい。

ア．個人番号利用事務等実施者が、本人から個人番号の提供を受ける場合、本人確認の措置として、「本人の番号確認」及び「本人の身元確認」がいずれも必要となるが、通知カードの提示を受けただけであっても、本人確認の措置といえる。

イ．個人番号利用事務等実施者が、本人から個人番号の提供を受ける場合、通知カード及び個人番号が記載されている住民票の写しの提示により、本人確認の措置が可能である。

ウ．個人番号利用事務等実施者が、本人から個人番号の提供を受ける場合、個人番号の提供を行う者と雇用関係にあること等の事情を勘案し、人違いでないことが明らかであると個人番号利用事務実施者が認めるときは、「本人の身元確認」は不要となる。

エ．個人番号利用事務等実施者が、本人から個人番号の提供を受ける場合、国民健康保険の被保険者証という写真表示のない身元確認書類の1種類のみの提示であっても、「本人の身元確認」をすることはできる。

解答・解説 ▶▶ **ウ　本人確認の措置（16条）**

本問は、個人番号利用事務等実施者が、本人から個人番号の提供を受ける場合における本人確認の措置（16条）についての理解を問うものである。

ア　誤り。　本人確認の措置としては、「本人の番号確認」及び「本人の身元確認」が必要であるが、通知カードの提示では、「本人の番号確認」をすることができるが、「本人の身元確認」ができない。従って、本記述は誤っている。

イ　誤り。　個人番号利用事務等実施者は、通知カードや個人番号が記載されている住民票の写しの提示を受けることにより「本人の番号確認」をすることができるが、本人確認の措置としては、「本人の身元確認」も必要となる。「本人の身元確認」のためには、原則として、運転免許証やパスポートなど、主務省令で定める写真表示のある身元確認書類のうち、1種類の提示を受けることが必要である（16条、番号法施行規則（平成26年内閣府・総務省令第3号）1条1項1号、2号）。しかし、個人番号が記載されている住民票の写しは、写真表示のある身元確認書類ではないから、その提示を受けたとしても、「本人の身元確認」をすることはできない。従って、本記述は誤っている。

ウ　正しい。　個人番号の提供を行う者と雇用関係にあること等の事情を勘案し、人違いでないことが明らかであると個人番号利用事務実施者が認めるときは、「本人の身元確認」は要しない（番号法施行規則（平成26年内閣府・総務省令第3号）3条5項）。従って、本記述は正しい。

エ　誤り。　写真表示のない身元確認書類を提示する場合には、原則として2種類以上の提示を受けなければ、個人番号利用事務等実施者は「本人の身元確認」をすることができない（16条、番号法施行規則（平成26年内閣府・総務省令第3号）1条1項3号、3条2項）。それゆえ、本記述のように、国民健康保険の被保険者証という写真表示のない身元確認書類の1種類のみの提示では、「本人の身元確認」をすることはできない。従って、本記述は誤っている。

問題 106 以下のアからエまでの記述のうち、個人番号利用事務等実施者が、本人の代理人から個人番号の提供を受ける場合における本人確認の措置に関する【問題文A】から【問題文C】の内容として正しいものを1つ選びなさい。

【問題文A】個人番号利用事務等実施者が、本人の代理人から個人番号の提供を受ける場合、「代理権の確認」、「代理人の身元確認」及び「本人の身元確認」がいずれも必要となり、これで足りるとされている。

【問題文B】個人番号利用事務等実施者が、例えば、子供の法定代理人である親からその子供の個人番号の提供を受ける場合における「代理権の確認」には、原則として、戸籍謄本その他その資格を証明する書類が必要である。

【問題文C】個人番号利用事務等実施者が、本人の代理人から個人番号の提供を受ける場合における「代理人の身元確認」の具体例としては、代理人の運転免許証やパスポートなどの提示が挙げられる。

ア．Aのみ誤っている。　　イ．Bのみ誤っている。
ウ．Cのみ誤っている。　　エ．すべて正しい。

解答・解説 ▶▶ ア 本人確認の措置（16条）

本問は、個人番号利用事務実施者及び個人番号関係事務実施者（以下「個人番号利用事務等実施者」という。）が、本人の代理人から個人番号の提供を受ける場合における本人確認の措置（16条）についての理解を問うものである。

A 誤り。 個人番号利用事務等実施者が、本人の代理人から個人番号の提供を受ける場合（番号法施行令（平成26年政令第155号）12条2項）、「代理権の確認」（1号）、「代理人の身元確認」（2号）、「本人の番号確認」（3号）が、いずれも必要となる。すなわち、「本人の身元確認」ではなく「本人の番号確認」が必要となる。従って、本記述は誤っている。

B 正しい。 個人番号利用事務等実施者が、本人の代理人から個人番号の提供を受ける場合における「代理権の確認」は、法定代理人（例えば、親など）の場合には「戸籍謄本その他その資格を証明する書類」であるとされている（番号法施行規則（平成26年内閣府・総務省令第3号）6条1項1号）。従って、本記述は正しい。

なお、法定代理人以外の者である場合には、原則として、「委任状」であるとされている（番号法施行規則（平成26年内閣府・総務省令第3号）6条1項2号）。

C 正しい。 個人番号利用事務等実施者が、本人の代理人から個人番号の提供を受ける場合における「代理人の身元確認」（番号法施行令（平成26年政令第155号）12条2項2号）の具体例としては、代理人の運転免許証やパスポートなどの提示が挙げられる（番号法施行規則（平成26年内閣府・総務省令第3号）7条1項1号）。従って、本記述は正しい。

以上により、問題文BCは正しいが、Aは誤っている。従って、正解は肢アとなる。

問題107 個人番号カードに関する以下のアからエまでの記述のうち、誤っているものを1つ選びなさい。

ア．個人番号カードの交付を受けている者が、「甲市」から「乙市」へ、「乙市」から「丙市」へと順に転出・転入し、「甲市」及び「乙市」に対して転出届を、「乙市」及び「丙市」に対して転入届を、それぞれ提出する場合、「乙市」に対する「転入届」と同時に、個人番号カードを「乙市」の市長に提出しなければならない。

イ．個人番号カードの交付を受けている者が、異なる市町村に転入したことにより、個人番号カードの提出を受けた市町村長は、当該個人番号カードについて、カード記録事項の変更その他当該個人番号カードの適切な利用を確保するために必要な措置を講じ、これを返還することになっている。

ウ．個人番号カードの交付を受けている者は、カード記録事項に変更があったときは、その変更があった日から14日以内に、その旨を住所地市町村長に届け出るとともに、当該個人番号カードを提出しなければならない。

エ．個人番号カードの交付を受けている者は、当該個人番号カードを紛失した場合、3か月以内に、その旨を住所地市町村長に届け出なければならない。

解答・解説 ▶▶ エ　個人番号カードの交付等（17条）

本問は、個人番号カードの交付等（17条）についての理解を問うものである。

ア　正しい。 個人番号カードの交付を受けている者は、「最初の転入届」をする場合には、当該最初の転入届と同時に、当該個人番号カードを転入先の市町村長に提出しなければならない（17条2項）。例えば、個人番号カードの交付を受けている者が、「甲市」→「乙市」、「乙市」→「丙市」に順に転出・転入し、「甲市」及び「乙市」に対して転出届を、「乙市」及び「丙市」に対して転入届を、それぞれ提出する場合、「最初の転入届」とは、「甲市」に対する転出届から見た場合の「乙市」に対する転入届をいう。よって、「乙市」に対する「転入届」と同時に、個人番号カードを「乙市」の市長に提出しなければならない。従って、本記述は正しい。

イ　正しい。 個人番号カードの交付を受けている者が、異なる市町村に転入したことにより、個人番号カードの提出を受けた市町村長は、当該個人番号カードについて、カード記録事項の変更その他当該個人番号カードの適切な利用を確保するために必要な措置を講じ、これを返還しなければならない（17条3項）。券面の記載や、ICチップ内の券面事項確認利用領域に記録された券面事項について、住所異動による券面記載の変更事項の書き換えを行うなどの必要があるからである。従って、本記述は正しい。

ウ　正しい。 個人番号カードの交付を受けている者は、カード記録事項に変更があったとき（結婚・離婚等により氏名の変更があった場合や、同一市町村内での転居により住所の変更があった場合など）は、その変更があった日から14日以内に、その旨を住所地市町村長に届け出るとともに、当該個人番号カードを提出しなければならない（17条4項）。従って、本記述は正しい。

エ　誤り。 個人番号カードの交付を受けている者は、当該個人番号カードを紛失したときは、直ちに、その旨を住所地市町村長に届け出なければならない（17条5項）。3か月以内とはされていない。従って、本記述は誤っている。

問題108 以下のアからエまでの記述のうち、個人番号カードに関する【問題文A】から【問題文C】の内容として正しいものを1つ選びなさい。

【問題文A】個人番号は原則として変更されないことから、個人番号カードには有効期間が設定されていない。

【問題文B】個人番号カードの券面には、氏名、住所、生年月日、性別、個人番号その他政令で定める事項が記載され、顔写真が表示されるが、税や年金の情報などプライバシー性の高い情報及び総務省令で定める事項は、個人番号カードに組み込まれるICチップ内に記録される。

【問題文C】個人番号カードは、レンタルショップやスポーツクラブに入会する場合などにおいて、身分証明書として使用することができ、その際、個人番号カードに記載されている個人番号を、レンタルショップやスポーツクラブに提供することもできる。

ア．Aのみ正しい。
イ．Bのみ正しい。
ウ．Cのみ正しい。
エ．すべて誤っている。

解答・解説 ▶▶ エ　個人番号カードの交付等（17条）

本問は、個人番号カードの交付等（17条）についての理解を問うものである。

A　誤　り。　個人番号カードの有効期間は、個人番号カードの発行の日において20歳以上の者は「10年」（当該発行の日から当該発行の日後のその者の10回目の誕生日まで）、個人番号カードの発行の日において20歳未満の者は「5年」（当該発行の日から当該発行の日後のその者の5回目の誕生日まで）である（平成26年総務省令第85号26条1項）。すなわち、個人番号カードには有効期間が設定されている（17条6項）。従って、本記述は誤っている。

なお、このように有効期間が異なるのは、容姿の変化を考慮したためである。

B　誤　り。　個人番号カードの券面には、氏名、住所、生年月日、性別、個人番号その他政令で定める事項が記載され、本人の写真が表示される。そして、個人番号カードに組み込まれるICチップ内に、券面に記載・表示された事項及び総務省令で定める事項（公的個人認証サービスの電子証明書等）が記録される（2条7項）。これに対して、税や年金の情報などプライバシー性の高い情報は、券面にもICチップ内にも記録されない。それゆえ、これらの情報は、個人番号カードからは判明しない。従って、本記述は誤っている。

C　誤　り。　個人番号カードは、レンタルショップやスポーツクラブに入会する場合などにおいて、身分証明書として使用することができるが、その際、個人番号カードに記載されている個人番号を、レンタルショップやスポーツクラブに提供することはできない（19条）。従って、本記述は誤っている。

以上により、問題文ABCはすべて誤っている。従って、正解は肢エとなる。

問題109 以下のアからエまでの記述のうち、個人番号カード及び住民基本台帳カードに関する【問題文A】から【問題文C】の内容として正しいものを1つ選びなさい。

【問題文A】 個人番号は原則として変更されないことから、個人番号カードには有効期間が設定されておらず、記載事項に変更がない場合には、永久に使用することが予定されている。

【問題文B】 個人番号カードの券面には、氏名、住所、生年月日、性別、個人番号その他政令で定める事項が記載され、顔写真が表示されるが、税や年金の情報などプライバシー性の高い情報は、個人番号カードの券面にもICチップ内にも記録されない。

【問題文C】 平成27年12月までに発行された住民基本台帳カードは、有効期間内であれば引き続き利用できる。

ア． Aのみ誤っている。　　**イ．** Bのみ誤っている。
ウ． Cのみ誤っている。　　**エ．** すべて正しい。

解答・解説 ▶▶ ア　個人番号カード及び住民基本台帳カード

本問は、個人番号カード及び住民基本台帳カードについての理解を問うものである。

A 誤り。 個人番号カードの有効期間は、個人番号カードの発行の日において20歳以上の者は「10年」（当該発行の日から当該発行の日後のその者の10回目の誕生日まで）、個人番号カードの発行の日において20歳未満の者は「5年」（当該発行の日から当該発行の日後のその者の5回目の誕生日まで）である（平成26年総務省令第85号26条1項）。すなわち、個人番号カードには有効期間が設定されている（17条6項）。従って、本記述は誤っている。
なお、このように有効期間が異なるのは、容姿の変化を考慮したためである。

B 正しい。 個人番号カードの券面には、氏名、住所、生年月日、性別、個人番号その他政令で定める事項が記載され、本人の写真が表示される。そして、個人番号カードに組み込まれるICチップ内に、券面に記載・表示された事項及び総務省令で定める事項（公的個人認証サービスの電子証明書等）が記録される（2条7項）。これに対して、税や年金の情報などプライバシー性の高い情報は、券面にもICチップ内にも記録されない。それゆえ、これらの情報は、個人番号カードからは判明しない。従って、本記述は正しい。

C 正しい。 平成27年12月までに発行された住民基本台帳カードは、有効期間内であれば引き続き利用できるものとされている。従って、本記述は正しい。

以上により、問題文BCは正しいが、Aは誤っている。従って、正解は肢アとなる。

問題110 番号法19条は、特定個人情報を提供することは原則として禁止される旨を規定している。この19条に関する以下のアからエまでの記述のうち、正しいものを1つ選びなさい。

ア．何人も、原則として、自己を本人とする特定個人情報を提供することは、禁止されていない。

イ．何人も、原則として、特定個人情報を提供することは禁止されるが、自己と同一世帯に属する者を本人とする特定個人情報を提供することは、禁止されていない。

ウ．個人番号そのものではないが、個人番号に1を足したものなど、個人番号を脱法的に変換したものを含む個人情報を提供することは、禁止されていない。

エ．社会保障分野で用いる既存の記号番号（基礎年金番号や医療保険、介護保険、労働保険等の被保険者番号等）を提供することは、禁止されていない。

解答・解説 ▶▶ エ　特定個人情報の提供の制限（19条）

本問は、特定個人情報の提供の制限（19条）についての理解を問うものである。

ア　誤り。 何人も、原則として、特定個人情報を提供することは禁止される（19条）。自己を本人とする特定個人情報であっても、同様である。従って、本記述は誤っている。

イ　誤り。 何人も、原則として、特定個人情報を提供することは禁止される（19条）。自己と同一世帯に属する者を本人とする特定個人情報であっても、同様である。従って、本記述は誤っている。

ウ　誤り。 個人番号に1を足したものなど、個人番号を脱法的に変換したものを含む個人情報も、「特定個人情報」に当たるため（2条8項）、提供は禁止される（19条）。従って、本記述は誤っている。

エ　正しい。 社会保障分野で用いる既存の記号番号（基礎年金番号や医療保険、介護保険、労働保険等の被保険者番号等）は、「個人番号に対応し、当該個人番号に代わって用いられる番号、記号その他の符号」（2条8項）ではなく、「特定個人情報」には当たらないため、提供は禁止されていない。従って、本記述は正しい。

問題 111 以下のアからエまでの記述のうち、特定個人情報に関する【問題文A】から【問題文C】の内容として正しいものを1つ選びなさい。

【問題文A】 ある従業員が、同じ系列グループの別の会社に転籍により異動した際、その従業員の特定個人情報を転籍先の会社に提出することは、特定個人情報の「利用」に当たる。

【問題文B】 個人住民税の特別徴収のため、市町村長から給与支払者に対し、その従業員等の個人番号とともに特別徴収税額を通知することは、特定個人情報の「利用」に当たる。

【問題文C】 営業部に所属する従業員等の特定個人情報を、営業部庶務課を通じ、給与所得の源泉徴収票を作成する目的で経理部に提出することは、特定個人情報の「利用」に当たる。

ア． Aのみ正しい。　　**イ．** Bのみ正しい。
ウ． Cのみ正しい。　　**エ．** すべて誤っている。

解答・解説 ▶▶ ウ　特定個人情報の提供の制限（19条）

「提供」とは、法的な人格を超える特定個人情報の移動を意味するものと考えられている。本問は、特定個人情報の提供の制限（19条）についての理解を問うものである。

A 誤り。 ある従業員が、同じ系列グループの別の会社に転籍により異動した際、その従業員の個人番号を転籍先の会社に提出することは、法的な人格を超える特定個人情報の移動であるため「提供」に当たる。すなわち、同じ系列グループであっても、別の会社である以上、「提供」に当たる。よって、19条により禁止される。従って、本記述は誤っている。

B 誤り。 個人住民税の特別徴収（個人番号利用事務）のため、市町村長（個人番号利用事務実施者）から給与支払者に対し、その従業員等の個人番号とともに特別徴収税額を通知することは、「提供」に当たる。従って、本記述は誤っている。
なお、本記述の通知は「提供」に当たるが、19条1号の個人番号利用事務のための提供に当たるから、例外的に認められる。

C 正しい。 営業部に所属する従業員等の個人番号を、営業部庶務課を通じ、給与所得の源泉徴収票を作成する目的で経理部に提出することは、同一法人の内部での移動であるから、「提供」には当たらず、「利用」に当たることになる。従って、本記述は正しい。

以上により、問題文ABは誤っているが、Cは正しい。従って、正解は肢ウとなる。

問題112 番号法19条は、特定個人情報を提供することは原則として禁止される旨を規定している。以下のアからエまでのうち、この19条に関する【問題文A】及び【問題文B】の正誤の組合せとして正しいものを1つ選びなさい。

【問題文A】個人情報保護法においては、個人データを特定の者との間で共同利用するときに第三者提供に当たらない場合が規定されているが、番号法においても、共同利用する場合には、番号法19条に違反しない場合が規定されている。

【問題文B】同じ系列の会社間等で従業員等の個人情報を共有データベースで保管し、従業員等が現在就業している会社のファイルにのみ、その個人番号を登録し、他の会社が当該個人番号を参照できないようなシステムを採用しているような場合、従業員等の出向に伴い、共有データベースに記録された個人番号を出向者本人の意思に基づく操作により出向先に移動させることは、番号法19条に違反しない。

ア．A＝○　B＝○　　　イ．A＝○　B＝×
ウ．A＝×　B＝○　　　エ．A＝×　B＝×

解答・解説 ▶▶ ウ　特定個人情報の提供の制限（19条）

本問は、特定個人情報の提供の制限（19条）についての理解を問うものである。

A　誤り。 個人情報保護法においては、個人データを特定の者との間で共同して利用するときに第三者提供に当たらない場合が規定されている（個人情報保護法23条4項3号）が、番号法においては、個人情報保護法23条の適用を除外している（番号法29条3項）。よって、この場合も番号法19条における「提供」に当たる。従って、本記述は誤っている。

B　正しい。 同じ系列の会社間等で従業員等の個人情報を共有データベースで保管しているような場合、従業員等が現在就業している会社のファイルにのみ、その個人番号を登録し、他の会社が当該個人番号を参照できないようなシステムを採用していれば、共有データベースに個人番号を記録することが可能であると解される。この場合、従業員等の出向に伴い、共有データベースに記録された個人番号を出向者本人の意思に基づく操作により出向先に移動させる方法をとれば、本人が新たに個人番号を出向先に提供したものとみなすことができるため（19条3号）、番号法19条に違反しないと解される。従って、本記述は正しい。

以上により、問題文Aは誤っており、Bは正しい。従って、正解は肢ウとなる。

問題113 特定個人情報の「利用」に関する以下のアからエまでの記述のうち、正しいものを1つ選びなさい。

ア．個人住民税の特別徴収のため、市町村長から給与支払者に対し、その従業員等の個人番号とともに特別徴収税額を通知することは、特定個人情報の「利用」に当たる。
イ．営業部に所属する従業員等の特定個人情報を、営業部庶務課を通じ、給与所得の源泉徴収票を作成する目的で経理部に提出することは、特定個人情報の「利用」に当たる。
ウ．ある従業員が、同じ系列グループの別の会社に転籍により異動した際、その従業員の特定個人情報を転籍先の会社に提出することは、特定個人情報の「利用」に当たる。
エ．フランチャイズの加盟店における従業員の個人番号を、フランチャイズ組織の本部に提出することは、特定個人情報の「利用」に当たる。

解答・解説 ▶▶ イ　特定個人情報の提供の制限（19条）

「提供」とは、法的な人格を超える特定個人情報の移動を意味するものと考えられている。本問は、特定個人情報の提供の制限（19条）についての理解を問うものである。

ア　誤り。　個人住民税の特別徴収（個人番号利用事務）のため、市町村長（個人番号利用事務実施者）から給与支払者に対し、その従業員等の個人番号とともに特別徴収税額を通知することは、「提供」に当たる。従って、本記述は誤っている。
　　　　　なお、本記述の通知は「提供」に当たるが、19条1号の個人番号利用事務のための提供に当たるから、例外的に認められる。
イ　正しい。　営業部に所属する従業員等の個人番号を、営業部庶務課を通じ、給与所得の源泉徴収票を作成する目的で経理部に提出することは、同一法人の内部での移動であるから、「提供」には当たらず、「利用」に当たることになる。従って、本記述は正しい。
ウ　誤り。　ある従業員が、同じ系列グループの別の会社に転籍により異動した際、その従業員の個人番号を転籍先の会社に提出することは、法的な人格を超える特定個人情報の移動であるため「提供」に当たる。すなわち、同じ系列グループであっても、別の会社である以上、「提供」に当たる。従って、本記述は誤っている。
エ　誤り。　フランチャイズの加盟店における従業員の個人番号を、フランチャイズ組織の本部に提出することは、法的な人格を超える特定個人情報の移動であるため「提供」に当たる。すなわち、フランチャイズ組織の本部と加盟店の間であっても、別の会社である以上、「提供」に当たる。従って、本記述は誤っている。

問題114 番号法19条は、特定個人情報を提供することは原則として禁止される旨を規定している。以下のアからエまでの記述のうち、この19条に関する【問題文A】から【問題文C】の内容として正しいものを1つ選びなさい。

【問題文A】 事業者の従業員が、その扶養親族の個人番号を記載した扶養控除等申告書を、事業者に提出することは、19条に違反しない。

【問題文B】 事業者が、従業員の個人番号が記載された厚生年金被保険者資格取得に関する届出を、年金事務所に提出することは、19条に違反しない。

【問題文C】 事業者の従業員が、自己の給与の源泉徴収事務、健康保険・厚生年金保険届出事務等のために、自己の個人番号を書類に記載して、事業者に提出することは、19条に違反しない。

ア． Aのみ誤っている。　　**イ．** Bのみ誤っている。
ウ． Cのみ誤っている。　　**エ．** すべて正しい。

解答・解説▶▶ エ　特定個人情報の提供の制限（19条）

本問は、特定個人情報の提供の制限（19条）についての理解を問うものである。

A 正しい。　個人番号関係事務実施者が個人番号関係事務を処理するために必要な限度で特定個人情報を提供することは認められる（19条2号）。具体例としては、本記述のように、事業者の従業員等（個人番号関係事務実施者）が、所得税法194条1項の規定に従って、扶養控除等申告書の提出という個人番号関係事務を処理するために、事業者（個人番号関係事務実施者）に対し、その扶養親族の個人番号を記載した扶養控除等申告書を提出する場合が挙げられる。従って、本記述は正しい。

B 正しい。　個人番号関係事務実施者が個人番号関係事務を処理するために必要な限度で特定個人情報を提供することは認められる（番号法19条2号）。具体例としては、本記述のように、事業者（個人番号関係事務実施者）が、厚生年金保険法施行規則15条の規定に従って、従業員の厚生年金被保険者資格取得に関する届出を年金事務所に提出する場合が挙げられる。従って、本記述は正しい。

C 正しい。　本人又はその代理人が個人番号利用事務等実施者に対し、当該本人の個人番号を含む特定個人情報を提供することは認められる（19条3号）。具体例としては、本記述のように、事業者の従業員が、自己の給与の源泉徴収事務、健康保険・厚生年金保険届出事務等のために、事業者（個人番号関係事務実施者）に対し、自己の個人番号を書類に記載して提出する場合が挙げられる。従って、本記述は正しい。

以上により、問題文ABCはすべて正しい。従って、正解は肢エとなる。

問題115 番号法19条は、特定個人情報を提供することは原則として禁止される旨を規定している。この19条に関する以下のアからエまでの記述のうち、誤っているものを1つ選びなさい。

ア．事業者が、従業員の個人番号が記載された厚生年金被保険者資格取得に関する届出を、年金事務所に提出することは、番号法19条に違反しない。

イ．事業者の従業員が、その扶養親族の個人番号を記載した扶養控除等申告書を、事業者に提出することは、番号法19条に違反しない。

ウ．事業者の従業員が、自己の給与の源泉徴収事務、健康保険・厚生年金保険届出事務等のために、自己の個人番号を書類に記載して、事業者に提出することは、番号法19条に違反しない。

エ．地方公共団体情報システム機構が、政令で定める個人番号利用事務実施者からの機構保存本人確認情報の提供の求めに応じて、その情報を提供することは、番号法19条に違反する。

解答・解説 ▶▶ エ　特定個人情報の提供の制限（19条）

本問は、特定個人情報の提供の制限（19条）についての理解を問うものである。

ア　正しい。 個人番号関係事務実施者が個人番号関係事務を処理するために必要な限度で特定個人情報を提供することは認められる（番号法19条2号）。具体例としては、本記述のように、事業者（個人番号関係事務実施者）が、厚生年金保険法施行規則15条の規定に従って、従業員の厚生年金被保険者資格取得に関する届出を年金事務所に提出する場合が挙げられる。従って、本記述は正しい。

イ　正しい。 個人番号関係事務実施者が個人番号関係事務を処理するために必要な限度で特定個人情報を提供することは認められる（19条2号）。具体例としては、本記述のように、事業者の従業員等（個人番号関係事務実施者）が、所得税法194条1項の規定に従って、扶養控除等申告書の提出という個人番号関係事務を処理するために、事業者（個人番号関係事務実施者）に対し、その扶養親族の個人番号を記載した扶養控除等申告書を提出する場合が挙げられる。従って、本記述は正しい。

ウ　正しい。 本人又はその代理人が個人番号利用事務等実施者に対し、当該本人の個人番号を含む特定個人情報を提供することは認められる（19条3号）。具体例としては、本記述のように、事業者の従業員が、自己の給与の源泉徴収事務、健康保険・厚生年金保険届出事務等のために、事業者（個人番号関係事務実施者）に対し、自己の個人番号を書類に記載して提出する場合が挙げられる。従って、本記述は正しい。

エ　誤り。 政令で定める個人番号利用事務実施者は、個人番号利用事務を処理するために必要があるときは、住民基本台帳法30条の9から30条の12までの規定により、地方公共団体情報システム機構に対し、機構保存本人確認情報の提供を求めることができ（番号法14条2項）、それに応じて、機構は、個人番号利用事務実施者に機構保存本人確認情報を提供することができる（番号法19条4号）。従って、本記述は誤っている。

問題 116 番号法19条は、特定個人情報を提供することは原則として禁止される旨を規定している。この19条に関する以下のアからエまでの記述のうち、誤っているものを1つ選びなさい。

ア．甲社が乙社を吸収合併した場合、吸収される乙社が、その従業員等の個人番号を含む給与情報等を存続する甲社に提供することは、番号法19条に違反しない。

イ．住民基本台帳法に基づいてなされる市町村長から都道府県知事への本人確認情報の通知等については、住民基本台帳法上の本人確認情報等に当たるため、番号法19条に違反しない。

ウ．情報照会者が情報提供者に特定個人情報の提供を求めた場合に、当該情報提供者が、情報提供ネットワークシステムを使用して、当該特定個人情報の提供をすることは、番号法19条に違反しない。

エ．地方税法又は国税に関する法律に基づく国税連携及び地方税連携により、国税又は地方税に関する特定個人情報を提供することは、政令で定める安全確保措置が講じられていなくても、番号法19条に違反しない。

解答・解説 ▶▶ エ　特定個人情報の提供の制限（19条）

本問は、特定個人情報の提供の制限（19条）についての理解を問うものである。

ア　正しい。　19条5号は、特定個人情報の取扱いの全部若しくは一部の委託又は合併その他の事由による事業の承継に伴い特定個人情報を提供することは認められる旨を規定している。具体例としては、本記述のように、例えば、甲社が乙社を吸収合併した場合、吸収される乙社が、その従業員等の個人番号を含む給与情報等を存続する甲社に提供する場合が挙げられる。従って、本記述は正しい。

イ　正しい。　住民基本台帳法30条の5第1項等に基づいてなされる市町村長から都道府県知事への本人確認情報の通知等については、番号法19条の「提供」に当たるが、19条6号に当たるため認められる。従って、本記述は正しい。

ウ　正しい。　情報照会者が情報提供者に特定個人情報の提供を求めた場合に、当該情報提供者が、情報提供ネットワークシステムを使用して、当該特定個人情報の提供をすることは、番号法の例外として認められる（19条7号）。不正な情報提供がなされないよう、情報提供のパターンごとに、情報提供の求めができる機関（情報照会者）、情報提供の求めに応じて情報を提供することのできる機関（情報提供者）、利用事務及び提供される特定個人情報が、全て別表第2に限定列挙されている。従って、本記述は正しい。

エ　誤り。　地方税法又は国税に関する法律に基づく国税連携及び地方税連携により特定個人情報を提供することは、政令で定める安全確保措置が講じられている場合であれば、番号法の例外として認められる（19条8号）。従って、本記述は誤っている。

問題117 番号法19条は、特定個人情報を提供することは原則として禁止される旨を規定している。以下のアからエまでの記述のうち、この19条に関する【問題文A】から【問題文C】の内容として正しいものを1つ選びなさい。

【問題文A】 振替機関が、社債等の発行会社に対し、各社をつなぐオンラインシステムを利用して、株主の特定個人情報を提供することは、政令で定める安全確保措置が講じられていれば、番号法の例外として認められる。

【問題文B】 情報照会者が情報提供者に特定個人情報の提供を求めた場合に、当該情報提供者が、情報提供ネットワークシステムを使用して、当該特定個人情報の提供をすることは、番号法の例外として認められる。

【問題文C】 地方税法又は国税に関する法律に基づく国税連携及び地方税連携により、国税又は地方税に関する特定個人情報を提供することは、政令で定める安全確保措置が講じられていなくても、番号法の例外として認められる。

ア．Aのみ誤っている。　　　　　イ．Bのみ誤っている。
ウ．Cのみ誤っている。　　　　　エ．すべて正しい。

解答・解説 ▶▶ ウ　特定個人情報の提供の制限（19条）

本問は、特定個人情報の提供の制限（19条）についての理解を問うものである。

A 正しい。 振替機関が、社債等の発行会社に対し、各社をつなぐオンラインシステムを利用して、株主の特定個人情報を提供することは、政令で定める安全確保措置が講じられている場合であれば、番号法の例外として認められる（19条10号）。従って、本記述は正しい。

B 正しい。 情報照会者が情報提供者に特定個人情報の提供を求めた場合に、当該情報提供者が、情報提供ネットワークシステムを使用して、当該特定個人情報の提供をすることは、番号法の例外として認められる（19条7号）。不正な情報提供がなされないよう、情報提供のパターンごとに、情報提供の求めができる機関（情報照会者）、情報提供の求めに応じて情報を提供することのできる機関（情報提供者）、利用事務及び提供される特定個人情報が、全て別表第2に限定列挙されている。従って、本記述は正しい。

C 誤り。 地方税法又は国税に関する法律に基づく国税連携及び地方税連携により特定個人情報を提供することは、政令で定める安全確保措置が講じられている場合であれば、番号法の例外として認められる（19条8号）。よって、本記述の場合、政令で定める安全確保措置が講じられていなくてはならない。従って、本記述は誤っている。

以上により、問題文ABは正しいが、Cは誤っている。従って、正解は肢ウとなる。

問題 118 特定個人情報の収集・保管の制限に関する以下のアからエまでの記述のうち、誤っているものを1つ選びなさい。

- **ア.** 同一世帯の自分の子供の個人番号を収集・保管することは、禁止されていない。
- **イ.** 自分の特定個人情報（他人の個人番号を含まない）を収集・保管することは、禁止されていない。
- **ウ.** 個人番号利用事務等実施者の職員等として個人番号利用事務等に携わる者が、その事務に必要な範囲を超えて、他に売り渡す目的で特定個人情報を収集・保管することは、禁止されている。
- **エ.** 宅配便業者の従業員が、荷物を営業所でお客（引取人）に引き渡す際、身分確認書類として個人番号カードの提示を受けた場合において、写真等を確認して身分確認をするだけでなく、そこに記載された個人番号を書き取り、収集・保管することは、禁止されていない。

解答・解説 ▶▶ エ　特定個人情報の収集・保管の制限（20条）

本問は、特定個人情報の収集・保管の制限（20条）についての理解を問うものである。

ア 正しい。 他人の個人番号を含む特定個人情報を収集・保管することは禁止されるが、ここでいう「他人」とは、「自己と同一の世帯に属する者以外の者」とされている（15条、20条）。よって、同一の世帯の自分の子供の個人番号を収集・保管することは、他人の個人番号の収集・保管には当たらないので、禁止されていない。従って、本記述は正しい。

イ 正しい。 何人も、法19条各号のいずれかに該当する場合を除き、特定個人情報（他人の個人番号を含むものに限る。）を収集し、又は保管してはならない（20条）。本人が自身の特定個人情報を入手してこれを保管することは当然認められるべきであるため、番号法は、禁止の対象を他人の個人番号を含む特定個人情報に限定している。従って、本記述は正しい。

ウ 正しい。 特定個人情報の収集・保管は、19条各号に規定されている場合を除き禁止されている。本記述のように、個人番号利用事務等実施者の職員等として個人番号利用事務等に携わる者が、その事務に必要な範囲を超えて、他に売り渡す目的で特定個人情報を収集・保管することは、利用目的を超えるものであるから19条各号に規定されている場合に当たらず、禁止されている。従って、本記述は正しい。

エ 誤り。 特定個人情報の収集・保管は、19条に規定されている場合を除き禁止されている。本記述のように、宅配便業者の従業員が、身分確認書類としてお客（引取人）の個人番号カードの提示を受けた場合において、写真等を確認して身分確認をするだけでなく、そこに記載された個人番号を書き取り、収集・保管することは、19条に規定されている場合に当たらず（社会保障制度、税制、災害対策に関する分野に関することとはいえない）、禁止されている。従って、本記述は誤っている。

問題119 特定個人情報の収集・保管の制限に関する以下のアからエまでの記述のうち、正しいものを１つ選びなさい。

ア．同一世帯の自分の子供の個人番号を収集・保管することは、禁止されている。
イ．自分の特定個人情報（他人の個人番号を含まない）を収集・保管することは、禁止されていない。
ウ．個人番号利用事務等実施者の職員等として個人番号利用事務等に携わる者が、その事務に必要な範囲を超えて、他に売り渡す目的で特定個人情報を収集・保管することは、禁止されていない。
エ．店員が、身分確認書類として個人番号カードの提示を受けた場合において、写真等を確認して身分確認をするにとどまらず、そこに記載された個人番号を書き取り、収集・保管することは、禁止されていない。

解答・解説 ▶▶ イ　特定個人情報の収集・保管の制限（20条）

本問は、特定個人情報の収集・保管の制限（20条）についての理解を問うものである。

ア 誤り。 他人の個人番号を含む特定個人情報を収集・保管することは禁止されるが、ここでいう「他人」とは、「自己と同一の世帯に属する者以外の者」とされている（15条、20条）。よって、同一の世帯の自分の子供の個人番号を収集・保管することは、他人の個人番号の収集・保管には当たらないので、禁止されていない。従って、本記述は誤っている。

イ 正しい。 何人も、法19条各号のいずれかに該当する場合を除き、特定個人情報（他人の個人番号を含むものに限る。）を収集し、又は保管してはならない（20条）。本人が自身の特定個人情報を入手してこれを保管することは当然認められるべきであるため、番号法は、禁止の対象を他人の個人番号を含む特定個人情報に限定している。従って、本記述は正しい。

ウ 誤り。 特定個人情報の収集・保管は、19条各号に規定されている場合を除き禁止されている。本記述のように、個人番号利用事務等実施者の職員等として個人番号利用事務等に携わる者が、その事務に必要な範囲を超えて、他に売り渡す目的で特定個人情報を収集・保管することは、利用目的を超えるものであるから19条各号に規定されている場合に当たらず、禁止されている。従って、本記述は誤っている。

エ 誤り。 特定個人情報の収集・保管は、19条各号に規定されている場合を除き禁止されている。本記述のように、店員が、身分確認書類として個人番号カードの提示を受けた場合において、写真等を確認して身分確認をするだけでなく、そこに記載された個人番号を書き取り、収集・保管することは、19条各号に規定されている場合に当たらず（社会保障制度、税制、災害対策に関する分野に関することとはいえない）、禁止されている。従って、本記述は誤っている。

問題120 以下のアからエまでの記述のうち、マイナポータルに関する【問題文A】から【問題文C】の内容として正しいものを1つ選びなさい。

【問題文A】 マイナポータルとは、番号制度のシステム整備の一環として構築することが予定されている情報提供等記録開示システムのことをいい、平成29年1月からの利用が予定されている。

【問題文B】 マイナポータルでは、なりすましにより特定個人情報を詐取されることのないように、利用の際は情報セキュリティ及びプライバシー保護に配慮した厳格な本人認証が必要であると考えられている。

【問題文C】 マイナポータルでは、個人番号の付いた自分の情報を、行政機関がいつどことやりとりしたのかを確認することができるように整備することとされている。

ア．Aのみ誤っている。　　　**イ**．Bのみ誤っている。
ウ．Cのみ誤っている。　　　**エ**．すべて正しい。

解答・解説 ▶▶ エ　マイナポータル

本問は、マイナポータル（情報提供等記録開示システム）についての理解を問うものである。

A 正しい。　マイナポータルとは、番号制度のシステム整備の一環として構築することが予定されている情報提供等記録開示システムのことをいう（番号法附則6条5項）。平成29年1月からの利用が予定されている。従って、本記述は正しい。

B 正しい。　マイナポータルでは、なりすましにより特定個人情報を詐取されることのないように、利用の際は情報セキュリティ及びプライバシー保護に配慮した厳格な本人認証が必要であると考えられている。従って、本記述は正しい。

C 正しい。　マイナポータルでは、個人番号の付いた自分の情報を、行政機関がいつどことやりとりしたのかを確認することができるように整備することとされている（アクセス記録の閲覧）。従って、本記述は正しい。

以上により、問題文ABCはすべて正しい。従って、正解は肢エとなる。

Ⅱ

個人情報保護の対策と情報セキュリティ

■脅威と対策

問題121 以下の文章は、リスクマネジメントシステムにおけるPDCAサイクルのステップに関する内容である。その名称として最も適切なものを、ア～エで答えなさい。

> リスクマネジメントの効果を測定し、そのシステムの有効性を評価する。具体的には、当初の目標と実施した結果とを比較し、問題点を洗い出したり、成功や失敗の要因を分析したりする。

ア．Act　　イ．Check　　ウ．Do　　エ．Plan

解答・解説 ▶▶ イ

リスクマネジメントシステムにおけるPDCAサイクルのステップに関して、文章の内容に該当するのは、**Check**である。

問題122 以下のJIS Q 31000:2010「リスクマネジメント―原則及び指針」に関する文章を読み、誤っているものを1つ選びなさい。

ア．リスク分析には、リスクの原因及びリスク源、リスクの好ましい結果及び好ましくない結果、並びにこれらの結果が発生することがある起こりやすさに関する考慮が含まれる。結果及び起こりやすさに影響を与える要素を特定することが望ましい。

イ．リスクは、結果及び起こりやすさ、並びにリスクのその他の属性を決定することによって分析される。一つの事象が複数の結果をもたらし、複数の目的に影響を与えることがある。既存の管理策並びにそれらの有効性及び効率をも考慮に入れることが望ましい。

ウ．結果及び起こりやすさを表す方法、並びにリスクレベルを決定するためにこの二つを組み合わせる方法は、リスクの種類、利用可能な情報、及びリスクアセスメントからのアウトプットを使用する目的を反映していることが望ましい。

エ．リスクレベルの決定に対する確信、並びに必要条件及び前提に対する機微性は、リスク分析の範囲外で考慮し、意思決定者及び適切な場合にはその他のステークホルダに秘密裏にすることが望ましい。

解答・解説 ▶▶ エ

リスクレベルの決定に対する確信、並びに必要条件及び前提に対する機微性は、リスク分析の中で考慮し、意思決定者及び適切な場合にはその他のステークホルダに効果的に伝達されることが望ましい。専門家の間の意見の相違、情報の不確かさ、利用可能性、品質、量、現況性、モデル化の限界などの要素は、明記することが望ましい。

問題123 以下の個人情報保護の対策に関する文章を読み、誤っているものを1つ選びなさい。

- **ア.** 個人情報保護法において、個人情報取扱事業者に課せられた義務は4項目に分類することができる。それらの項目の1つである「第三者提供の制限」については、情報セキュリティ対策の実施が義務付けられている。
- **イ.** 個人情報保護法には、個人情報を保護するための具体的な対策が明記されていないのが実状である。従って、関係省庁や業界団体が策定するガイドライン及びマネジメントシステム規格などをもとに、各企業が自主的に適切な個人情報保護対策を実施することが要請されている。
- **ウ.** 個人情報保護法に則り、管理体制を構築するとともに、個人情報漏えい時に主務官庁への報告義務などが発生するといったことを含め、想定されるリスクを十分に検討しておく必要がある。
- **エ.** 適切な管理体制を構築するためには、経営者から従業者にわたる体系的で全経営活動に統合された、個人情報保護に関するマネジメントシステムを構築し、運営及び管理することが必要である。

解答・解説 ▶▶ ア

個人情報保護法において、個人情報取扱事業者に課せられた義務は、次の4項目に分類できる。
- 個人情報の適切な取得・取扱
- **個人情報の適切・安全な管理**
- 第三者提供の制限
- 開示・削除請求などへの対応

これらの中で、**個人情報の適切・安全な管理**について、情報セキュリティ対策が義務付けられている。

問題124 以下の文章は、マネジメントサイクルの構築に関する内容である。（　）に入る最も適切な語句の組合せを、ア～エで答えなさい。

> （　a　）「個人情報保護マネジメントシステム―要求事項」は、個人情報保護に関するマネジメントシステムを構築・運用するうえで最初に参照すべき規格である。この規格は、2006年5月に改定され、個人情報保護法への対応を盛り込むとともに、それまでの（　b　）・プログラムという呼称をマネジメントシステムに改めている。一方、（　c　）は、旧規格であるJIS Q 2001に代わり、2010年9月に制定された一般的なリスクマネジメントに関する規格であり、国際規格に対応している。

- **ア．** a．JIS Q 15001　　b．コンプライアンス　　c．JIS Q 31000
- **イ．** a．JIS Q 15001　　b．セキュリティ　　c．JIS Q 31000
- **ウ．** a．JIS Q 31000　　b．コンプライアンス　　c．JIS Q 15001
- **エ．** a．JIS Q 31000　　b．セキュリティ　　c．JIS Q 15001

解答・解説　▶▶　ア

マネジメントサイクルの構築に関する内容は、次のとおりである。

> **JIS Q 15001**「個人情報保護マネジメントシステム―要求事項」は、個人情報保護に関するマネジメントシステムを構築・運用するうえで最初に参照すべき規格である。この規格は、2006年5月に改定され、個人情報保護法への対応を盛り込むとともに、それまでの**コンプライアンス**・プログラムという呼称をマネジメントシステムに改めている。一方、**JIS Q 31000**は、旧規格であるJIS Q 2001に代わり、2010年9月に制定された一般的なリスクマネジメントに関する規格であり、国際規格に対応している。

問題125 以下の事例において、個人情報データベース等に該当しないものを1つ選びなさい。

- **ア．** 氏名とメールアドレスが組み合わされて保管されている電子メールアドレス帳
- **イ．** 氏名の五十音順に整理し、五十音順のインデックスを付したファイル
- **ウ．** 氏名や住所等により分類整理されていないアンケートの戻りはがき
- **エ．** 氏名や住所、企業別に分類整理されている市販の人名録

解答・解説　▶▶　ウ

個人情報データベース等に該当しない事例の一つとして、**氏名や住所等により分類整理されていないアンケートの戻りはがき**が挙げられる。そのほかの事例として、従業者が所有する名刺について、他者が自由に検索できる状況であっても、他者には容易に検索できない独自の分類方法により名刺を分類した状態である場合も該当する。

問題 126

日本ネットワークセキュリティ協会が示している情報セキュリティに関連する要素とその概要の表において、( ) に入る最も適切な語句の組合せを、ア～エで答えなさい。

要 素	概 要
(a)	正当な権利を持たない人により情報資産が変更されていないことを確実にしておくこと。
(b)	正当な権利を持つ人だけが情報資産を使用できる状態にしておくこと。
(c)	正当な権利を持つ人が情報資産を必要なときに使用できること。

- ア．a．完全性　　b．可用性　　c．機密性
- イ．a．完全性　　b．機密性　　c．可用性
- ウ．a．機密性　　b．可用性　　c．完全性
- エ．a．機密性　　b．完全性　　c．可用性

解答・解説 ▶▶ イ

日本ネットワークセキュリティ協会が示している情報セキュリティに関連する要素とその概要の表は、次のとおりである。

要 素	概 要
完全性	正当な権利を持たない人により情報資産が変更されていないことを確実にしておくこと。
機密性	正当な権利を持つ人だけが情報資産を使用できる状態にしておくこと。
可用性	正当な権利を持つ人が情報資産を必要なときに使用できること。

問題 127 情報セキュリティの3つの要素を説明する表において、(　)に入る最も適切な語句の組合せを、ア〜エで答えなさい。

要素	説明
(a)	改ざんなどにより情報の正確さが失われた場合の影響
(b)	関係者以外に知られた場合の影響
(c)	紛失、システム停止などにより、情報が使えなくなった場合の影響

ア．a．可用性　b．完全性　c．機密性
イ．a．可用性　b．機密性　c．完全性
ウ．a．完全性　b．可用性　c．機密性
エ．a．完全性　b．機密性　c．可用性

解答・解説 ▶▶ エ

情報セキュリティの3つの要素を説明する表は、次のとおりである。

要素	説明
完全性	改ざんなどにより情報の正確さが失われた場合の影響
機密性	関係者以外に知られた場合の影響
可用性	紛失、システム停止などにより、情報が使えなくなった場合の影響

問題128 以下の文章は、MICTSのリスク分析手法に関する内容である。（　）に入る最も適切な語句の組合せを、ア～エで答えなさい。

（　a　）は、担当者やコンサルタントなどの個人の知識や経験をベースに、リスク分析を行う手法である。多くのリソースや時間、コストを必要としない反面、個人の主観が介在するため、リスクアセスメントの結果を正当化することが困難な場合がある。一方、組合せアプローチは、重要な情報資産については（　b　）を、それ以外には（　c　）を適用する手法である。

- **ア.** a．形式的アプローチ　　b．詳細リスク分析
  c．ベースラインアプローチ
- **イ.** a．形式的アプローチ　　b．ベースラインアプローチ
  c．詳細リスク分析
- **ウ.** a．非形式アプローチ　　b．詳細リスク分析
  c．ベースラインアプローチ
- **エ.** a．非形式アプローチ　　b．ベースラインアプローチ
  c．詳細リスク分析

解答・解説 ▶▶ ウ

MICTSのリスク分析手法に関する内容は、次のとおりである。

非形式アプローチは、担当者やコンサルタントなどの個人の知識や経験をベースに、リスク分析を行う手法である。多くのリソースや時間、コストを必要としない反面、個人の主観が介在するため、リスクアセスメントの結果を正当化することが困難な場合がある。一方、組合せアプローチは、重要な情報資産については**詳細リスク分析**を、それ以外には**ベースラインアプローチ**を適用する手法である。

問題129 以下のリスクに関する文章を読み、正しいものを1つ選びなさい。

ア. リスクは一般的に「危険」と訳され、災害など不測の事態によって発生する損害の可能性を指す。
イ. リスクは結果が確実であることを指し、ある行動に伴って起こりうる結果とその確率が明確にわかる。
ウ. リスクのうち、発生した事象により、利益または損失の影響をもたらすものを「純粋リスク」と呼ぶ。
エ. 発生した事象により、安全面にマイナスの影響を与えるものを「投機リスク」と呼び、情報セキュリティの対象となる。

解答・解説 ▶▶ ア

リスクは一般的に「危険」と訳され、災害など不測の事態によって発生する損害の可能性を指す。しかし、リスクは結果が「不確実」であることを指し、プラスの影響が出た場合に利益をもたらす側面もある。
リスクのうち、発生した事象により、利益または損失の影響をもたらすものを「投機リスク」と呼ぶ。一方、発生した事象により、安全面にマイナスの影響を与えるものを「純粋リスク」と呼び、情報セキュリティの対象となる。

問題130 以下の文章は、リスクへの対応に関する内容である。その名称として最も適切なものを、ア〜エで答えなさい。

ぜい弱性に対して情報セキュリティ対策を施すことによって、脅威が発生する可能性を下げることである。具体的な対策として、ノートパソコンの紛失や盗難、情報の漏えいなどに備えて保存している情報を暗号化しておく、従業者に対する情報セキュリティ教育を徹底するなどがある。

ア. リスクの移転　　**イ.** リスクの回避
ウ. リスクの低減　　**エ.** リスクの保有

解答・解説 ▶▶ ウ

リスクへの対応に関して、文章の内容に該当する名称は、**リスクの低減**である。

問題131 情報セキュリティ基本方針に含める指針として、該当しないものを1つ選びなさい。

ア．情報セキュリティの定義、目的及び適用範囲
イ．情報セキュリティに関する経営者の方針
ウ．個人情報の利用目的や適正な取得、利用の制限
エ．基本方針の遵守並びに違反に対する措置

解答・解説 ▶▶ ウ

情報セキュリティ基本方針に含める指針として、次のようなものが挙げられる。
・情報セキュリティ定義、目的及び適用範囲
・情報セキュリティに関する経営者の方針
・基本方針の遵守並びに違反に対する措置

情報セキュリティ基本方針は、組織が保有するすべての情報資産を安全に管理するための組織の方針を文書化したものである。これに対し、個人情報保護方針には、**個人情報の利用目的や適正な取得、利用の制限**といった個人情報保護特有の項目を含むため、それぞれ個別に作成することが望ましい。

問題132 以下の計算式のうち、情報セキュリティリスクの算出方法を正しく表した組合せを、ア～エで答えなさい。

a）リスクの大きさ ＝ 情報資産 × 脅威 × ぜい弱性
b）リスクの大きさ ＝ 情報資産 × (脅威 ＋ ぜい弱性)
c）リスクの大きさ ＝ 被害の大きさ ＋ 発生頻度
d）リスクの大きさ ＝ 被害の大きさ × 発生頻度

ア．a と c
イ．a と d
ウ．b と c
エ．b と d

解答・解説 ▶▶ イ

情報セキュリティリスクは、一般的に次の式で表すことができる。

リスクの大きさ ＝ 情報資産 × 脅威 × ぜい弱性
リスクの大きさ ＝ 被害の大きさ × 発生頻度

問題133 以下の文章は、リスク分析に関する内容である。（　）に入る最も適切な語句の組合せを、ア〜エで答えなさい。

リスクマネジメントの手法には様々な考え方があり、正解は一つとは限らない。まず、リスクの存在を見出し、それを分析し、対策を立てる。また、リスクが発生した場合は、（ a ）手順に従って対応する必要がある。さらに、リスクの大きさを評価する方法には、発生した場合の損害規模と予想される（ b ）から評価するものや、情報資産の重要性と脅威に対する（ c ）から評価するものなどがある。

ア．a．あらかじめ定めた　　b．ぜい弱性　　c．発生頻度
イ．a．あらかじめ定めた　　b．発生頻度　　c．ぜい弱性
ウ．a．事態に即応した　　　b．ぜい弱性　　c．発生頻度
エ．a．事態に即応した　　　b．発生頻度　　c．ぜい弱性

解答・解説 ▶▶ イ

リスク分析に関する内容は、次のとおりである。

リスクマネジメントの手法には様々な考え方があり、正解は一つとは限らない。まず、リスクの存在を見出し、それを分析し、対策を立てる。また、リスクが発生した場合は、**あらかじめ定めた**手順に従って対応する必要がある。さらに、リスクの大きさを評価する方法には、発生した場合の損害規模と予想される**発生頻度**から評価するものや、情報資産の重要性と脅威に対する**ぜい弱性**から評価するものなどがある。

問題134 以下の文章は、リスクマネジメントに関する内容である。その名称として最も適切なものを、ア〜エで答えなさい。

事業者を取り巻くリスクに関する正確な情報を、行政や企業、市民や専門家、顧客や取引先などのステークホルダーである関係主体間で共有し、相互に意思疎通を図ることをいう。そのために、個人情報の適正な取り扱いの確保と個人の権利利益の保護を心がけ、個人情報の適切な保護管理を推進するとともに、高度情報化社会に対応したセキュリティ対策を図ることが望まれる。

ア．リスクマネジメント　　イ．リスクコミュニケーション
ウ．リスクコントロール　　エ．リスクファイナンス

解答・解説 ▶▶ イ

リスクマネジメントに関して、次の内容に該当する名称は、**リスクコミュニケーション**である。

問題 135

JIS Q 0073:2010におけるリスクマネジメント用語の関係を下図のように示した場合、（　）に入る最も適切な語句の組合せを、ア～エで答えなさい。

```
┌─────────────────────────────────────┬──────────────────────────┐
│ リスクアセスメント                  │ リスク対応               │
│  ┌───────────────────────────────┐  │  ┌────────────────────┐  │
│  │ リスク（ a ）                 │  │  │ リスク回避         │  │
│  ├───────────────────────────────┤  │  ├────────────────────┤  │
│  │ リスク分析                    │  │  │ リスク（ b ）      │  │
│  ├───────────────────────────────┤  │  ├────────────────────┤  │
│  │ リスク評価                    │  │  │ リスク共有         │  │
│  └───────────────────────────────┘  │  ├────────────────────┤  │
│                                     │  │ リスク保有         │  │
│                                     │  └────────────────────┘  │
├──────────────────────────────────────────────────────────────────┤
│ リスクの受容                                                    │
├──────────────────────────────────────────────────────────────────┤
│ コミュニケーション及び（ c ）                                   │
└──────────────────────────────────────────────────────────────────┘
```

- **ア．** a．軽減　　b．特定　　c．協議
- **イ．** a．軽減　　b．協議　　c．特定
- **ウ．** a．特定　　b．軽減　　c．協議
- **エ．** a．特定　　b．協議　　c．軽減

解答・解説 ▶▶ ウ

JIS Q 0073:2010におけるリスクマネジメント用語の関係は、下図のとおりである。

```
┌─────────────────────────────────────┬──────────────────────────┐
│ リスクアセスメント                  │ リスク対応               │
│  ┌───────────────────────────────┐  │  ┌────────────────────┐  │
│  │ リスク特定                    │  │  │ リスク回避         │  │
│  ├───────────────────────────────┤  │  ├────────────────────┤  │
│  │ リスク分析                    │  │  │ リスク軽減         │  │
│  ├───────────────────────────────┤  │  ├────────────────────┤  │
│  │ リスク評価                    │  │  │ リスク共有         │  │
│  └───────────────────────────────┘  │  ├────────────────────┤  │
│                                     │  │ リスク保有         │  │
│                                     │  └────────────────────┘  │
├──────────────────────────────────────────────────────────────────┤
│ リスクの受容                                                    │
├──────────────────────────────────────────────────────────────────┤
│ コミュニケーション及び協議                                      │
└──────────────────────────────────────────────────────────────────┘
```

問題 136 以下のMICTSが示すリスク分析手法に関する文章を読み、最も適切なものを1つ選びなさい。

ア．ベースラインアプローチは、個々の情報資産に着目するのではなく、特定の実践規範のレベルとのギャップを分析する手法である。
イ．詳細リスク分析は、組織や担当者個人の知識・経験などの、体系化されていない方法によって分析する手法である。
ウ．非形式的アプローチは、個々の情報資産について、資産価値、脅威、ぜい弱性、セキュリティ要件などを識別し分析する手法である。
エ．組合せアプローチは、重要な情報資産についてはベースラインアプローチを、それ以外には詳細リスク分析を適用する手法である。

解答・解説 ▶▶ ア

MICTSが示すリスク分析手法は、次のとおりである。
- ベースラインアプローチは、個々の情報資産に着目するのではなく、特定の実践規範のレベルとのギャップを分析する手法である。
- 詳細リスク分析は、個々の情報資産について、資産価値、脅威、ぜい弱性、セキュリティ要件などを識別し分析する手法である。
- 非形式的アプローチは、組織や担当者個人の知識・経験などの、体系化されていない方法によって分析する手法である。
- 組合せアプローチは、重要な情報資産については詳細リスク分析を、それ以外にはベースラインアプローチを適用する手法である。

問題 137 以下の技術的脅威の要素とその事例に関する文章を読み、正しいものを1つ選びなさい。

ア．特権の昇格とは、ネットワーク上での売買や契約などを実行した後、それに関する事実がなかったことのような虚偽の主張をされることをいう。

イ．データの改ざんとは、ネットワークを通じて外部からコンピュータに侵入し、管理者の許可を得ずに、Webページやアクセスログ、機密情報などを書き換える行為をいう。

ウ．否認とは、特定のサーバやネットワークに向けて大量の無意味な通信を送りつけ、大きな負荷を与えて、情報システムを利用不能にする行為をいう。

エ．サービス拒否とは、不正侵入した攻撃者が、コンピュータの特権ユーザの権限を取得することをいう。それによって、コンピュータやネットワーク上での不正行為が容易に可能となる。

解答・解説 ▶▶ イ

技術的脅威の要素とその事例に関して、データの改ざんとは、ネットワークを通じて外部からコンピュータに侵入し、管理者の許可を得ずに、Webページやアクセスログ、機密情報などを書き換える行為をいう。他には次のようなものがある。

- 特権の昇格とは、不正侵入した攻撃者が、コンピュータの特権ユーザの権限を取得することをいう。それによって、コンピュータやネットワーク上での不正行為が容易に可能となる。
- 否認とは、ネットワーク上での売買や契約などを実行した後、それに関する事実がなかったことのような虚偽の主張をされることをいう。
- サービス拒否とは、特定のサーバやネットワークに向けて大量の無意味な通信を送りつけ、大きな負荷を与えて、情報システムを利用不能にする行為をいう。

問題 138 以下の残存リスクに関する文章を読み、最も適切なものを1つ選びなさい。

ア. 残存リスクは、リスク評価の過程で設定したリスクの許容水準以上に制御すべきである。
イ. 残存リスクは、対象となる情報資産、脅威、ぜい弱性とともに、従業者には周知する。
ウ. 残存リスクの承認は、経営者の判断ではなく、現場担当者の判断において行うべきである。
エ. 定期的なリスク分析を実施する際、残存リスクの変動状況については、調査・検討する必要がない。

解答・解説 ▶▶ イ

リスク対応した後に残っているリスクを残存リスクという。残存リスクは、リスク評価の過程で設定したリスクの許容水準以下に制御すべきである。また、残存リスクの承認は、経営者の判断において行うべきで、現場担当者の判断によるべきではない。なお、保有する残存リスクは、リスクコミュニケーションの一端として、対象となる情報資産、脅威、ぜい弱性とともに、従業者には周知する。さらに、組織内部・外部の諸要因の変化によりリスクの状況は常に変動するため、定期的なリスク分析・評価を実施する必要がある。

問題139 以下の文章は、内部統制に関する内容である。（　）に入る最も適切な語句の組合せを、ア～エで答えなさい。

内部統制とは、一般的に、業務の有効性及び効率性をはじめ、財務報告の信頼性、事業活動に関わる法令等の遵守、（　a　）の4つを目的として、（　b　）、組織内のすべての者によって遂行されるプロセスをいう。さらに、統制環境やリスクの評価と対応、統制活動、情報と伝達、モニタリング（監視活動）及び（　c　）への対応の6つの基本的要素から構成される。

ア． a．資産の保全　　b．業務と分離して　　c．CSR（企業の社会的責任）
イ． a．資産の保全　　b．業務に組み込まれ　　c．IT（情報技術）
ウ． a．資本の拡大　　b．業務と分離して　　c．IT（情報技術）
エ． a．資本の拡大　　b．業務に組み込まれ　　c．CSR（企業の社会的責任）

解答・解説 ▶▶ イ

内部統制に関する内容は、次のとおりである。

内部統制とは、一般的に、業務の有効性及び効率性をはじめ、財務報告の信頼性、事業活動に関わる法令等の遵守、**資産の保全**の4つを目的として、**業務に組み込まれ**、組織内のすべての者によって遂行されるプロセスをいう。さらに、統制環境やリスクの評価と対応、統制活動、情報と伝達、モニタリング（監視活動）及び**IT（情報技術）**への対応の6つの基本的要素から構成される。

問題140 以下のリスク評価に関する文章を読み、誤っているものを1つ選びなさい。

- **ア.** 定量的評価は、リスクの大きさを金額などで算出する手法である。代表的な手法にALEがある。
- **イ.** 定量的評価は、評価結果がわかりやすい反面、基準値の設定が難しく、評価結果の妥当性の検証も難しい。
- **ウ.** 定性的評価は、リスクの大きさを高・中・低や5段階評価といった表現で評価する方式である。
- **エ.** 定性的評価は、各リスク因子を分類したり、その基準を定義する必要がない。

解答・解説 ▶▶ エ

リスク評価における定量的評価は、リスクの大きさを金額などで算出する手法である。また、定量的評価は、評価結果がわかりやすい反面、基準値の設定が難しく、評価結果の妥当性の検証も難しい。一方、定性的評価は、リスクの大きさを高・中・低や5段階評価といった表現で評価する方式である。また、定性的評価は、情報資産や脅威といった各リスク因子を何段階に分類するか、そして分類の基準をどのように定義するかを決める必要がある。

問題 141 以下のフィッシングへの対策に関する文章を読み、誤っているものを1つ選びなさい。

ア．メールの送信者欄であるFromアドレスは偽装できるため、なりすましメールであるか、メールヘッダの詳細情報を確認する。
イ．フィッシングの手口は巧妙化しているため、必要に応じて、ウイルス対策専用のソフトウェアを導入する。
ウ．見覚えのないメールを受信した際は、メールの中のリンクからそのWebサイトにアクセスするのではなく、検索サイトで検索し、その公式サイトの該当ページにアクセスして確認する。
エ．クレジットカード番号や暗証番号を入力するような依頼のメールが金融機関等から届いた場合は、無条件に信用せず、安易にリンクをクリックしない。

解答・解説 ▶▶ イ

フィッシングへの対策は、次のとおりである。
- メールの送信者欄であるFromアドレスは偽装できるため、なりすましメールであるか、メールヘッダの詳細情報を確認する。
- 見覚えのないメールを受信した際は、メールの中のリンクからそのWebサイトにアクセスするのではなく、検索サイトで検索し、その公式サイトの該当ページにアクセスして確認する。
- クレジットカード番号や暗証番号を入力するような依頼のメールが金融機関等から届いた場合は、無条件に信用せず、安易にリンクをクリックしない。

フィッシングの手口は巧妙化しているため、ウイルス対策専用のソフトウェアを導入することだけでは、対策が不十分である。

問題 142 以下の残存リスクに関する文章を読み、最も適切なものを1つ選びなさい。

ア． 残存リスクは、リスク評価の過程で設定したリスクの許容水準以下に制御すべきである。
イ． 残存リスクは、対象となる情報資産、脅威、ぜい弱性とともに、当事者以外の従業者には秘匿する。
ウ． 残存リスクの承認は、経営者の判断ではなく、現場担当者の判断において行うべきである。
エ． 定期的なリスク分析を実施する際、残存リスクの変動状況については、調査・検討する必要がない。

解答・解説 ▶▶ ア

残存リスクに関して、次の点に留意する。
- 残存リスクは、リスク評価の過程で設定したリスクの許容水準以下に制御すべきである。
- 残存リスクは、リスクコミュニケーションの一端として、対象となる情報資産、脅威、ぜい弱性とともに、経営者や従業者などに周知する必要がある。
- リスク許容水準の設定や残存リスクの承認は、経営者の判断において行うべきで、現場担当者の判断によるべきではない。
- 定期的なリスク分析を実施する際、残存リスクの変動状況については、調査・検討し、必要があれば許容水準自体の見直しを行う。

問題 143 以下の文章は、ぜい弱性と脅威の事例に関する内容である。そのぜい弱性と脅威との組合せとして最も適切なものを、ア～エで答えなさい。

通信販売会社のA社では、自社に登録している顧客から「別の複数の通信販売会社からダイレクトメールが送られてくるようになった」との問合せがあった。状況としては、ある特定の日を境に、同様の問合せが急増しており、顧客らはそれらの通信販売会社には登録した覚えがないという。A社はこの時点で顧客情報が流出したと推測し、内部調査を始めた。その調査の過程で、外部の名簿業者がA社しか持ちえない個人情報が含まれた名簿を販売していることが確認された。結果的に漏えいした情報は、約100万件に及ぶ顧客の個人情報だった。

なお、A社のセキュリティ対策としては、個人情報にアクセスできる部屋は入室制限されており、個人所有の外部記録媒体の持込み及び持出しは禁止するなどの管理体制がとられていた。また、外部からの不正アクセスされた形跡は見られなかった。入室制限については、ユーザIDが与えられている従業者のみが許可されており、正社員のほか契約社員や嘱託社員も含まれていた。

	ぜい弱性	脅威
ア	アクセス制御の管理不備	オペレーティングミス
イ	アクセス制御の管理不備	不正行為
ウ	メンテナンス不足	オペレーティングミス
エ	メンテナンス不足	不正行為

解答・解説 ▶▶ イ

ぜい弱性と脅威の事例に関して、次の内容に該当するぜい弱性と脅威の組合せは、**アクセス制御の管理不備**と**不正行為**である。

問題 144 脅威の分類とその例の表において、（　）に入る最も適切な語句の組合せを、ア〜エで答えなさい。

分類	具体例
（ a ）	不正アクセス、マルウェア、標的型メールなど
（ b ）	過失、内部犯行、契約違反など
（ c ）	火災、地震、落雷など

- ア．a．技術的脅威　　b．人的脅威　　c．物理的脅威
- イ．a．技術的脅威　　b．物理的脅威　c．人的脅威
- ウ．a．人的脅威　　　b．技術的脅威　c．物理的脅威
- エ．a．人的脅威　　　b．物理的脅威　c．技術的脅威

解答・解説 ▶▶ ア

脅威の分類とその例の表は、次のとおりである。

分類	具体例
技術的脅威	不正アクセス、マルウェア、標的型メールなど
人的脅威	過失、内部犯行、契約違反など
物理的脅威	火災、地震、落雷など

問題 145 以下の米国立標準・技術院が開発したALE（Annual Loss Exposure）による、年間予想損失額を算出する定量的評価手法を用いて、企業X社のALEを算出した結果を、ア〜エで答えなさい。

現状では、1回あたりの予想損失額を10,000万円、従来の損失が発生する予想頻度は5％であるが、ある対策を施すことによって、その頻度はさらに10分の1になる。また、その他の損失金額は考慮しないものとする。

ALE＝ $f \times i$
 f：損失が発生する予想頻度　　i：1回あたりの予想損失額

ア． 50万円　　**イ．** 100万円　　**ウ．** 500万円　　**エ．** 1,000万円

解答・解説 ▶▶ ア

米国立標準・技術院が開発したALE（Annual Loss Exposure）による、年間予想損失額を算出する定量的評価手法を用いて、企業X社のALEを算出した結果は、次のとおりである。

　f：損失が発生する予想頻度 ＝ 5％　（リスク対策による効果 ＝ 10分の1）
　i：1回あたりの予想損失額 ＝ 10,000万円

ALE ＝ $f \times i$ ＝ 5％ × 0.1 × 10,000万円 ＝ **50万円**

問題146 MICTSでの脅威の分類とその例の表において、（　）に入る最も適切な語句の組合せを、ア〜エで答えなさい。

分　類	脅威の例
意図的脅威	（　a　）
偶発的脅威	（　b　）
環境的脅威	（　c　）

ア． a．盗難や記憶媒体の不正使用　　b．ハードウェアの故障や送信エラー
　　 c．ほこりや記憶媒体の劣化
イ． a．盗難や記憶媒体の不正使用　　b．ほこりや記憶媒体の劣化
　　 c．ハードウェアの故障や送信エラー
ウ． a．ハードウェアの故障や送信エラー　　b．盗難や記憶媒体の不正使用
　　 c．ほこりや記憶媒体の劣化
エ． a．ハードウェアの故障や送信エラー　　b．ほこりや記憶媒体の劣化
　　 c．盗難や記憶媒体の不正使用

解答・解説 ▶▶ ア

MICTSでの脅威の分類とその例の表は、次のとおりである。

分　類	脅威の例
意図的脅威	**盗難や記憶媒体の不正使用**
偶発的脅威	**ハードウェアの故障や送信エラー**
環境的脅威	**ほこりや記憶媒体の劣化**

問題147 以下の個人情報保護の管理体制に関する文章を読み、誤っているものを1つ選びなさい。

ア．個人情報を保護するための管理体制を構築し、実際の対策を実施・運用するための前提として、個人情報の漏えいが発生した場合のリスクを明確にすることが重要である。

イ．個人情報保護法にもとづき、個人情報漏えい時に主務官庁への報告義務が発生するといったことも含め、想定されるリスクを十分に検討しておく必要がある。

ウ．保有する個人情報の重要度並びに漏えいした場合に想定されるリスクや損失の大きさを重視し、個人情報の適切な管理体制を構築しなければならない。なお、構築の初期段階においては、費用対効果を検討する必要がある。

エ．適切な管理体制を構築するためには、経営者を除く全従業者に対して個人情報保護に関するマネジメントシステムを構築し、運用することが必要である。

解答・解説 ▶▶ エ

個人情報を保護するための管理体制を構築し、実際の対策を実施・運用するための前提として、個人情報の漏えいが発生した場合のリスクを明確にすることが重要である。また、適切な管理体制を構築するためには、経営者を含め、全従業者に対して個人情報保護に関するマネジメントシステムを構築し、運用することが必要である。

問題148 以下の文章は、ぜい弱性と脅威の事例に関する内容である。そのぜい弱性と脅威との組合せとして最も適切なものを、ア～エで答えなさい。

事務用品販売会社のA社では、普段施錠されている書庫から、顧客名簿がなくなっていることがわかった。いつなくなったのか、誰が持ち出したのかはわからなかった。なお、その書庫の鍵の所在は、従業者であれば誰でも知っている状態にあった。

	ぜい弱性	脅威
ア	文書化の欠如	オペレーティングミス
イ	文書化の欠如	盗難
ウ	保管不備	オペレーティングミス
エ	保管不備	盗難

解答・解説 ▶▶ エ

ぜい弱性と脅威の事例に関して、文章の内容に該当するぜい弱性と脅威の組合せは、**保管不備**と**盗難**である。

問題149 ソーシャルエンジニアリングの名称とその対策の表において、（　）に入る最も適切な語句の組合せを、ア～エで答えなさい。

名　称	対　策
（　a　）	オフィス内部へ一人ずつ認証しながら入室させるなど、入退室管理を徹底する。
（　b　）	書類やメディアなどの廃棄方法を明確化し、それを遵守させる。
（　c　）	パスワードを書いたメモをディスプレイに貼り付けるなど、不適切な取扱いをしない。

ア．a．ショルダーハック　　b．トラッシング　　　c．ピギーバック
イ．a．ショルダーハック　　b．ピギーバック　　　c．トラッシング
ウ．a．ピギーバック　　　　b．ショルダーハック　c．トラッシング
エ．a．ピギーバック　　　　b．トラッシング　　　c．ショルダーハック

解答・解説 ▶▶ エ

ソーシャルエンジニアリングの名称とその対策の表は、次のとおりである。

名　称	対　策
ピギーバック	オフィス内部へ一人ずつ認証しながら入室させるなど、入退室管理を徹底する。
トラッシング	書類やメディアなどの廃棄方法を明確化し、それを遵守させる。
ショルダーハック	パスワードを書いたメモをディスプレイに貼り付けるなど、不適切な取扱いをしない。

問題150 MICTSが例示している、【表1】の「あらかじめ定義された評価用マトリクス」を利用して、X社が保有している情報資産を評価した結果（【表2】「評価」の空欄にあてはまる数値）を、ア～エで答えなさい。

【表1】あらかじめ定義された評価用マトリクス（MICTSより抜粋）

脅威レベル		低			中			高		
ぜい弱性のレベル		低	中	高	低	中	高	低	中	高
情報資産の価値	0	0	1	2	1	2	3	2	3	4
	1	1	2	3	2	3	4	3	4	5
	2	2	3	4	3	4	5	4	5	6
	3	3	4	5	4	5	6	5	6	7
	4	4	5	6	5	6	7	6	7	8

【表2】X社での評価結果

情報資産	価値	脅威	レベル	ぜい弱性	レベル	評価
USBメモリ	4	紛失	中	保管の不備	低	

ア. 3　**イ.** 4　**ウ.** 5　**エ.** 6

解答・解説 ▶▶ ウ

MICTSが例示している、【表1】の「あらかじめ定義された評価用マトリクス」を利用して、X社が保有している情報資産を評価した結果（【表2】の評価）は、次のとおりである。

【表1】あらかじめ定義された評価用マトリクス（MICTSより抜粋）

脅威レベル		低			中			高		
ぜい弱性のレベル		低	中	高	(低)	中	高	低	中	高
情報資産の価値	0	0	1	2	1	2	3	2	3	4
	1	1	2	3	2	3	4	3	4	5
	2	2	3	4	3	4	5	4	5	6
	3	3	4	5	4	5	6	5	6	7
	(4)	4	5	6	(5)	6	7	6	7	8

【表2】X社での評価結果

情報資産	価値	脅威	レベル	ぜい弱性	レベル	評価
USBメモリ	4	紛失	中	保管の不備	低	5

■組織的・人的セキュリティ

問題151 以下の役割・責任の明確化に関する文章を読み、誤っているものを1つ選びなさい。

ア．従業者が個人データの取扱いについて果たすべき役割と責任を定義し、安全管理対策を標準化することが重要である。
イ．個人データの取扱いに際しては、支店または部門ごとに情報管理責任者を設置し、その役割と責任を明確化する。
ウ．個人データの取扱い作業については、作業責任者を設置し、個人データを取り扱う担当者も限定する。
エ．個人データをデータベースとして管理したり、検索機能を提供したりする情報システムについては、運用にあたる担当者を限定しない。

解答・解説▶▶ エ

役割・責任の明確化に関して、従業者が個人データの取扱いについて果たすべき役割と責任を定義し、安全管理対策を標準化することが重要である。個人データの取扱い作業については、作業責任者を設置し、個人データを取り扱う担当者も限定する。また、個人データをデータベースとして管理したり、検索機能を提供したりする情報システムについては、運用にあたる担当者を限定する。

問題152 CPOの説明として最も適切なものを、ア～エで答えなさい。

ア．個人情報データベース等の運用を円滑に進める責任を有する者である、「個人情報利用責任者」を指す。
イ．個人データに限定せず、事業者が保有する情報資源を統括する者である、「最高情報責任者」を指す。
ウ．個人データの安全管理の実施及び運用に関する責任及び権限を有する者である、「個人情報保護管理者」を指す。
エ．個人データに限定せず、事業者における業務執行に関する責任及び権限を有する者である、「最高執行責任者」を指す。

解答・解説▶▶ ウ

CPO（Chief Privacy Officer）とは、個人データの安全管理の実施及び運用に関する責任及び権限を有する者である、「個人情報保護管理者」を指す。具体的には、個人情報保護方針及び個人情報管理規程の策定、運用、改善を実施する。個人情報保護対策の要であるため、役員が就任することが望ましい。

問題153 個人情報保護の推進を組織内で継続的に取り組むための意思決定機関である「管理委員会」の役割として、最も適切なものを1つ選びなさい。

ア．顧客や従業者などからの個人情報保護に関する問合せや苦情の受付け
イ．個人情報管理規程の策定、従業者への周知・教育、運用、見直し
ウ．個人情報管理の状況についての監査の実施と報告
エ．個人情報保護方針の策定と規程の承認

解答・解説 ▶▶ エ

個人情報保護の推進を組織内で継続的に取り組むための意思決定機関である「管理委員会」の役割は、次のとおりである。
・各部門、各職務の役割、責任、権限の決定と任命
・個人情報保護方針の策定と規程の承認
・個人情報保護対策に必要な経営資源の手配　等

顧客や従業者などからの個人情報保護に関する問合せや苦情の受付けは、個人情報苦情・相談窓口が担当する。また、個人情報管理規程の策定、従業者への周知・教育、運用、見直しは、事務局が担当する。そして、個人情報管理の状況についての監査の実施と報告は、個人情報保護監査責任者が担当する。

問題154 個人情報保護の担当者の表において、（　）に入る最も適切な語句の組合せを、ア〜エで答えなさい。

担当者	概　要
（ a ）	個人データの取得・入力、移送・送信、利用・加工、保管・バックアップ、消去・廃棄などを行う。
（ b ）	個人データの取扱いに際して、支店または部門ごとに設置し、個人情報保護対策を現場の各従業者に徹底する。
（ c ）	個人データをデータベースとして管理したり、検索機能を提供する情報システムの管理を行う。

ア． a．運用責任者　　b．個人情報保護監査責任者　　c．作業責任者
イ． a．運用責任者　　b．情報管理責任者　　　　　　c．作業責任者
ウ． a．作業責任者　　b．個人情報保護監査責任者　　c．運用責任者
エ． a．作業責任者　　b．情報管理責任者　　　　　　c．運用責任者

解答・解説 ▶▶ エ

個人情報保護の担当者の表は、次のとおりである。

担当者	概　要
作業責任者	個人データの取得・入力、移送・送信、利用・加工、保管・バックアップ、消去・廃棄などを行う。
情報管理責任者	個人データの取扱いに際して、支店または部門ごとに設置し、個人情報保護対策を現場の各従業者に徹底する。
運用責任者	個人データをデータベースとして管理したり、検索機能を提供する情報システムの管理を行う。

問題 155 以下の従業者の役割及びルールの明確化などに関する文章を読み、誤っているものを1つ選びなさい。

ア. 個人情報保護に関しての各階層における役割や責任を定め、従業者が各々の役割や責任を認識している必要がある。

イ. 個人情報保護に関する文書類は、正規の手続きによって作成し、文書の更新や保管、周知のためのルールを明確化して運用する必要がある。

ウ. 個人情報保護に関するルールの実施状況については、定期的に監査または内部点検し、その運用についても定期的に報告するルートを定めておく必要がある。

エ. 個人情報保護に関する体制を構築し、それに関する外部環境の変化を把握する。なお、生活者意識やその他の環境が変化しても、社内ルールや体制は構築時の状態を維持しなければならない。

解答・解説 ▶▶ エ

従業者の役割及びルールの明確化などに関して、まずは、個人情報保護に関する体制を構築し、それに関する社内の運用状況や外部環境の変化を把握することが必要である。そのうえで、定期的にそれらの情報をレビューし、適切に社内のルールや体制を見直さなければならない。

問題156 個人情報保護の規程文書への展開の順序として最も適切なものを、ア〜エで答えなさい。

ア．手順 → 基準 → 方針
イ．手順 → 方針 → 基準
ウ．方針 → 基準 → 手順
エ．方針 → 手順 → 基準

解答・解説 ▶▶ ウ

個人情報保護の規程文書への展開の順序は、「**方針 → 基準 → 手順**」である。

問題157 以下の規程文書の策定に関する文章を読み、誤っているものを1つ選びなさい。

ア．個人情報を確実に保護するためには、個人情報保護に関するルールを従業者個々に応じて作成し、従業者に対して個別の安全対策を義務付けなければならない。
イ．従業者が個人情報保護対策を実施するためには、個別の規程がわかりやすく、かつ、全体として整合性がとられている必要がある。
ウ．個人情報保護の規程文書は、方針及び基準、手順を策定しなければならない。なお、組織全体の方針と基準を作成するとともに、部門や作業ごとの手順の策定における内容のブレや矛盾を防止する必要がある。
エ．個人情報保護の規程文書は、多くのマネジメントシステムが採用しているピラミッド文書体系を基に検討し、総則と細則に分割するなど、組織の実情を反映して階層を増減させる。

解答・解説 ▶▶ ア

規程文書の策定に関して、個人情報を確実に保護するためには、個人情報保護に関するルールを明文化し、すべての従業者に対して同一水準の安全対策を義務付けなければならない。従業者が個人情報保護対策を実施するためには、個別の規程がわかりやすく、かつ、全体として整合性がとられている必要がある。

> **問題 158** 保有個人データに関し、個人情報保護方針に盛り込む項目のうち、法令によって個人情報取扱事業者が「個人情報の本人の知り得る状態」におくことが義務付けられているものとして、該当するものを1つ選びなさい。
>
> ア．苦情及び相談への対応に関すること
> イ．個人情報保護マネジメントシステムの継続的改善
> ウ．個人情報保護監査責任者
> エ．保有個人データの利用目的

解答・解説 ▶▶ エ

保有個人データに関し、個人情報保護方針に盛り込む項目のうち、法令によって個人情報取扱事業者が「個人情報の本人の知り得る状態」におくことが義務付けられているものは、次のとおりである。

- 自己の氏名または名称
- 開示等の要求に応じる手続きと手数料
- 取扱いに関する苦情の申出先
- **保有個人データの利用目的**

> **問題 159** 以下の個人情報管理規程及び手順書や様式に関する文章を読み、誤っているものを1つ選びなさい。
>
> ア．個人情報管理規程は、個人情報保護に関して組織全体に共通する基本ルールであり、個人情報保護対策のPDCAサイクルに沿って項目を定義し、具体的には、個人情報保護方針をブレイクダウンする形で策定する。
> イ．個人情報管理規程は、手順書や様式などを決める際の参考となるため、個人情報保護対策をすべて網羅した内容である必要はない。
> ウ．個人情報管理規程は、業務実態とかけ離れた無理なルールにならないように、策定作業の前に現場への調査を実施し、実情をよく把握して調整する必要がある。
> エ．手順書や業務マニュアルは、個人情報管理規程の項目に沿って対象を洗い出し、従業者から見てわかりやすくなるように、ケース事例を多く入れることが望まれる。

解答・解説 ▶▶ イ

個人情報管理規程は、手順書や様式などを決める際の物差しとなるため、個人情報保護対策をすべて網羅した内容でなければならない。また、業務実態とかけ離れた無理なルールにならないように、策定作業の前に現場への調査を実施し、実情をよく把握して調整する必要がある。

問題 160 以下の文章は、個人情報管理規程に関する内容である。（　）に入る最も適切な語句の組合せを、ア～エで答えなさい。

> 個人情報管理規程は、個人情報保護に関して組織全体に共通する基本ルールであり、個人情報保護対策の（　a　）に沿って項目を定義する。具体的には、個人情報保護方針を（　b　）する形で策定される。個人情報管理規程は、手順書や様式などを決める際の物差しとなるため、個人情報保護対策をすべて網羅した内容でなければならない。また、業務実態とかけ離れた無理なルールとならないよう、策定作業の前に現場への（　c　）などを実施し、実情をよく把握しておく必要がある。

ア． a．PDCAサイクル　b．ブレイクダウン　　c．ヒアリング
イ． a．PDCAサイクル　b．ボトムアップ　　　c．サンプリング
ウ． a．ライフサイクル　b．ブレイクダウン　　c．サンプリング
エ． a．ライフサイクル　b．ボトムアップ　　　c．ヒアリング

解答・解説 ▶▶ ア

個人情報管理規程に関する内容は、次のとおりである。

> 個人情報管理規程は、個人情報保護に関して組織全体に共通する基本ルールであり、個人情報保護対策の**PDCAサイクル**に沿って項目を定義する。具体的には、個人情報保護方針を**ブレイクダウン**する形で策定される。個人情報管理規程は、手順書や様式などを決める際の物差しとなるため、個人情報保護対策をすべて網羅した内容でなければならない。また、業務実態とかけ離れた無理なルールとならないよう、策定作業の前に現場への**ヒアリング**などを実施し、実情をよく把握しておく必要がある。

問題 161 以下の個人情報の特定と管理における作業の流れ図において、（　）に入る最も適切な語句の組合せを、ア～エで答えなさい。

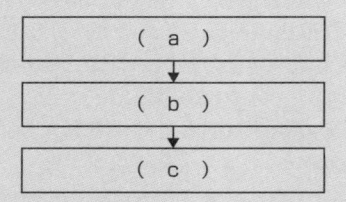

```
┌─────────────────┐
│      （ a ）     │
└─────────────────┘
         ↓
┌─────────────────┐
│      （ b ）     │
└─────────────────┘
         ↓
┌─────────────────┐
│      （ c ）     │
└─────────────────┘
```

ア． a．個人情報管理台帳の作成　　　b．個人情報取扱い手順書の作成
　　　c．個人情報の棚卸し
イ． a．個人情報管理台帳の作成　　　b．個人情報の棚卸し
　　　c．個人情報取扱い手順書の作成
ウ． a．個人情報取扱い手順書の作成　b．個人情報管理台帳の作成
　　　c．個人情報の棚卸し
エ． a．個人情報取扱い手順書の作成　b．個人情報の棚卸し
　　　c．個人情報管理台帳の作成

解答・解説 ▶▶ エ

個人情報の特定と管理における作業の流れ図は、次のとおりである。

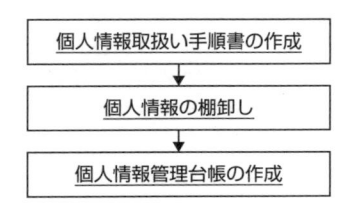

```
┌─────────────────────┐
│ 個人情報取扱い手順書の作成 │
└─────────────────────┘
           ↓
┌─────────────────────┐
│    個人情報の棚卸し     │
└─────────────────────┘
           ↓
┌─────────────────────┐
│  個人情報管理台帳の作成   │
└─────────────────────┘
```

問題 162 以下の文章は、個人情報の取扱いに関する内容である。(　) に入る最も適切な語句の組合せを、ア〜エで答えなさい。

> 個人情報を重要度に応じて管理を行うためには、情報の分類が不可欠である。情報の分類を識別して適切な取扱いを行うためには、分類を表記、つまり (　a　) することが望ましい。例えば、文書の各ページに「社外秘」などと印刷することや (　b　) こと、または、ファイルの表紙に (　c　) ことなどの措置が必要である。これによって重要な情報が誤って破棄されたり、机上に放置されたりすることを防止することができる。

ア． a．マーキング　　　　　　b．隠し文字を入れる
　　c．機密扱いとするシールを貼る
イ． a．マーキング　　　　　　b．スタンプを押す
　　c．機密扱いの情報名を記載する
ウ． a．ラベリング　　　　　　b．隠し文字を入れる
　　c．機密扱いの情報名を記載する
エ． a．ラベリング　　　　　　b．スタンプを押す
　　c．機密扱いとするシールを貼る

解答・解説 ▶▶ エ

個人情報の取扱いに関する内容は、次のとおりである。

> 個人情報を重要度に応じて管理を行うためには、情報の分類が不可欠である。情報の分類を識別して適切な取扱いを行うためには、分類を表記、つまり**ラベリング**することが望ましい。例えば、文書の各ページに「社外秘」などと印刷することや**スタンプを押す**こと、または、ファイルの表紙に**機密扱いとするシールを貼る**ことなどの措置が必要である。これによって重要な情報が誤って破棄されたり、机上に放置されたりすることを防止することができる。

問題163 以下の文章は、個人情報保護監査に関する内容である。（　）に入る最も適切な語句の組合せを、ア～エで答えなさい。

> 個人情報の取扱い内容を後から追跡するための仕組みが（　a　）であり、権限付与申請書や教育実施記録帳、（　b　）などがある。個人情報保護監査の有効性は、（a）の有無に左右されるため、（a）はあらかじめ、（　c　）及び情報システム機能の中に組み込んでおく必要がある。

ア．a．監査証跡　　b．監査調書　　　c．システム監査
イ．a．監査証跡　　b．入退室記録帳　c．業務フロー
ウ．a．監査証明　　b．監査調書　　　c．業務フロー
エ．a．監査証明　　b．入退室記録帳　c．システム監査

解答・解説 ▶▶ イ

個人情報保護監査に関する内容は、次のとおりである。

> 個人情報の取扱い内容を後から追跡するための仕組みが**監査証跡**であり、権限付与申請書や教育実施記録帳、**入退室記録帳**などがある。個人情報保護監査の有効性は、**監査証跡**の有無に左右されるため、**監査証跡**はあらかじめ、**業務フロー**及び情報システム機能の中に組み込んでおく必要がある。

問題164 以下の表は、個人情報管理台帳の例の一部である。（　）に入る最も適切な語句の組合せを、ア～エで答えなさい。

項　目	記述例
（ a ）	電子データ
（ b ）	展示会の招待状の発送
（ c ）	取得から1年経過

ア． a．管理媒体　　b．廃棄基準　　c．利用目的
イ． a．管理媒体　　b．利用目的　　c．廃棄基準
ウ． a．利用目的　　b．管理媒体　　c．廃棄基準
エ． a．利用目的　　b．廃棄基準　　c．管理媒体

解答・解説 ▶▶ イ

個人情報管理台帳の例は、次のとおりである。

項　目	記述例
管理媒体	電子データ
利用目的	展示会の招待状の発送
廃棄基準	取得から1年経過

問題 165 以下の従業者の監督に関する文章を読み、誤っているものを1つ選びなさい。

ア．個人情報の漏えい事故の主な原因は、従業者の故意によるものである。そのため、個人情報へのアクセス権限をもつ者による漏えい事故は、情報システムの機能による対策によってすべて防ぐことができる。

イ．従業者の監督を怠った結果として個人情報の漏えい事故が起きた場合は、従業者の監督を適切に実施していたがそれでも事故が起きた場合に比べて、事業者に課せられる罰則や社会的制裁が重くなる可能性がある。

ウ．個人情報を保護するためには、個人情報を直接取り扱う従業者を監督するだけでは不十分であり、個人情報を取り扱う可能性のある従業者をすべて含めた広い範囲を監督対象とすべきである。

エ．従業者の監督に際しては、個人情報が漏えい、紛失、き損した場合の被害の大きさを考慮し、事業の性質及び個人情報の取扱い状況に起因するリスクに応じて、必要かつ適切な措置を講じる。

解答・解説 ▶▶ ア

個人情報の漏えい事故の多くは、主に従業者の故意または過失が原因となって起きている。個人情報へのアクセス権限をもつ者の出来心や無防備さから起きる漏えい事故は、情報システムの機能による対策だけでは防ぐことが難しく、外部からの不正アクセスなどよりも問題の根が深い。そこで、人的安全管理措置として、従業者を適切に監督することが求められる。

問題 166 情報セキュリティマネジメントシステム（ISMS）適合性評価制度の認証を受ける場合の基準として、該当するものを1つ選びなさい。

ア．JIS Q 27001:2014　　イ．システム監査基準
ウ．情報セキュリティ監査基準　　エ．情報セキュリティ管理基準

解答・解説 ▶▶ ア

情報セキュリティマネジメントシステム（ISMS）適合性評価制度の認証基準は、**JIS Q 27001：2014**である。
なお、**JIS Q 27001:2014** 情報技術－セキュリティ技術－情報セキュリティマネジメントシステム－要求事項は、組織がISMSを構築するための要求事項をまとめた規格である。

問題 167 以下の従業者の監督に関する文章を読み、誤っているものを1つ選びなさい。

ア. 従業者の監督にあたり、情報セキュリティの脅威やそれに付随するさまざまな問題、責任及び義務に対する従業者の認識を確実なものとなるようにし、通常の業務の中での従業者による誤りのリスクを低減できるようにする。

イ. 従業者の監督を適切に実施していたがそれでも事故が起きた場合は、従業者の監督を怠った結果として個人情報の漏えい事故が起きた場合に比べて、事業者に課せられる罰則や社会的制裁が重くなる可能性がある。

ウ. 個人情報を保護するためには、個人情報を直接取り扱う従業者を監督するだけでは不十分であり、個人情報を取り扱う可能性のある従業者をすべて含めた広い範囲を監督対象とすべきである。

エ. 従業者の監督に際しては、個人情報が漏えい、紛失、き損した場合の被害の大きさを考慮し、事業の性質及び個人情報の取扱い状況に起因するリスクに応じて、必要かつ適切な措置を講じる。

解答・解説 ▶▶ イ

従業者の監督は、個人情報保護法においても義務付けられており、それぞれの組織・団体における人的安全管理措置として、従業者を必要かつ適切に監督することが求められている。また、従業者の監督を怠った結果として個人情報の漏えい事故が起きた場合は、従業者の監督を適切に実施していたがそれでも事故が起きた場合に比べて、事業者に課せられる罰則や社会的制裁が重くなる可能性がある。

問題168 人的安全管理措置において、管理の対象となる者として該当するものを、ア～エで答えなさい。

a）正社員、契約社員、嘱託社員
b）パート社員、アルバイト社員
c）取締役、執行役、監査役
d）派遣社員

ア. aとb　**イ.** c以外　**ウ.** d以外　**エ.** すべて

解答・解説 ▶▶ エ

人的安全管理措置において、管理の対象となる者（個人情報取扱事業者の組織内にあって直接間接に事業者の指揮監督を受けて事業者の業務に従事している者）として該当するのは、次のものすべてである。

・正社員、契約社員、嘱託社員
・パート社員、アルバイト社員
・取締役、執行役、監査役
・派遣社員

問題169 以下の非開示契約に関する文章を読み、誤っているものを1つ選びなさい。

ア. 個人情報の規程違反に対する懲戒処分及び損害賠償の可能性を、罰則規定として契約書に明記する。
イ. 個人情報保護及び営業秘密保持において、非開示契約の内容を分離する。
ウ. 個人情報を取り扱う情報システムにアクセスする可能性のある者は、非開示契約の対象とする。
エ. 従業者の雇用契約が終了した場合は、直ちに非開示契約を無効とする。

解答・解説 ▶▶ エ

非開示契約とは、個人情報などの機密情報を第三者に開示しない旨を約束する契約であり、NDA（Non-Disclosure Agreement）、機密保持契約などと同義で扱われる。従業者の雇用契約が終了した場合においても、個人情報を漏えいしないよう、一定期間は有効であるようにすべきである。

問題170 以下の個人情報保護対策の周知に関する文章を読み、誤っているものを1つ選びなさい。

ア.多くの企業では、オフィスや情報システムにおける個人情報保護対策に比べ、従業者の意識改革が遅れており、個人情報保護対策の周知・教育の徹底が急がれる。
イ.個人情報保護についての従業者の役割と責任については、社内通達や社内報、社内ポスターなどですべての従業者に周知し、個人情報の取扱いに対する責任の自覚を促さなければならない。
ウ.個人情報保護についての規程やルールの従業者への周知は、入社時または契約時だけではなく、折に触れて、従業者に発信する必要がある。
エ.個人情報の取扱い手順は、具体的な業務の流れに組み込まれていると従業者の仕事として理解されにくいため、個人情報保護の規程などを業務マニュアルには組み込むべきではない。

解答・解説 ▶▶ エ

個人情報保護についての規程やルールの従業者への周知は、入社時または契約時だけではなく、折に触れて、従業者に発信する必要がある。なお、個人情報の取扱い手順は、具体的な業務の流れに組み込まれていなければ従業者の仕事として理解されにくい。従って、個人情報保護の規程などを業務マニュアルには組み込むことが求められる。

問題 171 以下の従業者の教育に関する文章を読み、誤っているものを1つ選びなさい。

ア．従業者が教育を受けるために業務から離れることは、現場にそのぶん負担がかかる。従って、負担軽減の配慮をするとともに、従業者教育に対する現場の理解と協力を得ることが必要である。

イ．教育の実施に際しては、教育手順書に定めた範囲内で、組織の実状や教育内容に合わせて、講義やe-ラーニング、ビデオ、外部セミナーなどの教育方法を選択する必要がある。

ウ．個人情報保護の教育を受けることを、入社や昇進、昇格の条件にしたり、ルールを遵守する誓約書を提出させるなど、全社的な指揮のもとに教育を実施する必要がある。

エ．教育の実施後は、アンケート調査によってその教育の満足度を確認することは問題ないが、個人情報保護に対する理解度を図るための試験は、従業者の精神的な負担になるので行うべきではない。

解答・解説 ▶▶ エ

従業者の教育に関して、教育の実施後は、アンケートや試験、管理者による面接などで、その教育の理解度を確認しなければならない。理解度が一定の基準に満たない従業者は、再教育したり当該教務から外したりすることも検討する。また、「理解したからにはルールを遵守します」との誓約書を提出させるのも有効である。

問題 172　以下の従業者教育に関する文章を読み、最も適切なものを1つ選びなさい。

ア．教育の対象はその企業と雇用関係を結んでいる正社員に限定すべきであり、アルバイトやパートタイマー、派遣社員、親会社やグループ会社からの出向者は含めない。
イ．教育内容は社会情勢の変化や法制度の見直し、社内ルールの改定などに合わせて変えるべきではなく、最低限でも一年間は同一のカリキュラムを継続運用する。
ウ．教育計画においては、部門ごとの繁閑状況を考慮した実施時期及び対象者のレベルや業務内容に応じた、教育テーマや教育手法などを盛り込む。
エ．教育成果の確認においては、受講者の負担を配慮し、理解度の合格ラインを設定した確認テストなどは実施せず、研修の修了書を授与する。

解答・解説 ▶▶ ウ

従業者教育に関して、次のことに留意する。
- 教育の対象はその企業と雇用関係を結んでいる正社員だけではなく、アルバイトやパートタイマー、派遣社員、親会社やグループ会社からの出向者も含める。
- 教育内容は社会情勢の変化や法制度の見直し、社内ルールの改定など、状況に応じて適宜変えるようにし、一年を通して同一のカリキュラムを継続運用する必要はない。
- 教育計画においては、部門ごとの繁閑状況を考慮した実施時期及び対象者のレベルや業務内容に応じた、教育テーマや教育手法などを盛り込む。
- 教育成果の確認においては、受講者の負担を配慮しつつ、理解度の合格ラインを設定した確認テストなどを実施し、理解度をチェックすることが望ましい。

問題 173 以下の従業者教育に関する文章を読み、最も適切なものを1つ選びなさい。

ア．教育の対象は企業と雇用関係を結んでいる従業者に限るものであり、親会社やグループ会社などからの出向者は対象外とする。

イ．教育カリキュラムについては、実施の時期を新入社員の入社時に限定し、内容は個人情報保護の基本的な考え方を理解させるために、個人情報保護法の解説にとどめる。

ウ．教育計画は委員会が作成し、事務局の承認を得る。教育手法としては対面型の集合研修とし、確認テストなどの理解度チェックについては、受講者の負担となるため実施を避ける。

エ．教育実施担当者は教育実施記録の作成と報告を行い、その項目として、テーマや内容、講師名、使用テキストなどを明記する。

解答・解説 ▶▶ エ

従業者教育に関して、次のことに留意する。

- 教育の対象は企業と雇用関係を結んでいる従業者に限らず、親会社やグループ会社などからの出向者も対象とし、個人情報を取り扱う可能性のある者を含めた広い範囲を対象とする。
- 教育カリキュラムについては、実施の時期を新入社員の入社時に限定することなく、年間に複数回実施する。教育内容は、個人情報保護の基本的な考え方だけではなく、新しい法律の施行など社会情勢の変化や新技術の進歩、業務フローの変更などに応じて随時見直す。
- 教育計画は事務局が作成し、委員会の承認を得る。教育手法としては対面型の集合研修だけではなく、e-ラーニングやビデオ、外部セミナーへの参加など、組織の実情や教育内容に合った方法を選択する。教育の実施後は、理解度チェックするために、アンケートや確認テストなどを実施する。
- 教育実施担当者は教育実施記録の作成と報告を行い、その項目として、テーマや内容、講師名、使用テキストなどを明記する。

問題 174

以下の文章は、従業者管理に関する内容である。（　）に入る最も適切な語句の組合せを、ア～エで答えなさい。

（　a　）とは、従業者が個人情報を規程・手順に従って取り扱っているかどうかを監視することをいう。（　a　）の例としては、監視カメラによる撮影のほか、入退室の記録、情報システムへの（　b　）の取得、インターネット閲覧履歴の記録、電子メールの検閲などがある。また、留意点としては、（　a　）の目的の特定のほか、（　a　）規程の策定と周知、（　a　）の責任者及び権限の明確化、従業者への（　c　）などが挙げられる。

- **ア．** a．モニタリング　b．アクセスログ　　　c．事前通知
- **イ．** a．モニタリング　b．スナップショット　c．事後通知
- **ウ．** a．ルックアップ　b．アクセスログ　　　c．事後通知
- **エ．** a．ルックアップ　b．スナップショット　c．事前通知

解答・解説 ▶▶ ア

従業者管理に関する内容は、次のとおりである。

モニタリングとは、従業者が個人情報を規程・手順に従って取り扱っているかどうかを監視することをいう。**モニタリング**の例としては、監視カメラによる撮影のほか、入退室の記録、情報システムへの**アクセスログ**の取得、インターネット閲覧履歴の記録、電子メールの検閲などがある。また、留意点としては、**モニタリング**の目的の特定のほか、**モニタリング**規程の策定と周知、**モニタリング**の責任者及び権限の明確化、従業者への**事前通知**などが挙げられる。

> **問題 175** 以下の派遣社員の受入れに関する文章を読み、誤っているものを1つ選びなさい。
>
> **ア．** 派遣社員は、派遣先企業と事実上の雇用関係にあるため、派遣先企業の就業規則の罰則規定が適用される。従って、派遣先企業は、派遣社員との間に非開示契約を締結する必要がある。
> **イ．** 派遣社員は、過去に複数の企業に従事している場合が多く、安全管理意識は比較的低い企業の考え方で個人情報を取り扱う可能性がある。従って、派遣社員がアクセスする個人情報の範囲を限定する必要がある。
> **ウ．** 派遣社員の自宅住所などの連絡先は、労働者派遣法が規定する「派遣元が派遣先に通知すべき事項」の範囲を逸脱するため、非開示契約書や誓約書への記入を義務付けるべきではない。
> **エ．** 派遣先企業に対する派遣社員の帰属意識は、一般的に希薄である。そのため、派遣先企業の現場の正社員は、派遣社員は他社の人間であることを常に意識する必要がある。

解答・解説 ▶▶ ア

派遣社員は、派遣元企業に雇用された労働者であって、派遣先企業の指揮命令を受けて業務に従事する者をいう。派遣先企業は派遣元企業と労働者派遣契約を締結後、派遣社員を受け入れて業務に従事させる。また、派遣社員は、派遣先企業と雇用関係にないため、派遣先企業の就業規則の罰則規定が適用されない。従って、派遣先企業は、派遣元企業との間に非開示契約を締結する必要がある。

> **問題 176** 外部委託先の選定基準において、パフォーマンスの評価項目に該当するものを1つ選びなさい。
>
> **ア．** 個人情報保護の管理体制
> **イ．** 受託実績
> **ウ．** 情報セキュリティ認証の取得状況
> **エ．** セキュリティ事故履歴

解答・解説 ▶▶ イ

外部委託先の選定基準において、パフォーマンスの評価項目に該当するものは、**受託実績**や財務状況、作業の品質、コスト、納期などである。一方、情報セキュリティの評価項目は、個人情報保護の管理体制や情報セキュリティ認証の取得状況、セキュリティ事故履歴などである。

問題177

以下の個人情報漏えいの事故発生時のメディア対応において、公表すべき項目として誤っているものを1つ選びなさい。

ア．再発防止策への取組み姿勢
イ．事故に関係する作業責任者名
ウ．二次被害防止の注意喚起
エ．漏えいの事実及び対象となる情報

解答・解説 ▶▶ イ

個人情報漏えいの事故発生時のメディア対応において、公表すべき項目として、次のようなものが挙げられる。
・再発防止策への取組み姿勢
・二次被害防止の注意喚起
・漏えいの事実及び対象となる情報

事故に関係する作業責任者名は、社内の従業者の個人情報にあたるものであるため、事故発生時においては安易に公表すべきではない。

問題178

以下の委託先との契約に関する文章を読み、誤っているものを1つ選びなさい。

ア．業務を委託する際、委託先が法人・個人であるかを問わず、非開示契約を締結し、委託先への監督権限や損害賠償の可能性を担保すべきである。
イ．委託契約の締結の際、非開示契約の項目として、個人情報の取扱い状況に関する委託元への報告の内容や頻度については、盛り込むべきではない。
ウ．やむを得ず再委託する場合は、委託先に規定している安全管理義務を再委託先にも負わせると同時に、委託先は損害賠償を含めて、再委託先の監督責任を負う。
エ．個人情報を直接取り扱う委託先だけではなく、個人情報を保有する建物などに立ち入ったり、個人情報を取り扱う情報システムにアクセスしたりする可能性がある委託先についても、非開示契約を締結すべきである。

解答・解説 ▶▶ イ

業務を委託する際、委託先が法人・個人であるかを問わず、非開示契約を締結し、委託先への監督権限や損害賠償の可能性を担保すべきである。なお、委託契約の締結の際、非開示契約の項目として、個人情報の取扱い状況に関する委託元への報告の内容や頻度についても盛り込むべきである。

問題179 苦情対応プロセスにおいて、下図の（　）に入る最も適切な語句の組合せを、ア〜エで答えなさい。

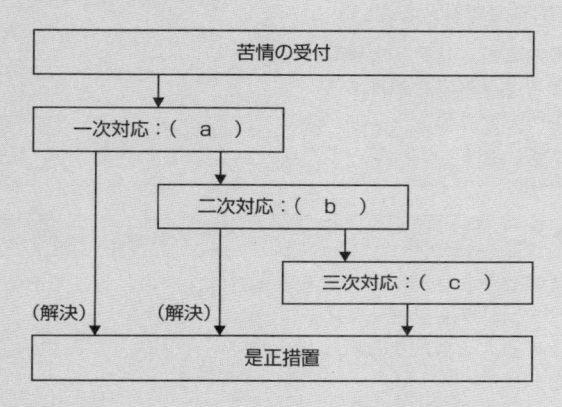

```
┌─────────────────┐
│    苦情の受付    │
└────────┬────────┘
         ↓
  ┌──────────────┐
  │ 一次対応：( a ) │
  └──────┬───────┘
         ↓
    ┌──────────────┐
    │ 二次対応：( b ) │
    └──────┬───────┘
           ↓
      ┌──────────────┐
      │ 三次対応：( c ) │
      └──────┬───────┘
   (解決)   (解決)    ↓
┌─────────────────┐
│    是正措置      │
└─────────────────┘
```

ア． a．苦情・相談窓口　　b．個人情報取扱い部門
　　　c．事務局
イ． a．苦情・相談窓口　　b．事務局
　　　c．個人情報取扱い部門
ウ． a．個人情報取扱い部門　b．苦情・相談窓口
　　　c．事務局
エ． a．個人情報取扱い部門　b．事務局
　　　c．苦情・相談窓口

解答・解説 ▶▶ ア

苦情対応プロセスは、下図のとおりである。

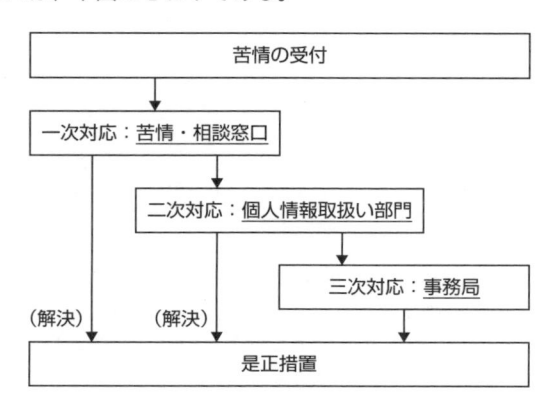

```
┌─────────────────┐
│    苦情の受付    │
└────────┬────────┘
         ↓
  ┌────────────────────────┐
  │ 一次対応：苦情・相談窓口 │
  └──────┬─────────────────┘
         ↓
    ┌──────────────────────────┐
    │ 二次対応：個人情報取扱い部門 │
    └──────┬───────────────────┘
           ↓
      ┌──────────────────┐
      │ 三次対応：事務局  │
      └──────┬───────────┘
   (解決)   (解決)    ↓
┌─────────────────┐
│    是正措置      │
└─────────────────┘
```

■オフィスセキュリティ

問題180 以下のオフィスにおける情報セキュリティに対する考え方として、正しい組合せをア〜エで答えなさい。

a) 情報そのもののセキュリティを強化する。
b) 情報にアクセスできる人を識別する。
c) 情報の置き場所を分ける。

　ア. aとb　　**イ.** aとc　　**ウ.** bとc　　**エ.** aとbとc

解答・解説 ▶▶ エ

オフィスにおける情報セキュリティに対する考え方は、次のとおりである。
・情報そのもののセキュリティを強化する。
・情報にアクセスできる人を識別する。
・情報の置き場所を分ける。

問題181 以下の文章は、入退室管理に関する内容である。（　）に入る最も適切な語句の組合せを、ア〜エで答えなさい。

会社の施設において、一般の来訪者が入退室できる領域を（　a　）という。(a)には、受付や打合せコーナーなどを設置する。一方、従業者が個人情報を利用して執務を行う領域などを（　b　）という。(b)では、個人情報が外部に不正に持ち出されないように、ドアや個人情報の保管場所については施錠管理を行う。また、コピー機やファックス機などは、(b)の出入り口付近に（　c　）ようにする。

ア. a．オープンエリア　　b．セキュリティエリア　　c．設置しない
イ. a．オープンエリア　　b．セキュリティエリア　　c．設置する
ウ. a．セキュリティエリア　b．オープンエリア　　c．設置しない
エ. a．セキュリティエリア　b．オープンエリア　　c．設置する

解答・解説 ▶▶ ア

入退室管理に関する内容は、次のとおりである。

会社の施設において、一般の来訪者が入退室できる領域を**オープンエリア**という。**オープンエリア**には、受付や打合せコーナーなどを設置する。一方、従業者が個人情報を利用して執務を行う領域などを**セキュリティエリア**という。**セキュリティエリア**では、個人情報が外部に不正に持ち出されないように、ドアや個人情報の保管場所については施錠管理を行う。また、コピー機やファックス機などは、**セキュリティエリア**の出入り口付近に**設置しない**ようにする。

問題 182 以下の従業者の識別に関する文章を読み、誤っているものを1つ選びなさい。

ア．従業者は社員証または社員バッジなどを必ず身に付け、従業者が相互にそれらを確認する。
イ．退職した従業者については、社員証や社員バッジなどを返却させ、それらを回収して無効化する。
ウ．部外者がオフィス内に入室する場合は、来訪者用のバッジを身に付けさせ、従業者が帯同する。
エ．来訪者用のバッジは、できるだけ多く作成して用意しておく。

解答・解説 ▶▶ エ

部外者がオフィス内に入室する場合は、来訪者用のバッジを身に付けさせ、従業者が帯同する。その際、来訪者用のバッジは、適切な枚数を作成して用意し、適宜その管理をすることが望ましい。

問題 183 以下の文章は、従業者の識別に関する内容である。（　）に入る最も適切な語句の組合せを、ア～エで答えなさい。

> 従業者の識別方法として、一般的には（ a ）を常に携帯させることが望ましい。（a）には（ b ）を印刷し、本人であることを確認できるようにする。ただし、退職者に対しては、（a）を返却させ、（ c ）する手続きをとる必要がある。

ア．a．社員証　　　b．顔写真　　c．即時無効化
イ．a．社員証　　　b．社印　　　c．一定期間有効化
ウ．a．名刺　　　　b．顔写真　　c．一定期間有効化
エ．a．名刺　　　　b．社印　　　c．即時無効化

解答・解説 ▶▶ ア

従業者の識別に関する内容は、次のとおりである。

> 従業者の識別方法として、一般的には**社員証**を常に携帯させることが望ましい。**社員証**には**顔写真**を印刷し、本人であることを確認できるようにする。ただし、退職者に対しては、**社員証**を返却させ、**即時無効化**する手続きをとる必要がある。

問題 184 以下の入退室管理などの際に用いるIDカードに関する文章を読み、誤っているものを1つ選びなさい。

ア．従業者のIDカードは、社員証と兼用してはならない。また、社員本人の顔写真は個人情報となるため、IDカードに印刷すべきではない。
イ．オフィスでの常駐業者や協力会社の従業者などが、日常的にオフィススペースに立ち入る場合、安全管理に関する事項を盛り込んだ契約を取り交わし、IDカードを発行する。
ウ．IDカードを紛失した場合は、所定の紛失届を提出させて再発行する。また、以前のカードは、即刻、使用できないよう無効にする。
エ．IDカードが破損などにより使用できない場合は、所定の申請書を提出させて再発行し、破損した現物と交換する。

解答・解説▶▶ ア

入退室管理などの際に用いるIDカードに関して、従業者のIDカードは、社員証と兼用する場合が多い。偽造やなりすましを防止するため、社員本人の顔写真や社印などをIDカードに印刷しておくことが望ましい。また、オフィスでの常駐業者や協力会社の従業者などが、日常的にオフィススペースに立ち入る場合、安全管理に関する事項を盛り込んだ契約を取り交わし、IDカードを発行する。

問題 185 以下の訪問者の入退室記録に関する文章を読み、誤っているものを1つ選びなさい。

ア．訪問者のオフィススペースへの入室時及び退室時には、入退室記録帳への記入を依頼するなどの方法で、入退室記録を残しておく。ただし、連日の訪問の場合は、初日のみ手続きすればよい。
イ．入退室記録帳については、他の訪問者の情報を閲覧できないように、単票形式のものを用いる。
ウ．入退室記録帳には、入退室の日付や時刻、入退室者の会社名、氏名、訪問先、訪問先での作業概要などを記録する。なお、この記録帳は責任者が保管する。
エ．オフィスごと、あるいはビルごとなどに訪問者のゲストカードやゲストバッジを用意しておき、入退室記録帳にカードやバッジの番号を控えたうえで、訪問者に貸与する。

解答・解説▶▶ ア

訪問者のオフィススペースへの入室時及び退室時には、入退室記録帳への記入を依頼するなどの方法で、入退室記録を残しておく。連日の訪問の場合であっても、初日だけではなく、その日ごとに手続きする。入退室記録帳には、入退室の日付や時刻、入退室者の会社名、氏名、訪問先、訪問先での作業概要などを記録する。なお、この記録帳は責任者が保管する。

問題 186 以下の来訪者管理のための入退室記録帳に記入すべき項目例に関する文章を読み、最も適切なものを1つ選びなさい。

　ア． 入室時刻は必要であるが、退室時刻は必要ではない。
　イ． 来訪者の会社名は必要であるが、来訪者の氏名は必要ではない。
　ウ． 訪問先の部署名は必要であるが、訪問先の担当者名は必要ではない。
　エ． 訪問概要は必要であるが、訪問時に取り扱う情報名は必要ではない。

解答・解説 ▶▶ エ

来訪者管理のための入退室記録帳に記入すべき項目は、入室時刻や退室時刻、来訪者の会社名や氏名、訪問先の部署名や担当者名、訪問概要などである。なお、訪問時に取り扱う情報名は機密情報に関係する場合があるため、記入しないようにする。

問題 187 以下の文章は、入退室管理システムの認証方式に関する内容である。その名称として最も適切なものを、ア〜エで答えなさい。

厳密な個人識別が可能となる認証方式であり、認証媒体を持ち歩く必要がなく、認証情報の紛失や忘却がないため、利用者にとって利便性が高い方式である。そのため、他の認証システムと比較すると、高い確率でなりすましによる不正な入室を防ぐことができる。ただし、認証情報に本人の身体的特徴を利用するため、認証情報の登録の際は心理的抵抗感を軽減するなどの配慮が必要となる。

　ア． 暗証番号型入退室管理システム
　イ． RFID型入退室管理システム
　ウ． バイオメトリクス型入退室管理システム
　エ． パスフレーズ型入退室管理システム

解答・解説 ▶▶ ウ

入退室管理システムの認証方式に関して、次の内容に該当する名称は、**バイオメトリクス型入退室管理システム**である。

問題 188 以下の表は、入退室の主体認証の種類と認証に用いるものの表である。（　）に入る最も適切な語句の組合せを、ア〜エで答えなさい。

種　類	認証に用いるもの
（　a　）	暗証番号、パスワードなど
（　b　）	ICカード、磁気カードなど
（　c　）	指紋、虹彩など

ア．a．所有情報　　b．知識情報　　c．生体情報
イ．a．所有情報　　b．生体情報　　c．知識情報
ウ．a．知識情報　　b．所有情報　　c．生体情報
エ．a．知識情報　　b．生体情報　　c．所有情報

解答・解説 ▶▶ ウ

入退室の主体認証の種類と認証に用いるものの表は、次のとおりである。

種　類	認証に用いるもの
知識情報	暗証番号、パスワードなど
所有情報	ICカード、磁気カードなど
生体情報	指紋、虹彩など

問題 189 以下の文章を読み、情報セキュリティの観点におけるオープンドアポリシーの説明として、正しいものを1つ選びなさい。

ア．インターネットなどを通じて自由に入手し、利用や再配布できるデータのことで、一般的に政府や自治体、企業や研究機関が公開する資料などがある。
イ．風通しのよい社風づくりをめざすために、社長室を開放して、従業者が自由に出入りできる状態にしておく。
ウ．高齢者や身体障害者などのバリアフリー対策として、住宅及び施設などの玄関や部屋のドアを自動化したり、移動時の段差をなくすことによって、過ごしやすい環境をつくる。
エ．何らかの方法で不正に忍び込んだ不審者が隠れることができないように、普段使用しない会議室などのドアを開けておく。

解答・解説 ▶▶ エ

情報セキュリティの観点におけるオープンドアポリシーとは、何らかの方法で不正に忍び込んだ不審者が隠れることができないように、普段使用しない会議室などのドアを開けておくということである。

問題190 以下のセキュリティ対策の具体例において、該当する名称を、ア～エで答えなさい。

> パソコンの使用中に席を離れる場合は、表示している内容の盗み見や、パソコンを他人に使用されないように、パスワード付きのスクリーンセーバーを起動し、一定時間が経てば画面をロックする設定にしておく。
>
> **ア．** クリアスクリーン　　**イ．** クリアデスク
> **ウ．** スクリーンショット　**エ．** ヘルプデスク

解答・解説 ▶▶ ア

セキュリティ対策の具体例において、次の内容に該当する名称は、**クリアスクリーン**である。

> パソコンの使用中に席を離れる場合は、表示している内容の盗み見や、パソコンを他人に使用されないように、パスワード付きのスクリーンセーバーを起動し、一定時間が経てば画面をロックする設定にしておく。

問題 191 以下の文章は、バックアップの管理に関する内容である。（　）に入る最も適切な語句の組合せを、ア〜エで答えなさい。

> データのバックアップは、次の点に留意する。
> - バックアップデータは、パスワード管理などで（　a　）を行っていること。
> - バックアップデータを保存した記憶媒体は、施錠管理及び数量管理を徹底し、（　b　）して保管されていること。
> - トラブル対策として、バックアップデータからの（　c　）を定め、テストを定期的に行うこと。

ア． a．アクセス制限　　b．一箇所に集中　　c．複製手順
イ． a．アクセス制限　　b．複数箇所に分散　　c．復旧手順
ウ． a．フィルタリング　b．一箇所に集中　　c．復旧手順
エ． a．フィルタリング　b．複数箇所に分散　　c．複製手順

解答・解説 ▶▶ イ

バックアップの管理に関する内容は、次のとおりである。

> データのバックアップは、次の点に留意する。
> - バックアップデータは、パスワード管理などで**アクセス制限**を行っていること。
> - バックアップデータを保存した記憶媒体は、施錠管理及び数量管理を徹底し、**複数箇所に分散**して保管されていること。
> - トラブル対策として、バックアップデータからの**復旧手順**を定め、テストを定期的に行うこと。

問題 192　以下の文章は、オフィス内の備品に関する内容である。（　）に入る最も適切な語句の組合せを、ア～エで答えなさい。

会議などで一般的なホワイトボードや黒板を使用した後は、情報の漏えいを防ぐために、会議終了後に書き込んだ内容を（　a　）する必要がある。また、電子ホワイトボードには、書き込んだ内容をデータとして（　b　）に保存できるものがあるが、そのデータについても取扱いに注意が必要である。そして、書き込んだ内容を付属のプリンタで印刷できるものもあり、出力後に不要になった印刷物は、（　c　）で確実に処分する。

ア．a．一定期間残存　　b．スキャナ　　　　　c．シュレッダー
イ．a．一定期間残存　　b．メモリードライブ　c．カッター
ウ．a．すべて消去　　　b．スキャナ　　　　　c．カッター
エ．a．すべて消去　　　b．メモリードライブ　c．シュレッダー

解答・解説▶▶ エ

オフィス内の備品に関する内容は、次のとおりである。

会議などで一般的なホワイトボードや黒板を使用した後は、情報の漏えいを防ぐために、会議終了後に書き込んだ内容を**すべて消去**する必要がある。また、電子ホワイトボードには、書き込んだ内容をデータとして**メモリードライブ**に保存できるものがあるが、そのデータについても取扱いに注意が必要である。そして、書き込んだ内容を付属のプリンタで印刷できるものもあり、出力後に不要になった印刷物は、**シュレッダー**で確実に処分する。

問題 193 以下のUSBメモリによるウイルス感染を防ぐ対策として、誤っているものを1つ選びなさい。

ア．USB自動実行機能の無効化
イ．OSのセキュリティ機能の更新
ウ．ウイルス対策ソフトの導入と定義ファイルの削除
エ．管理下にないUSBメモリの接続禁止

解答・解説 ▶▶ ウ

USBメモリによるウイルス感染を防ぐ対策は、次のとおりである。
- USB自動実行機能の無効化
- OSのセキュリティ機能の更新
- **ウイルス対策ソフトの導入と定義ファイルの最新化**
- 管理下にないUSBメモリの接続禁止

問題 194 以下のオフィス内における鍵の管理に関する文章を読み、誤っているものを1つ選びなさい。

ア．オフィス内の鍵は、壁にぶら下げるなど、誰もが手に取れる場所に置いたり、何の鍵かわかるような置き方をしない。
イ．オフィスの解錠及び施錠権限者を確定し、権限者が万が一出社できないことも考慮した運用ルールを定める。
ウ．複数の者が鍵を利用する場合には、合鍵を人数分作って各人に配布し、鍵の紛失に備えておく必要がある。
エ．最終退室者はオフィスを施錠するとともに、退室時の日時や退室者名などの記録を残し、管理者がその記録を常時チェックする。

解答・解説 ▶▶ ウ

オフィス内における鍵の管理に関して、オフィスの解錠及び施錠権限者を確定し、権限者が万が一出社できないことも考慮した運用ルールを定める。複数の者が鍵を利用する場合であっても、安易に合鍵を人数分作ることなく、鍵の管理を厳重にしておく必要がある。

問題195 以下の文章は、機器の利用管理に関する内容である。（　）に入る最も適切な語句の組合せを、ア〜エで答えなさい。

> コピーやプリンタ、スキャナ、ファックスが一体となった多機能機器において、そこに内蔵されている代表的な記憶媒体は（　a　）である。（a）に一時的に保存される機密文書や利用者のパスワードの情報などを保護しなければならない。（a）は、通常、簡単に視認でき、交換が可能であるため、（a）に（　b　）を施す必要がある。また、機密情報を着脱が可能な記憶媒体である（　c　）に保存する場合、情報の盗難や（c）自体を紛失する可能性もある。その対策として、（c）の所有者を限定するとともに、（c）にも（b）を施すなど、徹底した管理が必要である。

> **ア．** a．HDD　　b．暗号化　　c．USBメモリ
> **イ．** a．HDD　　b．復号　　　c．ROM
> **ウ．** a．RAM　　b．暗号化　　c．ROM
> **エ．** a．RAM　　b．復号　　　c．USBメモリ

解答・解説 ▶▶ ア

機器の利用管理に関する内容は、次のとおりである。

> コピーやプリンタ、スキャナ、ファックスが一体となった多機能機器において、そこに内蔵されている代表的な記憶媒体は**HDD**である。**HDD**に一時的に保存される機密文書や利用者のパスワードの情報などを保護しなければならない。**HDD**は、通常、簡単に視認でき、交換が可能であるため、**HDD**に**暗号化**を施す必要がある。また、機密情報を着脱が可能な記憶媒体である**USBメモリ**に保存する場合、情報の盗難や**USBメモリ**自体を紛失する可能性もある。その対策として、**USBメモリ**の所有者を限定するとともに、**USBメモリ**にも**暗号化**を施すなど、徹底した管理が必要である。

問題 196 以下の文章は、個人情報の輸送時のセキュリティに関する内容である。（　）に入る最も適切な語句の組合せを、ア～エで答えなさい。

- 従業者が持ち歩く場合には、個人情報の入ったかばんは常に身に付け、なるべく（ a ）で運ぶようにし、寄り道をしないこと。
- 個人情報が入った封筒や箱を利用する場合は、（ b ）封印を利用すること。
- 電車や社用車を利用する場合は、置忘れや（ c ）に注意すること。

ア．a．単独　　　b．開封確認のできる　　c．違法駐車
イ．a．単独　　　b．開封確認のできない　c．車上荒らし
ウ．a．二人一組　b．開封確認のできる　　c．車上荒らし
エ．a．二人一組　b．開封確認のできない　c．違法駐車

解答・解説 ▶▶ ウ

個人情報の輸送時のセキュリティに関する内容は、次のとおりである。

- 従業者が持ち歩く場合には、個人情報の入ったかばんは常に身に付け、なるべく<u>二人一組</u>で運ぶようにし、寄り道をしないこと。
- 個人情報が入った封筒や箱を利用する場合は、<u>開封確認のできる</u>封印を利用すること。
- 電車や社用車を利用する場合は、置忘れや<u>車上荒らし</u>に注意すること。

問題 197 以下のオフィス内のセキュリティ管理に関する文章を読み、誤っているものを1つ選びなさい。

ア．社内で利用するコピー機は、第三者に使用されて個人情報が持ち出されないように、アクセス権付きのIDカードなどで利用制限をかける。
イ．FAXで個人情報などの重要な内容を送信する場合は、宛先を間違えないように注意し、着信したかどうかの確認を必ず行う。
ウ．従業者の座席表や連絡先リスト、顧客情報が保管されているキャビネットの配置図は、オフィス内の掲示板に貼り出し、どの従業者も目視できるようにする。
エ．ハードディスクが内蔵されている複合機のスキャナにおいては、保存先のディスクアクセス管理対策を行う。

解答・解説 ▶▶ ウ

オフィス内のセキュリティ管理に関して、従業者の座席表や連絡先リスト、顧客情報が保管されているキャビネットの配置図は、オフィス内の掲示板に貼り出すことで、来訪者や部外者などが知るところになり、結果的に不要な情報漏えいにつながる可能性がある。

問題 198 以下の文章は、モバイルパソコンの利用に関する内容である。（　）に入る最も適切な語句の組合せを、ア～エで答えなさい。

> モバイルパソコンの利用を希望する場合は、あらかじめ上司や管理者の承認を得たうえで、（　a　）に申請する手続きを定める。（a）では、誰がどのモバイルパソコンを利用しているかを管理しなければならない。モバイルパソコンに個人情報などを保管して外出する場合には、紛失・盗難のリスクに備え、（　b　）やUSBトークン、生体認証などと連動できる製品を選択することが望ましい。また、公共の場所などでモバイルパソコンを操作する際には、他人に（　c　）されないように注意しなければならない。

ア． a．システム監査部門　　b．コピープロテクト　　c．盗み見
イ． a．システム監査部門　　b．BIOSパスワード　　　c．改ざん
ウ． a．情報システム部門　　b．コピープロテクト　　c．改ざん
エ． a．情報システム部門　　b．BIOSパスワード　　　c．盗み見

解答・解説 ▶▶ エ

モバイルパソコンの利用に関する内容は、次のとおりである。

> モバイルパソコンの利用を希望する場合は、あらかじめ上司や管理者の承認を得たうえで、**情報システム部門**に申請する手続きを定める。**情報システム部門**では、誰がどのモバイルパソコンを利用しているかを管理しなければならない。モバイルパソコンに個人情報などを保管して外出する場合には、紛失・盗難のリスクに備え、**BIOSパスワード**やUSBトークン、生体認証などと連動できる製品を選択することが望ましい。また、公共の場所などでモバイルパソコンを操作する際には、他人に**盗み見**されないように注意しなければならない。

問題199 以下の文章は、社外から社内ネットワークへの接続に関する内容である。（　）に入る最も適切な語句の組合せを、ア〜エで答えなさい。

> （　a　）とは、社外からダイヤルアップやインターネットを利用して、社内のメールサーバやファイルサーバなどに接続することである。（a）を利用する場合には、（　b　）などによる認証を利用し、安全性の高い保護対策を実施しなければならない。また、ユーザの電話番号が特定されている場合は、（　c　）というオプション機能を設定する。これによって、セキュリティレベルを高めるとともに、ユーザのコスト負担も低減することができる。

ア． a．リモートアクセス　　b．オープンID　　　　c．フィードバック
イ． a．リモートアクセス　　b．バイオメトリクス　c．コールバック
ウ． a．リモートアシスタンス　b．オープンID　　　c．コールバック
エ． a．リモートアシスタンス　b．バイオメトリクス　c．フィードバック

解答・解説 ▶▶ イ

社外から社内ネットワークへの接続に関する内容は、次のとおりである。

> **リモートアクセス**とは、社外からダイヤルアップやインターネットを利用して、社内のメールサーバやファイルサーバなどに接続することである。**リモートアクセス**を利用する場合には、**バイオメトリクス**などによる認証を利用し、安全性の高い保護対策を実施しなければならない。また、ユーザの電話番号が特定されている場合は、**コールバック**というオプション機能を設定する。これによって、セキュリティレベルを高めるとともに、ユーザのコスト負担も低減することができる。

問題 200 以下の文章は、クラウドサービスの提供条件の確認項目に関する内容の一部である。（　）に入る最も適切な語句の組合せを、ア～エで答えなさい。

- サービスの信頼性として、サービスの稼働率や障害発生頻度、障害時の回復目標時間などの（　a　）は示されているか。
- クラウドサービスにおけるセキュリティ対策が、（　b　）いるか。
- サービスの使い方がわからない際の利用者のサポートとして、（　c　）やFAQなどは提供されているか。

ア. a．サービスデスク　　b．具体的に公開されて　　c．サービスレベル
イ. a．サービスデスク　　b．すべてを非公開にして　c．サービスレベル
ウ. a．サービスレベル　　b．具体的に公開されて　　c．サービスデスク
エ. a．サービスレベル　　b．すべてを非公開にして　c．サービスデスク

解答・解説 ▶▶ ウ

クラウドサービスの提供条件の確認項目に関する内容の一部は、次のとおりである。

- サービスの信頼性として、サービスの稼働率や障害発生頻度、障害時の回復目標時間などの**サービスレベル**は示されているか。
- クラウドサービスにおけるセキュリティ対策が、**具体的に公開されて**いるか。
- サービスの使い方がわからない際の利用者のサポートとして、**サービスデスク**やFAQなどは提供されているか。

問題 201 以下のJIS Q 27002:2014「情報技術ーセキュリティ技術ー情報セキュリティ管理策の実践のための規範」における「物理的及び環境的セキュリティ」に関する文章を読み、誤っているものを1つ選びなさい。

ア. 主要な施設は、一般の人のアクセスが容易である場所に設置する。
イ. 適用可能な場合、建物を目立たせず、その目的を示す表示は最小限とし、情報処理活動の存在を示すものは、建物の内外を問わず、一切表示しない。
ウ. 施設は、秘密の情報または活動が外部から見えたり聞こえたりしないように構成する。該当する場合、電磁遮蔽も考慮する。
エ. 秘密情報処理施設の場所を示す案内板及び内線電話帳は、認可されていない者が容易にアクセスできないようにする。

解答・解説 ▶▶ ア

JIS Q 27002:2014「情報技術ーセキュリティ技術ー情報セキュリティ管理策の実践のための規範」における「物理的及び環境的セキュリティ」に関して、オフィスや部屋及び施設のセキュリティを保つために、次の事項を考慮することが望ましい。

- 主要な施設は、一般の人のアクセスが避けられる場所に設置する。
- 適用可能な場合、建物を目立たせず、その目的を示す表示は最小限とし、情報処理活動の存在を示すものは、建物の内外を問わず、一切表示しない。
- 施設は、秘密の情報または活動が外部から見えたり聞こえたりしないように構成する。該当する場合、電磁遮蔽も考慮する。
- 秘密情報処理施設の場所を示す案内板及び内線電話帳は、認可されていない者が容易にアクセスできないようにする。

問題 202 以下の文章は、JIS Q 27002:2014における「装置」のセキュリティに関する内容である。（　）に入る最も適切な語句の組合せを、ア〜エで答えなさい。

- 装置は、作業領域への不必要なアクセスが（ a ）になるように設置する。
- 装置は、（ b ）の不具合による、停電、その他の故障から保護することが望ましい。
- 情報処理施設に接続する電源ケーブル及び通信回線は、可能な場合には、（ c ）するか、またはこれに代わる十分な保護手段を施す。

ア. a. 最小限　　b. サポートユーティリティ　　c. 地下に埋設
イ. a. 最小限　　b. ユーティリティソフト　　　c. 地上に敷設
ウ. a. 最大限　　b. サポートユーティリティ　　c. 地上に敷設
エ. a. 最大限　　b. ユーティリティソフト　　　c. 地下に埋設

解答・解説 ▶▶ ア

JIS Q 27002:2014における「装置」のセキュリティに関する内容は、次のとおりである。

- 装置は、作業領域への不必要なアクセスが**最小限**になるように設置する。
- 装置は、**サポートユーティリティ**の不具合による、停電、その他の故障から保護することが望ましい。
- 情報処理施設に接続する電源ケーブル及び通信回線は、可能な場合には、**地下に埋設**するか、またはこれに代わる十分な保護手段を施す。

問題 203 情報システムの二重化の形態のうち、ウォームサイト、コールドサイト、ミラーサイトを、復旧までの時間の短い順に並べたものはどれか。ここでは、各システムを構成するコンピュータは同一であるものとする。

ア. ウォームサイト、コールドサイト、ミラーサイト
イ. ウォームサイト、ミラーサイト、コールドサイト
ウ. ミラーサイト、ウォームサイト、コールドサイト
エ. ミラーサイト、コールドサイト、ウォームサイト

解答・解説 ▶▶ ウ

情報システムの二重化の形態のうち、ウォームサイト、コールドサイト、ミラーサイトを、復旧までの時間の短い順に並べたものは、次のとおりである。ここでは、各システムを構成するコンピュータは同一であるものとする。

ミラーサイト ＜ ウォームサイト ＜ コールドサイト

問題 204 以下の経済産業省が策定した「情報システム安全対策基準」における「運用基準」に関する文章を読み、誤っているものを1つ選びなさい。

ア. 情報システム等の運用計画は、集中、分散処理の形態に応じ、情報システムの構成機器の変更及びソフトウェアの修正、変更等の管理計画を策定すること。
イ. データ等は、機密度及び重要度に応じた区分を設け、保有、利用、配布、持出し、持込み、保管、消去、廃棄等の管理計画を策定すること。
ウ. 情報システム等の円滑な運用を行う組織及び災害等への対応組織を整備し、運用に当たっては、責任分担及び責任分界点を明確にすること。
エ. 情報システムの集中、分散処理の形態を問わず、運用に関する統一した管理規程を整備するとともに、管理責任者を定めること。

解答・解説 ▶▶ エ

経済産業省が策定した「情報システム安全対策基準」における「運用基準」に関して、情報システム等の円滑な運用を行う組織及び災害等への対応組織を整備する。また、運用に当たっては、責任分担及び責任分界点を明確にする。さらに、情報システムの集中、分散処理の形態に応じた運用に関する管理規程を整備するとともに、管理責任者を定める。

問題 205 経済産業省が策定した「情報システム安全対策基準」の「技術基準」の表において、（　）に入る最も適切な語句の組合せを、ア〜エで答えなさい。

機　能	対策項目
（　a　）	情報システムは、代替運転する機能を設けること。
（　b　）	データのエラー検出機能を設けること。
（　c　）	情報システムの稼働及び障害を監視し、運転を制御する機能を設けること。

ア． a．災害対策機能　　b．運用支援機能　c．障害対策機能
イ． a．災害対策機能　　b．障害対策機能　c．運用支援機能
ウ． a．障害対策機能　　b．運用支援機能　c．災害対策機能
エ． a．障害対策機能　　b．災害対策機能　c．運用支援機能

解答・解説 ▶▶ イ

経済産業省が策定した「情報システム安全対策基準」の「技術基準」の表は、次のとおりである。

機　能	対策項目
<u>災害対策機能</u>	情報システムは、代替運転する機能を設けること。
<u>障害対策機能</u>	データのエラー検出機能を設けること。
<u>運用支援機能</u>	情報システムの稼働及び障害を監視し、運転を制御する機能を設けること。

問題 206 以下の文章は、経済産業省が策定した「情報システム安全対策基準」に関する内容である。（　）に入る最も適切な語句の組合せを、ア～エで答えなさい。

> 「情報システム安全対策基準」を用いる場合は、情報システムの（　a　）を決めるうえで、適用区分を明確にし、情報システムの（a）をABCのグループに分け、対策基準の実施判断に適用する。この基準では、どの適用区分にどの対策を実施すべきかを（　b　）形式で表現している。さらに、このABCのグループに対して、コスト・効果・難易度などから、適用の範囲を☆○◎－で分類し、対策の優先度をつけやすくしている。例えば、基幹系システムは、免震構造のサーバルームが必要と考えるが、ファイルサーバや部門サーバは、（　c　）によりこの対策の優先順位を低くすることができる。

ア． a．緊急度　　b．マトリックス　　c．経済効果
イ． a．緊急度　　b．リスト　　c．費用対効果
ウ． a．重要度　　b．マトリックス　　c．費用対効果
エ． a．重要度　　b．リスト　　c．経済効果

解答・解説 ▶▶ ウ

経済産業省が策定した「情報システム安全対策基準」に関する内容は、次のとおりである。

> 「情報システム安全対策基準」を用いる場合は、情報システムの**重要度**を決めるうえで、適用区分を明確にし、情報システムの**重要度**をABCのグループに分け、対策基準の実施判断に適用する。この基準では、どの適用区分にどの対策を実施すべきかを**マトリックス**形式で表現している。さらに、このABCのグループに対して、コスト・効果・難易度などから、適用の範囲を☆○◎－で分類し、対策の優先度をつけやすくしている。例えば、基幹系システムは、免震構造のサーバルームが必要と考えるが、ファイルサーバや部門サーバは、**費用対効果**によりこの対策の優先順位を低くすることができる。

問題207 以下の文章は、経済産業省が策定した「情報システム安全対策基準」の「設置基準」に関する内容である。（　）に入る最も適切な語句の組合せを、ア～エで答えなさい。

> 設置環境の開口部に関して、次の点に留意する。
> - 外部より容易に接近し得る窓は、（ a ）を講ずること。
> - 室は、（ b ）による影響を受けない措置を講ずること。
> - 出入口は、できるだけ（ c ）し、入退管理設備を設けること。
> - 建物及び室の適切な位置に（ d ）を設けること。
>
> **ア．** a．防音措置　　b．外観　　c．少なく　　d．給水口
> **イ．** a．防音措置　　b．外光　　c．多く　　　d．非常口
> **ウ．** a．防犯措置　　b．外観　　c．多く　　　d．給水口
> **エ．** a．防犯措置　　b．外光　　c．少なく　　d．非常口

解答・解説 ▶▶ エ

経済産業省が策定した「情報システム安全対策基準」の「設置基準」に関する内容は、次のとおりである。

> 設置環境の開口部に関して、次の点に留意する。
> - 外部より容易に接近し得る窓は、**防犯措置**を講ずること。
> - 室は、**外光**による影響を受けない措置を講ずること。
> - 出入口は、できるだけ**少なく**し、入退管理設備を設けること。
> - 建物及び室の適切な位置に**非常口**を設けること。

問題 208
以下の経済産業省が策定した「情報システム安全対策基準」における「運用基準」に関する文章を読み、誤っているものを1つ選びなさい。

- ア．情報システム等の運用計画は、集中、分散処理の形態に応じ、情報システムの構成機器の変更及びソフトウェアの修正、変更等の管理計画を策定すること。
- イ．データ等は、機密度及び重要度に応じた区分を設け、保有、利用、配布、持出し、持込み、保管、消去、廃棄等の管理計画を策定すること。
- ウ．情報システム等の円滑な運用を行う組織及び災害等への対応組織を整備し、運用に当たっては、責任分担及び責任分界点の境界を廃すること。
- エ．情報システムの集中、分散処理の形態に応じた運用に関する管理規程を整備するとともに、管理責任者を定めること。

解答・解説 ▶▶ ウ

経済産業省が策定した「情報システム安全対策基準」における「運用基準」に関して、情報システム等の円滑な運用を行う組織及び災害等への対応組織を整備し、運用に当たっては、責任分担及び責任分界点の境界を明確にすること。また、情報システムの集中、分散処理の形態に応じた運用に関する管理規程を整備するとともに、管理責任者を定めること。

問題 209
以下の事業継続計画の策定の留意点に関する文章を読み、誤っているものを1つ選びなさい。

- ア．どのような事故または災害を対象とするかによって、対処すべき事柄が異なるため、計画においては、対象の違いによる対応の違いを考慮して策定する。
- イ．対応活動においては、事前に詳細な事項にまで落とし込んで策定する。計画書に書かれていない細部の対応においては、緊急対応時の責任者や事業継続の責任者に託すべきではない。
- ウ．どの時点で計画を発動するのかも重要なポイントであるため、一定の枠組みや判断基準を定めたうえで、緊急時対応の責任者や事業継続の責任者が計画の発動を行うというルールを定める。
- エ．ある分野で全社的な事業継続計画が策定済みで、別の分野で新たな準備を検討する場合は、既存の事業継続計画と整合性を取りながら、新しい計画を作成する必要がある。

解答・解説 ▶▶ イ

事業継続計画の策定の留意点に関して、対応活動においては、事前に詳細な事項にまで落とし込んで策定すると、柔軟性に欠けることがある。計画書に書かれていない細部の対応においては、緊急対応時の責任者や事業継続の責任者に託すことも必要である。

■情報システムセキュリティ

問題210 以下の破られにくいパスワードの作成のポイントとして、正しい組合せをア～エで答えなさい。

a）英字の大文字と小文字を使う。
b）数字と記号を使う。
c）辞書にある文字列を使う。
d）長さは8文字以上にする。

ア． aとbとc　**イ．** aとbとd
ウ． aとcとd　**エ．** bとcとd

解答・解説▶▶ イ

破られにくいパスワードの作成のポイントは、次のとおりである。
・英字の大文字と小文字を使う。
・数字と記号を使う。
・長さは8文字以上にする。
辞書にある文字列は、辞書攻撃によって簡単に見破られてしまう可能性があるため、注意が必要である。

問題211 以下の管理者が行うパスワード管理に関する文章を読み、誤っているものを1つ選びなさい。

ア． パスワードには必ず有効期限を設定し、同一または類似パスワードの再利用を制限することが望ましい。
イ． パスワードを入力する際は、入力した文字が直接画面上に表示されないように、マスキングの設定をすることが望ましい。
ウ． 利用者に自分のパスワードの変更を許可するとともに、入力ミスの発生を考慮した確認手段を、システム上で提供することが望ましい。
エ． パスワードの管理ファイルは、業務用のデータと同じ場所に保存し、利便性を重視して管理することが望ましい。

解答・解説▶▶ エ

パスワードの管理ファイルとは、ユーザ名とパスワードを管理するファイルである。管理者が行うパスワード管理に関して、パスワードの管理ファイルは、業務用のデータとは別の場所に保存し、機密性及び完全性を重視して管理する必要がある。

問題212 以下のユーザ認証の安全性を高めることに関する文章を読み、誤っているものを1つ選びなさい。

ア．単一要素によるユーザ認証方式より、複数要素によるユーザ認証方式を採用する。
イ．ログオンした利用者に、前回のログオンに関する情報を秘匿する。
ウ．ログオンする際、あらかじめ設定した回数以上失敗した場合、アカウントロックする。
エ．利用者に対して、定期的なパスワードの変更を奨励する。

解答・解説▶▶ イ

ユーザ認証の安全性を高めることに関して、次の点に留意する。
- 単一要素によるユーザ認証方式より、複数要素によるユーザ認証方式を採用する。
- ログオンした利用者に、前回のログオンに関する情報を通知する。
- ログオンする際、あらかじめ設定した回数以上失敗した場合、アカウントロックする。
- 利用者に対して、定期的なパスワードの変更を奨励する。

問題 213 以下の文章は、ワンタイムパスワードに関する内容である。（　）に入る最も適切な語句の組合せを、ア～エで答えなさい。

> ワンタイムパスワードとは、アクセスのたびに生成する使い捨てパスワードのことであり、（ a ）シンクロナス方式やチャレンジ（ b ）方式などがある。これらのうち、チャレンジ（b）方式においては、サーバがクライアントに毎回変化するチャレンジを送り、クライアントがそれをもとに、一定のルールによって（ c ）という疑似乱数を作り出して、（b）としてサーバに返す。このとき、サーバ側でも同じルールで演算を行い、クライアントからの（b）との一致を検査する。クライアントとサーバが共有するルールが暗号鍵に相当し、クライアントが返す（b）がワンタイムパスワードとなる。

ア. a. タイム　　b. リクエスト　　c. PINコード
イ. a. タイム　　b. レスポンス　　c. ハッシュ値
ウ. a. パケット　b. リクエスト　　c. ハッシュ値
エ. a. パケット　b. レスポンス　　c. PINコード

解答・解説 ▶▶ イ

ワンタイムパスワードに関する内容は、次のとおりである。

> ワンタイムパスワードとは、アクセスのたびに生成する使い捨てパスワードのことであり、**タイム**シンクロナス方式やチャレンジ**レスポンス**方式などがある。これらのうち、チャレンジ**レスポンス**方式においては、サーバがクライアントに毎回変化するチャレンジを送り、クライアントがそれをもとに、一定のルールによって**ハッシュ値**という疑似乱数を作り出して、**レスポンス**としてサーバに返す。このとき、サーバ側でも同じルールで演算を行い、クライアントからの**レスポンス**との一致を検査する。クライアントとサーバが共有するルールが暗号鍵に相当し、クライアントが返す**レスポンス**がワンタイムパスワードとなる。

問題 214 以下の電子メールのセキュリティ管理に関する文章を読み、最も適切なものを1つ選びなさい。

ア. 従業者においては、電子メールシステムを、個人的な目的のために使用することを許可する。また、できるだけHTMLメールの表示ができるWebメールを採用する。

イ. 電子メールの末尾には、シグネチャとして、発信者の名前や所属先、連絡先（電子メールアドレス）などを書き添えるが、住所や電話番号などを含めるときは、必要以上に開示しない。

ウ. 同一の電子メールを同報メールとして複数の宛先に同時に送信する場合は、「BCC（ブラインド・カーボンコピー）」を利用し、宛先の電子メールアドレスを表示する。ただし、不要な人にまで第三者の電子メールアドレスが表示されないように配慮する。

エ. 同一の電子メールを特定の宛先に同時に送信する際、お互いに電子メールアドレスが他者に知られたくない場合は、「CC（カーボンコピー）」を利用する。

解答・解説 ▶▶ イ

電子メールのセキュリティ管理に関して、次のことに留意する。
- 従業者においては、電子メールシステムを、業務の遂行を目的にする場合、または、業務に派生的な個人的目的の場合に限り、利用することを許可する。
- 電子メールはテキストとして表示し、HTMLメールの表示は行われないようにする。特に、テキスト表示の設定が不可能なWebメールは、できるだけ利用しない。
- 電子メールの末尾には、シグネチャとして、発信者の名前や所属先、連絡先（電子メールアドレス）などを書き添えるが、住所や電話番号などを含めるときは、必要以上に開示しない。
- 同一の電子メールを同報メールとして複数の宛先に同時に送信する場合は、「CC（カーボンコピー）」を利用する。ただし、不要な人にまで第三者の電子メールアドレスが表示されないように配慮する。
- 同一の電子メールを特定の宛先に同時に送信する際、お互いに電子メールアドレスが他者に知られたくない場合は、「BCC（ブラインド・カーボンコピー）」を利用する。

問題 215

以下の文章は、アクセス制限に関する内容である。（　）に入る最も適切な語句の組合せを、ア～エで答えなさい。

> システムに対するアクセス制限については、次の点に留意する。
> - システムにアクセスできるデータ端末においては、（　a　）端末で個人情報にアクセスできるように登録し、不正にアクセスされることを防ぐ。
> - 個人情報に対する利用時間については、その時間を（　b　）ことによって、リスクを軽減する。
> - 個人情報へのアクセスに関する事実を正確に記録・管理し、セキュリティレベルを維持するために、（　c　）利用者数の制限を設けるようにする。

ア．a．共有された　　b．制限しない　　c．同時にアクセスする
イ．a．共有された　　b．制限する　　　c．経験や技能を保持する
ウ．a．限定された　　b．制限しない　　c．経験や技能を保持する
エ．a．限定された　　b．制限する　　　c．同時にアクセスする

解答・解説 ▶▶ エ

アクセス制限に関する内容は、次のとおりである。

> システムに対するアクセス制限については、次の点に留意する。
> - システムにアクセスできるデータ端末においては、**限定された**端末で個人情報にアクセスできるように登録し、不正にアクセスされることを防ぐ。
> - 個人情報に対する利用時間については、その時間を**制限する**ことによって、リスクを軽減する。
> - 個人情報へのアクセスに関する事実を正確に記録・管理し、セキュリティレベルを維持するために、**同時にアクセスする**利用者数の制限を設けるようにする。

問題216 以下の文章は、暗号化に関する内容である。（　）に入る最も適切な語句の組合せを、ア～エで答えなさい。

> 暗号化や復号を行うための手順や考え方が（　a　）であり、暗号化に用いるパラメータが「鍵（キー）」である。暗号化における鍵の長さを鍵長といい、通常ビット数で表す。鍵長が長いほど解読されにくく、安全性が高いといえる。暗号化の方式には、（　b　）と（　c　）がある。（b）とは、平文を1ビットずつ処理する暗号方式である。一方、（c）とは、ある大きさのビットのまとまりに対して暗号化する方式である。

ア． a．アルゴリズム　　b．ストリーム暗号　　c．ブロック暗号
イ． a．アルゴリズム　　b．ブロック暗号　　　c．ストリーム暗号
ウ． a．プログラミング　b．ストリーム暗号　　c．ブロック暗号
エ． a．プログラミング　b．ブロック暗号　　　c．ストリーム暗号

解答・解説 ▶▶ ア

暗号化に関する内容は、次のとおりである。

> 暗号化や復号を行うための手順や考え方が**アルゴリズム**であり、暗号化に用いるパラメータが「鍵（キー）」である。暗号化における鍵の長さを鍵長といい、通常ビット数で表す。鍵長が長いほど解読されにくく、安全性が高いといえる。暗号化の方式には、**ストリーム暗号**と**ブロック暗号**がある。**ストリーム暗号**とは、平文を1ビットずつ処理する暗号方式である。一方、**ブロック暗号**とは、ある大きさのビットのまとまりに対して暗号化する方式である。

問題 217

以下の文章は、コンピュータウイルスに関する内容である。（　）に入る最も適切な語句の組合せを、ア～エで答えなさい。

ボットは、強い増殖力をもつ（　a　）と、ネットワーク経由で攻撃者から遠隔操作される（　b　）の特徴をあわせもった不正プログラムで、感染したコンピュータのシステム情報が攻撃者に盗まれ、遠隔指令によってWebサイト攻撃や、迷惑メール送信などの攻撃活動を行う。ウイルス対策ソフトや監視ツールの機能を無効化するなど自己防衛機能をもつため、利用者に気づかれにくい。ボットに感染したままのパソコンを、（　c　）と呼ぶことがある。

- **ア.** a．トロイの木馬　b．ワーム　　　　c．ゾンビパソコン
- **イ.** a．トロイの木馬　b．ワーム　　　　c．フリーパソコン
- **ウ.** a．ワーム　　　　b．トロイの木馬　c．ゾンビパソコン
- **エ.** a．ワーム　　　　b．トロイの木馬　c．フリーパソコン

解答・解説 ▶▶ ウ

コンピュータウイルスに関する内容は、次のとおりである。

ボットは、強い増殖力をもつ**ワーム**と、ネットワーク経由で攻撃者から遠隔操作される**トロイの木馬**の特徴をあわせもった不正プログラムで、感染したコンピュータのシステム情報が攻撃者に盗まれ、遠隔指令によってWebサイト攻撃や、迷惑メール送信などの攻撃活動を行う。ウイルス対策ソフトや監視ツールの機能を無効化するなど自己防衛機能をもつため、利用者に気づかれにくい。ボットに感染したままのパソコンを、**ゾンビパソコン**と呼ぶことがある。

問題 218 以下の文章を読み、暗号の危殆化の説明として最も適切なものを1つ選びなさい。

ア．暗号のアルゴリズム自体や暗号を利用したシステムに問題が生じることによって、暗号の安全性が危ぶまれる状況に陥ること。
イ．鍵の選択の余地を増やしたり、欠陥が発見されていないアルゴリズムを用いることによって、暗号の解読を難しくすること。
ウ．キーボードの並びや単純な英数字の羅列、辞書にある単語の組合せなどを用いることによって、第三者に容易に解析されてしまうこと。
エ．使用可能な文字の種類と総数を増やし、複雑に組み合わせることによって、記憶しにくく利便性を損なうこと。

解答・解説 ▶▶ ア

暗号の危殆化とは、暗号のアルゴリズム自体や暗号を利用したシステムに問題が生じることによって、暗号の安全性が危ぶまれる状況に陥ることをいう。暗号の危殆化が引き起こされる場面は、暗号アルゴリズム自体が問題ある場合や暗号を利用したシステムにおける運用上の問題が生じた場合、暗号を実装したソフトウェア・ハードウェアに問題がある場合などが挙げられる。

問題 219 公開鍵暗号方式を用いた電子メールの送受信の流れとして、下図の（　）に入る最も適切な語句の組合せを、ア～エで答えなさい。

＜甲から乙へ電子メールを送信する場合の例＞

甲 →（ a ）の（ b ）で暗号化 → 平文 → 暗号文 → 送信 → 暗号文 → 平文 ←（ c ）の（ d ）で復号 ← 乙

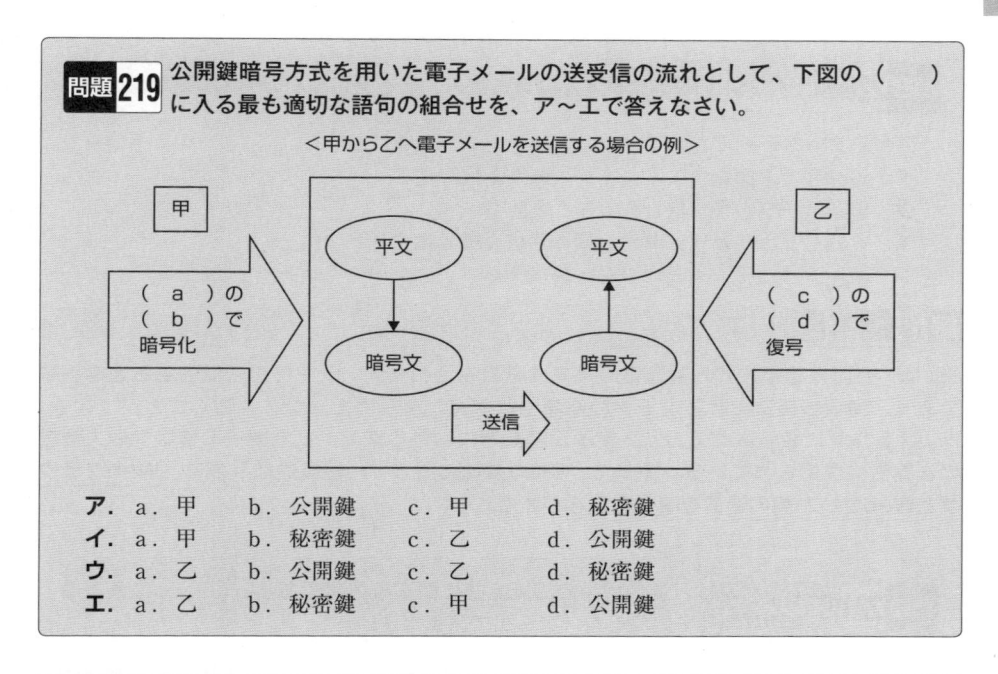

- **ア．** a．甲　　b．公開鍵　　c．甲　　d．秘密鍵
- **イ．** a．甲　　b．秘密鍵　　c．乙　　d．公開鍵
- **ウ．** a．乙　　b．公開鍵　　c．乙　　d．秘密鍵
- **エ．** a．乙　　b．秘密鍵　　c．甲　　d．公開鍵

解答・解説 ▶▶ ウ

公開鍵暗号方式を用いた電子メールの送受信の流れは、下図のとおりである。

＜甲から乙へ電子メールを送信する場合の例＞

甲 → 乙の公開鍵で暗号化 → 平文 → 暗号文 → 送信 → 暗号文 → 平文 ← 乙の秘密鍵で復号 ← 乙

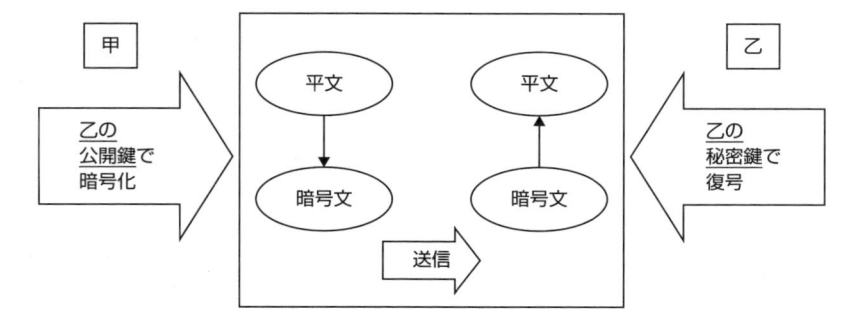

問題220 以下のSSLの機能に関する文章を読み、最も適切なものを1つ選びなさい。

ア．アクセスが許可されていないWebサイトへの通信を防ぐ。
イ．Webサイト閲覧によるウイルス感染を検知する。
ウ．Webサーバが乗っ取られることを防ぐ。
エ．WebブラウザとWebサーバ間の通信を暗号化する。

解答・解説 ▶▶ エ

SSLは、公開鍵暗号方式と共通鍵暗号方式を組み合わせて、データを送受信する通信手順であり、通信経路におけるデータの盗聴や改ざん、なりすましなどを防ぐことができる。Webブラウザに装備されており、電子決済などにおけるクレジットカード情報や個人情報の送受信に使用されている。従って、SSLの機能に関して、特徴的なものは、**WebブラウザとWebサーバ間の通信を暗号化する**ことである。

問題221 以下の文章は、通信相手の認証方式に関する内容である。（　）に入る最も適切な語句の組合せを、ア～エで答えなさい。

電子メールなどにおけるコミュニケーション相手の（　a　）の確認も、個人情報保護の観点から重要なポイントである。ネットワーク越しの相手を認証するための基盤である（　b　）認証においては、電子メールなどのメッセージに対して、シグネチャとして（　c　）を付けると、通信相手の（a）の認証ができる。

ア．a．他人性　　　b．PKI　　　c．電子透かし
イ．a．他人性　　　b．TKIP　　c．電子署名
ウ．a．本人性　　　b．PKI　　　c．電子署名
エ．a．本人性　　　b．TKIP　　c．電子透かし

解答・解説 ▶▶ ウ

通信相手の認証方式に関する内容は、次のとおりである。

電子メールなどにおけるコミュニケーション相手の**本人性**の確認も、個人情報保護の観点から重要なポイントである。ネットワーク越しの相手を認証するための基盤である**PKI**認証においては、電子メールなどのメッセージに対して、シグネチャとして**電子署名**を付けると、通信相手の**本人性**の認証ができる。

問題222 以下の文章は、ユーザ認証に関する内容である。（　）に入る最も適切な語句の組合せを、ア～エで答えなさい。

（　a　）は、一般的に使われている名刺と同じ大きさのプラスチックカードにCPU、メモリ、セキュリティ回路などの（　b　）が組み込まれたもので、演算能力が高く、極めて高度なセキュリティを確保することが可能である。（a）には、（　c　）に欠かせないデジタル証明書の情報も記憶させることができる。（a）は、紛失や盗難、破損などの事故の可能性も高いが、紛失や盗難などに備え、データの暗号化によって保護されている。

- **ア**. a. SIMカード　　　b. ICタグ　　　c. PKI認証
- **イ**. a. SIMカード　　　b. ICチップ　　c. BASIC認証
- **ウ**. a. スマートカード　b. ICタグ　　　c. BASIC認証
- **エ**. a. スマートカード　b. ICチップ　　c. PKI認証

解答・解説 ▶▶ エ

ユーザ認証に関する内容は、次のとおりである。

スマートカードは、一般的に使われている名刺と同じ大きさのプラスチックカードにCPU、メモリ、セキュリティ回路などの**ICチップ**が組み込まれたもので、演算能力が高く、極めて高度なセキュリティを確保することが可能である。**スマートカード**には、**PKI認証**に欠かせないデジタル証明書の情報も記憶させることができる。**スマートカード**は、紛失や盗難、破損などの事故の可能性も高いが、紛失や盗難などに備え、データの暗号化によって保護されている。

問題223 以下の文章は、電子メールシステムに関する内容である。（　）に入る最も適切な語句の組合せを、ア～エで答えなさい。

> メールマガジンや一斉送信メールなど、複数の宛先に対して電子メールを送信する際は、十分に注意する必要がある。一般の電子メールソフトで、（ a ）に入力すべき送信先のメールアドレスを（ b ）に入力してしまったことにより、送信者同士にお互いのメールアドレスが漏えいするという事故が後を絶たない。このような場合は、専用のシステムやツールを利用することが望ましい。どうしても、一般の電子メールソフトを使用する場合は、（ c ）を行い、誤送信が起こらないように心がけるべきである。

ア．a．BCC欄　　　　b．TO欄やCC欄
　　c．複数人によるダブルチェック
イ．a．BCC欄　　　　b．TO欄やCC欄
　　c．システムによるメールアドレスチェック
ウ．a．TO欄やCC欄　b．BCC欄
　　c．システムによるメールアドレスチェック
エ．a．TO欄やCC欄　b．BCC欄
　　c．複数人によるダブルチェック

解答・解説 ▶▶ ア

電子メールシステムに関する内容は、次のとおりである。

> メールマガジンや一斉送信メールなど、複数の宛先に対して電子メールを送信する際は、十分に注意する必要がある。一般の電子メールソフトで、**BCC欄**に入力すべき送信先のメールアドレスを**TO欄やCC欄**に入力してしまったことにより、送信者同士にお互いのメールアドレスが漏えいするという事故が後を絶たない。このような場合は、専用のシステムやツールを利用することが望ましい。どうしても、一般の電子メールソフトを使用する場合は、**複数人によるダブルチェック**を行い、誤送信が起こらないように心がけるべきである。

問題224 以下の電子メールの添付ファイルの取扱いに関する文章を読み、誤っているものを1つ選びなさい。

ア. 見知らぬ相手先から送信されたメールの添付ファイルについては、安全を確認することが難しいため、無条件に削除することが望ましい。
イ. 添付ファイル付きでメールを送信する場合には、当該ファイルのウイルス検査を行ってから実施することが望ましい。
ウ. 知人から送信された添付ファイル付きのメールは、無条件に送信者を信用せず、当該ファイルのウイルス検査を行い、疑わしい場合は、先方に問い合わせるなど、安全を確認してから使用することが望ましい。
エ. メールの本文でまかなえるような文章でも、テキストエディターやワープロソフトなどでファイルを作成してメールに添付し、受信者に対してわかりやすいメッセージを残すことが望ましい。

解答・解説 ▶▶ エ

電子メールの添付ファイルの取扱いに関して、メールの本文でまかなえるような文章は、テキストエディターやワープロソフトなどでファイルを作成してメールに添付しないことが望ましい。その理由は、受信者にウイルス検査の作業負担を生じさせたり、受信者に不安感を残してしまうからである。やむを得ず添付ファイル付きでメールを送信する場合には、当該ファイルのウイルス検査を行うとともに、そのメールの本文以外で、添付ファイルを送付した旨とその内容を事前に受信者に伝えることが望ましい。

問題 225 以下の文章は、電子メールシステムのセキュアな運用例に関する内容である。（　）に入る最も適切な語句の組合せを、ア～エで答えなさい。なお、ここでの丸数字は手順を表す。

① クライアント端末におけるメールを暗号化し、（　a　）を施す。
② クライアント端末からメールサーバである（　b　）へ送信する。
③ メールサーバにおいて、ウイルスチェックや一定の条件にもとづいて情報を選別・破棄し、その後宛先へ送信する。
④ 受信側メールサーバである（　c　）において、ウイルスチェックを実施し、受信記録を管理する。
⑤ 受信側クライアント端末におけるメールの復号と（a）の認証により、送信元の確認をする。

ア． a．デジタル署名　　b．POPサーバ　　c．SMTPサーバ
イ． a．デジタル署名　　b．SMTPサーバ　　c．POPサーバ
ウ． a．デジタル鑑識　　b．POPサーバ　　c．SMTPサーバ
エ． a．デジタル鑑識　　b．SMTPサーバ　　c．POPサーバ

解答・解説 ▶▶ イ

電子メールシステムのセキュアな運用例に関する内容は、次のとおりである。

① クライアント端末におけるメールを暗号化し、**デジタル署名**を施す。
② クライアント端末からメールサーバである**SMTPサーバ**へ送信する。
③ メールサーバにおいて、ウイルスチェックや一定の条件にもとづいて情報を選別・破棄し、その後宛先へ送信する。
④ 受信側メールサーバである**POPサーバ**において、ウイルスチェックを実施し、受信記録を管理する。
⑤ 受信側クライアント端末におけるメールの復号と**デジタル署名**の認証により、送信元の確認をする。

問題226 不正アクセスに対する防御策とその概要の表において、（　）に入る最も適切な語句の組合せを、ア～エで答えなさい。

防御策	概　要
（　a　）	ファイアウォールのセキュリティ機能を補完するもので、不正アクセスの侵入を検知して通報する。
（　b　）	（a）の防御機能をさらに強化したもので、不正アクセスを検知したときにその通信を遮断する。
（　c　）	非武装地帯という意味であり、ファイアウォールを構築するときは、外部に公開するWebサーバやFTPサーバをここに置く。

ア． a．IDS　　b．DMZ　　c．IPS
イ． a．IDS　　b．IPS　　c．DMZ
ウ． a．IPS　　b．DMZ　　c．IDS
エ． a．IPS　　b．IDS　　c．DMZ

解答・解説 ▶▶ イ

不正アクセスに対する防御策とその概要は、次の表のとおりである。

防御策	概　要
IDS	ファイアウォールのセキュリティ機能を補完するもので、不正アクセスの侵入を検知して通報する。
IPS	IDSの防御機能をさらに強化したもので、不正アクセスを検知したときにその通信を遮断する。
DMZ	非武装地帯という意味であり、ファイアウォールを構築するときは、外部に公開するWebサーバやFTPサーバをここに置く。

問題227

以下の経済産業省が策定した「コンピュータ不正アクセス対策基準」の「システムユーザ基準」に関する文章を読み、誤っているものを1つ選びなさい。

ア．重要な情報は、パスワードや暗号化等の対策を図り、重要な情報を送信する場合は相手先を限定し、宛先を十分に確認すること。

イ．ファイルの属性は、内容の重要度に応じたアクセス権限を必ず設定すること。また、コンピュータ及び通信機器を維持、保守するために必要なファイルは、盗用、改ざん、削除等されないように厳重に管理すること。

ウ．システムの異常を発見した場合や不正アクセスを発見した場合は、組織内外の混乱を避けるために、システムユーザの責任において解決をめざし、その結果をシステム管理者に報告すること。

エ．システム管理者からセキュリティ対策に関する教育を随時受け、セキュリティ対策に関する情報を入手した場合は、システム管理者に随時提供すること。

解答・解説 ▶▶ ウ

経済産業省が策定した「コンピュータ不正アクセス対策基準」の「システムユーザ基準」の事後対応に関して、システムの異常を発見した場合や不正アクセスを発見した場合は、速やかにシステム管理者に報告する。また、教育及び情報収集に関して、システムユーザは、システム管理者からセキュリティ対策に関する教育を随時受け、セキュリティ対策に関する情報を入手した場合は、システム管理者に随時提供する。

問題 228

以下の文章は、コンピュータウイルスの対策方法に関する内容である。（　）に入る最も適切な語句の組合せを、ア～エで答えなさい。

> ウイルス関連情報を収集して利用者に周知・徹底し、ウイルス対策レベルを維持・向上させる必要がある。ウイルスは日々新種が発見されているので、ウイルス対策ソフトの（ a ）は常に最新のものに更新する。そのうえで、ウイルス対策ソフトを用いてウイルスの有無を定期的に検査する。また、ウイルス対策ソフト自体も、常に（ b ）するようにする。なお、ウイルスに感染した場合は、感染したシステムの（ c ）し、ただちにシステム管理者に連絡して、その指示に従う。

- **ア．** a．パターンファイル　　b．アップグレード　　c．使用を中止
- **イ．** a．パターンファイル　　b．ダウングレード　　c．復旧を実行
- **ウ．** a．ログファイル　　　　b．アップグレード　　c．復旧を実行
- **エ．** a．ログファイル　　　　b．ダウングレード　　c．使用を中止

解答・解説 ▶ ア

コンピュータウイルスの対策方法に関する内容は、次のとおりである。

> ウイルス関連情報を収集して利用者に周知・徹底し、ウイルス対策レベルを維持・向上させる必要がある。ウイルスは日々新種が発見されているので、ウイルス対策ソフトの**パターンファイル**は常に最新のものに更新する。そのうえで、ウイルス対策ソフトを用いてウイルスの有無を定期的に検査する。また、ウイルス対策ソフト自体も、常に**アップグレード**するようにする。なお、ウイルスに感染した場合は、感染したシステムの**使用を中止**し、ただちにシステム管理者に連絡して、その指示に従う。

問題229 以下のハードディスクの廃棄の対応に関する文章を読み、最も適切なものを1つ選びなさい。

ア．データをパソコンの「ゴミ箱」に捨てたうえで、「ゴミ箱を空にする」のコマンドを使って消去する。
イ．ハードディスク全体を基本ソフトウェアでフォーマット、または、初期化する。
ウ．ハードディスク全体を、パソコンに付属するリカバリーCDを使って、工場の出荷状態に戻す。
エ．専用のデータ消去ツールを使って、ハードディスク全体に特定パターンを書き込む。

解答・解説▶▶ エ

パソコンを廃棄する場合は、専用のデータ消去ツールを使って、ハードディスク全体に特定パターンを書き込み、元のデータが読み取られないようにしなければならない。
一般的に次の操作は、情報セキュリティにおいて、不十分であることを認識する必要がある。
・データをパソコンの「ゴミ箱」に捨てたうえで、「ゴミ箱を空にする」のコマンドを使って消去する。
・ハードディスク全体を基本ソフトウェアでフォーマット、または、初期化する。
・ハードディスク全体を、パソコンに付属するリカバリーCDを使って、工場の出荷状態に戻す。

問題230 以下の経済産業省が策定した「コンピュータ不正アクセス対策基準」における「ネットワークサービス事業者基準」に関する文章を読み、誤っているものを1つ選びなさい。

- **ア.** ネットワークサービス事業者及びネットワークサービスユーザの責任範囲を明確にし、ネットワークサービス事業者が提供できるセキュリティサービスを明示する。
- **イ.** ネットワークサービスユーザの情報及びネットワーク構成等の重要な情報は、第三者が厳重に管理し、必要に応じて公開する。
- **ウ.** ネットワークサービスに係る機器は、許可が与えられた者だけが立ち入れる場所に設置し、厳重に管理するとともに、機器の管理が常に可能な仕組みを確立する。
- **エ.** 異常の連絡を受けた場合または異常を発見した場合は、速やかに原因を追究し、不正アクセスであることが判明した場合は、関係者と協調して被害の状況を把握する。

解答・解説 ▶▶ イ

経済産業省が策定した「コンピュータ不正アクセス対策基準」における「ネットワークサービス事業者基準」の「情報管理」に関して、次の点に留意する。
- ネットワークサービスユーザの情報は、厳重に管理すること。
- ネットワークサービスユーザの情報を公開する場合は、本人の了解を得ること。
- ネットワーク構成等の重要な情報は、公開しないこと。

問題231 以下のハードディスクの廃棄の方法として最も適切な組合せを、ア～エで答えなさい。

a）専用のソフトウェアで、ハードディスク全体に特定パターンを書き込む。
b）ハードディスク全体を、基本ソフトウェアでフォーマット、または初期化する。
c）ハードディスク全体を、パソコンに付属するリカバリーCDを使って、工場の出荷状態に戻す。
d）ハードディスクそのものを物理的に破壊する。

ア．aとb　　イ．aとd　　ウ．bとc　　エ．cとd

解答・解説 ▶▶ イ

ハードディスクの廃棄は、次の方法が望ましい。
・専用のソフトウェアで、ハードディスク全体に特定パターンを書き込む。
・ハードディスクそのものを物理的に破壊する。

一方、次の方法ではハードディスクの管理情報が消去されただけであり、データリカバリーツールなどを使えば、データを読み出されてしまう危険性が残る。
・ハードディスク全体を、基本ソフトウェアでフォーマット、または初期化する。
・ハードディスク全体を、パソコンに付属するリカバリーCDを使って、工場の出荷状態に戻す。

問題232 以下の管理者におけるコンピュータウイルスの対策に関する文章を読み、誤っているものを1つ選びなさい。

ア．外部より入手したファイル及び共用するファイル媒体は、必ずウイルス検査後に利用させる。また、出所不明のソフトウェアは利用させない。
イ．ウイルスの種類とその対策について、日ごろからユーザの教育・啓蒙を行う。万が一、ウイルスに感染した場合の連絡方法、応急処置の内容などについて、ユーザに周知しておく。
ウ．ユーザのパソコンがウイルスに感染した場合は、ユーザにワクチンを検索させ、ウイルスを除去させる。また、ウイルス被害の拡大を防止するため、そのユーザから警告メールを一斉送信させる。
エ．ウイルス被害を防止するため、共用プログラムが格納されているディレクトリに対するユーザの書込みをあらかじめ禁止し、また、システム運営に必要のないプログラムは削除する。

解答・解説 ▶▶ ウ

ユーザのパソコンがウイルスに感染した場合は、感染したシステムの使用を中止させ、直ちに管理者に連絡して、その指示に従う。また、ウイルス被害の拡大を防止するため、システムの復旧は管理者の指示に従う。なお、感染したプログラムを含む記憶媒体などは、管理者の責任の下で破棄する。

問題233 以下の個人情報が記録された用紙の廃棄に関する文章を読み、誤っているものを1つ選びなさい。

ア．用紙はシュレッダーなどで復元不可能な状態にして廃棄する。
イ．廃棄の手段としては、焼却や溶解する方法もある。
ウ．外部業者に用紙の廃棄を委託する際は、一般的な段ボール箱に一時保管する。
エ．個人情報の廃棄の記録を取り、一定期間保管する。

解答・解説▶▶ ウ

個人情報が記録された用紙の廃棄に関して、用紙はシュレッダーなどで復元不可能な状態にして廃棄する。廃棄の手段としては、焼却や溶解する方法もある。なお、外部業者に用紙の廃棄を委託する際は、一般的な段ボール箱ではなく、鍵管理が可能な専用の機密書類ボックスなどを利用する。

問題234 以下の文章は、無線LANのセキュリティ管理に関する内容である。（ ）に入る最も適切な語句の組合せを、ア～エで答えなさい。

無線LAN機器は、（ a ）が発信しているビーコン信号をキャッチして接続を開始する。また、（ b ）は（a）を識別するために付けられている名前で、同じ（b）を設定した無線LAN機器だけが接続可能になる。なお、第三者からの不正アクセスを防ぐためには、（b）を非公開にしたり、（a）を検知させない（ c ）を採用することが望ましい。

ア．a．アクセスポイント　　b．ESSID　　　　c．ステルス機能
イ．a．アクセスポイント　　b．MACアドレス　c．ANY接続機能
ウ．a．ルータ　　　　　　　b．ESSID　　　　c．ANY接続機能
エ．a．ルータ　　　　　　　b．MACアドレス　c．ステルス機能

解答・解説▶▶ ア

無線LANのセキュリティ管理に関する内容は、次のとおりである。

無線LAN機器は、<u>アクセスポイント</u>が発信しているビーコン信号をキャッチして接続を開始する。また、<u>ESSID</u>は<u>アクセスポイント</u>を識別するために付けられている名前で、同じESSIDを設定した無線LAN機器だけが接続可能になる。なお、第三者からの不正アクセスを防ぐためには、<u>ESSID</u>を非公開にしたり、<u>アクセスポイント</u>を検知させない<u>ステルス機能</u>を採用することが望ましい。

問題235～237．以下の用語は、脅威とその留意点に関連するものである。該当する内容を、下の解答群からそれぞれ1つ選びなさい。

問題235 クロスサイトスクリプティング

問題236 DoS攻撃

問題237 SQLインジェクション

【235～237の解答群】

ア．アンケートや掲示板などのWebサイトに、攻撃者によって悪意をもったコードが埋め込まれ、そのコードが閲覧者のWebブラウザで実行されることによって、偽のWebページを表示させられる。その際に、偽のWebページに利用者がだまされ、個人情報などを攻撃者に送ってしまう。この対策として、Webアプリケーションを開発する際には、ぜい弱性を作りこまないように心がける必要がある。また、利用者も信頼できる情報源からURLを取得するように心がける。

イ．攻撃者が細工したリクエストをWebサーバに送りつけることによって、サービスの運用や提供を妨げる攻撃のことである。Webサーバのメモリや CPU の負荷を高め、その結果、Webサーバの処理速度が低下し、プログラムが異常終了したりする。この対策として、開発時は問題の原因となるぜい弱性を作りこまないようにし、運用中はWebサーバへのアクセスやWebサーバのパフォーマンス、ネットワークのトラフィック等を監視する必要がある。

ウ．Webサーバのメモリ領域に対して、その許容量を超えるデータを送り付けて、Webサーバのシステムを機能停止にしたり、あふれ出たデータを実行させてしまう攻撃のことである。これによって、サーバ全体の制御が攻撃者に奪われ、不正な処理が実行される危険性がある。この対策として、セキュリティホールをチェックし、OS及びアプリケーションに最新のパッチを適用する。

エ．データベースと連携したWebアプリケーションにおいて、命令文の組立て方法に問題がある場合、利用者からの入力情報によってデータベースの不正利用を引き起こす攻撃のことである。この対策として、開発者はセキュアプログラミングに配慮し、システム管理者はWebサーバのアクセスログなどを頻繁にチェックすることが重要である。なお、データベースを利用する際は、権限の取扱いに注意することが必要である。

解答・解説 ▶▶ 問題235. ア　　問題236. イ　　問題237. エ

脅威とその留意点に関連する用語は、次のとおりである。

ア．**クロスサイトスクリプティング**とは、アンケートや掲示板などのWebサイトに、攻撃者によって悪意をもったコードが埋め込まれ、そのコードが閲覧者のWebブラウザで実行されることによって、偽のWebページを表示させられる。その際に、偽のWebページに利用者がだまされ、個人情報などを攻撃者に送ってしまう。この対策として、Webアプリケーションを開発する際には、ぜい弱性を作りこまないように心がける必要がある。また、利用者も信頼できる情報源からURLを取得するように心がける。

イ．**DoS攻撃**とは、攻撃者が細工したリクエストをWebサーバに送りつけることによって、サービスの運用や提供を妨げる攻撃のことである。WebサーバのメモリやCPUの負荷を高め、その結果、Webサーバの処理速度が低下し、プログラムが異常終了したりする。この対策として、開発時は問題の原因となるぜい弱性を作りこまないようにし、運用中はWebサーバへのアクセスやWebサーバのパフォーマンス、ネットワークのトラフィック等を監視する必要がある。

ウ．バッファオーバーフローとは、Webサーバのメモリ領域に対して、その許容量を超えるデータを送り付けて、Webサーバのシステムを機能停止にしたり、あふれ出たデータを実行させてしまう攻撃のことである。これによって、サーバ全体の制御が攻撃者に奪われ、不正な処理が実行される危険性がある。この対策として、セキュリティホールをチェックし、OS及びアプリケーションに最新のパッチを適用する。

エ．**SQLインジェクション**とは、データベースと連携したWebアプリケーションにおいて、命令文の組立て方法に問題がある場合、利用者からの入力情報によってデータベースの不正利用を引き起こす攻撃のことである。この対策として、開発者はセキュアプログラミングに配慮し、システム管理者はWebサーバのアクセスログなどを頻繁にチェックすることが重要である。なお、データベースを利用する際は、権限の取扱いに注意することが必要である。

問題238〜240. 以下の用語は、不正アクセスや情報の詐取とその防御策などに関連するものである。該当する内容を、下の解答群からそれぞれ1つ選びなさい。

問題238 フィッシング詐欺

問題239 ルートキット

問題240 ワンクリック詐欺

【238〜240の解答群】

ア．攻撃者が遠隔地のコンピュータに不正に侵入した後に利用する、一連のソフトウェアをまとめたパッケージのことをいう。一般的には、侵入を隠ぺいするためのログ改ざんツールや、再侵入するためのバックドアツールなど、システムコマンド群などが含まれる。通常はその存在になかなか気付くことができないが、侵入検知システムを装備し、疑いのあるアクセスを検出した時点で、管理者に通報し、ネットワークシステムをシャットダウンすることで侵入を防ぐなどの対策が必要である。

イ．利用者がキーボードから入力した、一連の文字を記録するためのシステムのことをいう。インターネットカフェなどの複数の利用者が使うパソコンに、このシステムを秘かに仕掛け、Webショッピングやインターネットバンクなどの利用の際に入力したIDやパスワード情報を収集して、悪用するという犯罪が発生している。そのため、ネットワーク管理者は、常にシステムに異常がないかどうか管理する必要があり、利用者自身も、不用意に個人情報を入力することがないように注意が必要である。

ウ．URLが書かれた電子メールや電子掲示板などのリンクを通して、目的のWebサイトにおびき寄せると同時に、いかにも正当な契約手続きが完了したかのように表示し、利用料を不当に請求するものである。なお、会社や組織のインターネットを経由してWebサイトにアクセスした場合には、接続情報から会社名や組織名がわかることもある。そのため、業務に関係のないWebサイトにはアクセスしないことや、電子メールや電子掲示板の内容をしっかりと確認し、Webページ上の「同意」ボタンや「OK」ボタンなどを不用意に選択することがないように注意が必要である。

エ．金融機関や公的機関などを装い、URLを電子メールで送りつけ、偽のWebサイトへ誘導し、本物のWebサイトと思わせたうえで、個人情報などを盗聴する。対策として、電子メールで送信されてきた内容を無条件に信用せず、リンクを安易にクリックしないこと、メールヘッダの詳細情報を確認すること、Webページでの登録の際に暗号化技術が採用されているか確認することなどが必要である。

解答・解説 問題238. エ　　問題239. ア　　問題240. ウ

不正アクセスや情報の詐取とその防御策などに関連する用語は、次のとおりである。

- ア．**ルートキット**とは、攻撃者が遠隔地のコンピュータに不正に侵入した後に利用する、一連のソフトウェアをまとめたパッケージのことをいう。一般的には、侵入を隠ぺいするためのログ改ざんツールや、再侵入するためのバックドアツールなど、システムコマンド群などが含まれる。通常はその存在になかなか気付くことができないが、侵入検知システムを装備し、疑いのあるアクセスを検出した時点で、管理者に通報し、ネットワークシステムをシャットダウンすることで侵入を防ぐなどの対策が必要である。

- イ．**キーロガー**とは、利用者がキーボードから入力した、一連の文字を記録するためのシステムのことをいう。インターネットカフェなどの複数の利用者が使うパソコンに、このシステムを秘かに仕掛け、Webショッピングやインターネットバンクなどの利用の際に入力したIDやパスワード情報を収集して、悪用するという犯罪が発生している。そのため、ネットワーク管理者は、常にシステムに異常がないかどうか管理する必要があり、利用者自身も、不用意に個人情報を入力することがないように注意が必要である。

- ウ．**ワンクリック詐欺**とは、URLが書かれた電子メールや電子掲示板などのリンクを通して、目的のWebサイトにおびき寄せると同時に、いかにも正当な契約手続きが完了したかのように表示し、利用料を不当に請求するものである。なお、会社や組織のインターネットを経由してWebサイトにアクセスした場合には、接続情報から会社名や組織名がわかることもある。そのため、業務に関係のないWebサイトにはアクセスしないことや、電子メールや電子掲示板の内容をしっかりと確認し、Webページ上の「同意」ボタンや「OK」ボタンなどを不用意に選択することがないように注意が必要である。

- エ．**フィッシング詐欺**とは、金融機関や公的機関などを装い、URLを電子メールで送りつけ、偽のWebサイトへ誘導し、本物のWebサイトと思わせたうえで、個人情報などを盗聴する。対策として、電子メールで送信されてきた内容を無条件に信用せず、リンクを安易にクリックしないこと、メールヘッダの詳細情報を確認すること、Webページでの登録の際に暗号化技術が採用されているか確認することなどが必要である。

個人情報保護士認定試験申込書

試験日	平成　　年　　月　　日	会社名	部署名	学　校　名		
会場名						

フリガナ		性別	生年月日（西暦）		年齢
氏名		男・女	年　　月　　日		歳

フリガナ			
個人住所	〒　　　　　　　　　　　　TEL　　（　　）		

メールアドレス	＠

受験会場	札幌　仙台　福島　新潟　東京　宇都宮　高崎　さいたま　川越　千葉　松戸 茨城　横浜　（藤沢）（静岡）浜松　名古屋　豊橋　三河　尾張　四日市　津 岐阜　大阪　京都　滋賀　奈良　和歌山　神戸　姫路　岡山　（倉敷）広島 高松　松山　小倉　福岡　久留米　大分　熊本　鹿児島　沖縄 ※会場は変更の可能性がありますので、必ずホームページでご確認ください。

【ご記入前にお読みください】
①当協会の検定試験のお申込みは、本申込書にご記入の上、当協会までお送りください。
②団体でのお申込みは、取りまとめ者の方が一括して当協会までお送りください（20名以上の場合は、当協会までお問い合わせください）。
③上記の枠内は、すべてご記入ください。
④お申込みいただきますと、試験の中止等の理由以外ではキャンセルできません。
⑤受験する級名を明記し、受験会場はホームページ、チラシなどで必ずご確認の上、上記枠内にご記入ください。
⑥申込期間内に申込書を当協会までご郵送ください（申込期間最終日の消印まで有効）。
⑦個人情報の取り扱いにつきましては、当協会ホームページの「プライバシーポリシー」をご確認ください。
※試験の種類、試験日、受験地区、申込期間は必ず当協会のホームページ、チラシなどでご確認ください。

http://www.joho-gakushu.or.jp/

認　定　試　験　名	受　験　料（税抜）
個人情報保護士認定試験	10,000円

申込書発送先

一般財団法人　全日本情報学習振興協会
〒101-0061
東京都千代田区三崎町3-7-12　清話会ビル5F
TEL：03-5276-0030　　FAX：03-5276-0551

新版 個人情報保護士認定試験 公式問題集

2016年2月24日　初版第1刷発行

編　者	一般財団法人 全日本情報学習振興協会
発行者	牧野 常夫
発行所	一般財団法人 全日本情報学習振興協会
	〒101-0061　東京都千代田区三崎町 3-7-12
	清話会ビル5F
	TEL：03-5276-6665
発売所	株式会社 泰文堂
	〒108-0075　東京都港区港南 2-16-8
	ストーリア品川 17F
	TEL：03-6712-0333
ＤＴＰ	株式会社 明昌堂
印刷・製本	株式会社 トキワメディアサービス

※本書のコピー、スキャン、電子データ化等の無断複製は、著作権法上での例
　外を除き、禁じられております。
※乱丁・落丁は、ご面倒ですが、一般財団法人 全日本情報学習振興協会までお
　送りください。送料は弊財団負担にてお取り替えいたします。
※定価はカバーに表示してあります。

Ⓒ2016　一般財団法人 全日本情報学習振興協会　　Printed in Japan

ISBNコード　978-4-8030-0879-1　C2034